HANS JONAS

ハンス・ヨナス 未来への責任

RESPONSIBILITY FOR THE FUTURE

やがて来たる子どもたちのための倫理学

ETHICS FOR UPCOMING CHILDREN

戸谷洋志

HIROSHI TOYA

慶應義塾大学出版会

ハンス・ヨナス　未来への責任 ❖ 目次

はじめに　1
テクノロジーと未来／「本当に人間らしい生き方の永続」／先行研究の概観／本書の構成

第1章　人間と想像力──哲学的人間学Ⅰ　13
1　動物と人間の境界　15
宇宙人の思考実験／想像力とは何か
2　反転する想像力　22
無限の反省／人間像の形成
3　墓と形而上学　28
なぜ人は墓を建てるのか／形而上学の起源

第2章　歴史をめぐる問い──哲学的人間学Ⅱ　33
1　歴史とは何か　35
終わりなき歴史の運動／「自由の場は歴史である」

2　ユートピアに抗して　41
ユートピア主義の論理／凌駕されえない過去／「未来は未来それ自身である」
3　歴史の予測不可能性　49
歴史が予測される条件／新しい眼で世界を眺めること
第3章　死の存在論とニヒリズム――哲学的生命論Ⅰ　57
1　「死の存在論」の誕生　59
原始の生命観／魂と自然の分離／死の存在論
2　亡霊と化す精神　68
随伴現象説／シミュレーションされる思考
3　人間と世界の断絶　73
死の存在論の矛盾／ニヒリズムへの没落

第4章　テクノロジーの脅威――技術論　79

1　テクノロジーとは何か　81
無限の円環／終わりなき進歩

2　テクノロジーの脅威　87
予測不能・対処不能・回収不能／剣と鋤

3　テクノロジーと倫理　93
新しい倫理学の必要性／存在と当為の切断／形而上学的真理の否定／一つの突破口

第5章　生命とは何か――哲学的生命論Ⅱ　105

1　新たな生命論を目指して　107
アメーバが自由であるとしたら／哲学的生命論の方法

2　生命と自由　114
窮乏する自由／生命の空間性／生命の時間性

3　傷つきやすさと実存　121
生命の傷つきやすさ／死と実存

第6章　傷つきやすさへの責任——未来倫理学Ⅰ　127

1　責任とは何か　129
二つの責任概念／他者への気遣いとしての責任

2　責任の対象　135
生命の「呼び声」／乳飲み子への責任／子どもの他者性

3　責任の主体　142
責任と自由／「呼び声」を聴くこと

第7章　未来世代への責任——未来倫理学Ⅱ　149

1　未来世代への責任の基礎づけ　151
すべてに先行する責任／「未来の人間は存在するべきである」

2　開かれた歴史への責任　158
形而上学の開放性／その時々に、別々の仕方で

3　未来の予見　165
不吉な予言／恐怖に基づく発見術

第8章　アウシュヴィッツ以降の神——神学　173
1　なぜ神話を語るのか　174
「神は沈黙した」／仮説としての神話
2　無力な神の神話　181
無力な神／宇宙創成の物語／行為の不死性
3　神と記憶　192
記憶する神／責任と記憶
おわりに——やがて来たる子どもたちのために　201
註　213
あとがき　257
参考文献　269
索　引　274

凡例

一、本書において、ヨナスの文献から引用する場合には、原則として原著から翻訳している。邦訳が存在する場合にはこれを参照しているが、著者の判断で訳を変えた箇所もある。
二、引用の表記は本文の表記と統一する。
三、引用中の〔 〕内の説明は著者が加えたものである。
四、原著のイタリックによる強調には傍点を付している。
五、定訳が確立されていない語や、多様な意味を含む語に関しては、翻訳のあとに原語を併記している。
六、ヨナスの文献のうち、頻出するものに関しては略号によって出典を示している。

文献略号一覧

AKT　“Acting, Knowing, Thinking: Gleanings from Hannah Arendt’ s Philosophical Work”, in: *Social Research*, 44, 1976, pp. 25-43.

DgPr　“De la gnose au "Principe responsabilité"”, in: *Esprit*, 171（5), 1991, pp. 5-21.

E　*Erinnerungen*, Frankfurt am Main: Insel, 2003.（＝『ハンス・ヨナス「回想記」』、盛永審一郎・木下喬・馬渕浩二・山本達訳、東信堂、二〇一〇年。）

EV　*Erkenntnis und Verantwortung*, Göttingen: Lamuv, 1991.

HA　“Hannah Arendt: 1906-1075”, in: *Social Research*, 43（1), 1976, pp. 3-5.

IR　*The Imperative of Responsibility: In Search of an Ethics for the Technological Age*, Chicago: The University of Chicago Press, 1984.

MOS *Macht oder Ohnmacht der Subjektivität?: Das Leib-Seele-Problem im Vorfeld des Prinzips Verantwortung*, Frankfurt am Main: Suhrkamp, 2000.（＝『主観性の復権――心身問題から『責任という原理』へ』、宇佐美公正・滝口清栄訳、東信堂、二〇〇〇年。）

P *Philosopophie: Rückschau und Vorschau am Ende des Jahrhunderts*, Frankfurt am Main: Suhrkamp, 1993.（＝『哲学・世紀末における回顧と展望』、尾形敬次訳、東信堂、一九九六年。）

PE *Philosophical Essays: From Ancient Creed To Technological Man*, New Jersey: Prentice-Hall, 1974.

PL *Das Prinzip Leben: Ansätze zu einer philosphischen Biologie*, Frankfurt am Main: Suhrkamp, 1997.（＝『生命の哲学――有機体と自由』、細見和之・吉本陵訳、法政大学出版局、二〇〇八年。）

PoL *The Phenomenon of Life: Toward a Philosophical Biology*, Illinois: Northwestern University Press, 2001.

PUmV *Philosophische Untersuchungen und metaphysische Vermutungen*, Frankfurt am Main: Insel, 1992.（＝『アウシュヴィッツ以後の神』、品川哲彦訳、法政大学出版局、二〇〇九年。）

PV *Das Prinzip Verantwortung: Versuch einer Ethik für die technologische Zivilisation*, Frankfurt am Main: Suhrkamp, 2003.（＝『責任という原理――科学技術文明のための倫理学の試み』、加藤尚武監訳、東信堂、二〇〇二年。）

TME *Technik, Medizin und Ethik: Zur Praxis des Prinzips Verantwortung*, Frankfurt am Main: Suhrkamp, 1985.

WpE *Wissenschaft als persönliches Erlebnis*, Göttingen: Vandenhoek & Ruprecht, 1987.

ZNE *Zwischen Nichts und Ewigkeit: Zur Lehre vom Menschen*, Göttingen: Vandenhoek & Ruprecht, 1987.

はじめに

私たちは、まだ生まれていない未来の世代を脅かす力をもっている。

環境破壊に伴う地球温暖化・気候変動は年々深刻化している。気温の上昇がこのままのペースで進んでいけば、海氷の融解によって海面水位の上昇が引き起こされるだけでなく、生態系が破壊され、莫大な人々の生活環境が失われる。いますぐにCO_2排出量を削減できるかどうかが、一〇〇年後の人類の生きる世界を大きく左右する。

生殖細胞へのゲノム編集は、まだ生まれていない子どもの身体をデザインすることを可能にした。しかし、その編集の結果は一世代に留まらず、その子どもの子どもへと、無限に継承されていく。ゲノムの構造はその多くが未解明であり、編集の結果として予期していない遺伝性疾患が現れる可能性がある。そしてそれは何世代ものちになって初めて出現するかも知れない。そのため生殖細胞へのゲノム編集は倫理的に問題視されている。

原子力発電は高レベル放射性廃棄物を排出する。現在、その廃棄物の処分方法としてもっとも信頼されているのは、地層処分である。しかし、廃棄物の放射線量が、自然放射線レベルにまで低下するには、およそ一〇万年の歳月が必要になる。そうである以上、最終処分場は一〇万年間の保管に耐えるよう設計されていなければならない。もしも事故が起きて、数百年後、数千年後に放射性物質が漏出すれば、その時代に生きている人々に対して深刻な危害が生じることは避けられない。

私たちは、まだ生まれていない未来の世代を脅かす力をもっている。そうである以上、現在世代は未来世代に対して責任を負っている。直観的にはそう思える。しかし、その未来世代は次の世代だけではない。それは数百年後、数千年後、数万年後に生まれてくる人々でもありえる。私たちが責任を負う未来世代は、私たちとは異なる価値観をもち、私たちとは異なる共同体に生き、そして私たちと決して出会わない存在なのである。

未来世代は現在世代にとってまったくの他者である。私たちは、未来世代と議論を交わすことも、合意を形成することもできない。そうである以上、民主主義の手続きでは未来世代への責任を十分に説明できない。もちろん、合意が形成できないのだとしても、道徳的な配慮を基礎づけることはできる。たとえば基本的人権の尊重は相手の合意がなくても守られるべきだろう。しかし、存在していないものに権利は発生しないのだから、未来世代には尊重されるべき権利を認めることもできない。

要するに未来世代への責任は、民主主義的な合意によっても、基本的人権の尊重によっても、説明できない。それでもその責任を説明するためには、どのように考えればよいのだろうか。

こうした「未来倫理学（Zukunftsethik）」[*1]の問題をいち早く指摘し、それに対する解決策を模索した哲学者が、ハンス・ヨナス（Hans Jonas 一九〇三―一九九三年）だった。[*2]

エトムント・フッサールのもとで哲学の門を叩き、マルティン・ハイデガーおよびルドルフ・カール・ブルトマンの弟子であり、政治思想家のハンナ・アーレントの親友でもあったヨナスは、主著『責任という原理——科学技術文明のための倫理学の試み』(一九七九年。以下、『責任という原理』)において、テクノロジーの潜在的な危険性を指摘し、未来世代への責任を基礎づけるために新しい倫理学的原理を構想した。同書は、難解な内容にもかかわらず、革新的な理論として国際社会に衝撃を与えることになった。そしてその影響は、狭義の哲学研究の領域に留まらず、他分野の研究者や政策立案者にまで及んでおり、生命倫理・環境倫理・科学技術政策の文脈において、今日においても繰り返し参照されている。[*3]

本書は、そうしたヨナスの思想を手がかりに、未来世代への、すなわち「やがて来る子どもたち」への責任のあり方を考察するものである。

テクノロジーと未来

未来世代への責任は、人類が遠い未来の世代を脅かすことが可能になって初めて意識されるようになった問題である。言い換えるなら、人類にそうしたことが不可能であった時代には、この問いは意味をなさなかった。そしてその可能性を開いたものこそテクノロジーに他ならない。したがって未来世代への問いは、不可避的に、テクノロジーへの問いに先導される。

テクノロジーとは何か。それは人間をどのように変えたのだろうか。

この問題を考える上で参考になるのは、化学者のパウル・クルッツェンらによって提唱された「人《じん》新世《しんせい》（Anthropocene）」という概念である。これは、これまでもっとも新しい地質時代として考えられていた完新世から、人類の活動によって地球環境への影響が深刻化してきた近年を区別するものであり、そうした影響の指標として想定されているのは、工業化・都市化・戦争による地球温暖化や、自然に分解されることのない大量のコンクリートやプラスチックの堆積である。

人新世という概念は人間と自然の関係に根本的な修正を迫るものである。それまで、地球環境は人類の活動から独立したシステムを有していると考えられてきた。人類がどのような活動を行おうと、地球環境はそれと無関係に循環しているのであり、その限りにおいて自然はいわば人類の営みを超えたものと見なされていた。むしろ、地球環境は人類の活動を制約し、限界づけるものとして機能していた。人間は、地球環境に許されることだけを行うことができ、その許容範囲を逸脱することはそもそも不可能だった。しかし人新世において、人類の活動は直接的に地球環境に影響を与え、自然を変えることができる、と見なされる。もはや自然は人間を超えたものではないし、人類の活動に対して一方的に限界を与えるものでもない。むしろ人間は自然に対して干渉し、自然のあり方を変え、自然はそれに対して脆弱な存在でさえもありえるのである。

人間が自然を変える。そうした事態は、人間の外に広がる地球環境だけではなく、人間の内にある自然、すなわち肉体についても当てはまる。

人工知能研究の世界的権威であるレイ・カーツワイルは、『シンギュラリティは近い』（二〇〇五年）のなかで、次のような独創的な未来予想を示した。テクノロジーの加速度的な進歩はやがて人類の不老不死を実現させるとともに、人間の脳をコンピューターによって正確にシミュレーションすることも可能になる。二〇四五年にシンギュラリティ（技術的特異点）が起き、自律的に思考する機械が世界を支配するようになり、さらに二一〇〇年には人間の知能が数千億倍まで拡張される。[*4]

死は人間が自分で設定したものではない。それは人間が自然から与えられている限界である。しかし、カーツワイルの予測によれば、人間はやがてこの限界を取り払ってしまうという。それは人間の内なる自然を作り変えること、すなわち自分自身を変えてしまうことを意味する。[*5]

同様の予測を立てた思想家として、歴史学者のユヴァル・ノア・ハラリを挙げることもできよう。ハラリによれば、人類はこれまで歴史において常に飢饉・疫病・戦争によって悩まされ続けてきたが、近年、テクノロジーの進歩によってこれらの問題は克服可能になりつつある。むしろ現代においては、飢饉よりも肥満で死ぬ人の方が多く、また疫病よりも老化で、戦争よりも自殺で死ぬ人の方が多くなっている。そうであるとしたら、これから私たちがテクノロジーによって目指すことになるのは、こうした人間の自然性、すなわち肉体に由来する有限性そのものを撤廃することであり、それはテクノロジーによる「神性」の獲得に他ならない。ハラリはこうしたイデオロギーを、ラテン語で「神の人」を意味する「ホモ・デウス（Homo Deus）」[*6]と名づけている。

テクノロジーは自然そのものを作り変え、そして人間自身をも作り変える。そのようにしてテクノロジーへの問いは、人間と自然の関係をめぐる問いへと私たちを導く。私たちは未来の人間たちに責任を負っているのかも知れない。しかしそのとき人間とは何を意味しているのだろうか。私たちが人間と呼んでいるのは誰なのだろうか。それはこの世界においてどのように存在し、そして自然とどう関係しているのだろうか。

「本当に人間らしい生き方の永続」

このように考えていくとき、私たちが引き受けるべき未来世代への責任は、単に未来世代の存続への責任だけではなく、未来世代が何者であるか、どのように存在するのか、ということに対する責任でもある。こうした問いをめぐって、ヨナスは『責任という原理』のなかで次のような極めて簡潔な原則を示している。

あなたの行為の影響が、地上における本当に人間らしい生き方の永続と両立するように、行為せよ。[*7]

この原則にはヨナスの未来倫理学のすべてが集約されていると言っても過言ではない。本書はその全容を解明するために多くの議論を積み重ねることになる。しかし、一読して明らかであるのは、未来世代はただ「永続」するだけではなく、「本当に人間らしい生き方」で存在することが求められている、ということだ。人間は人間らしく存在しなければならない。それがヨナスの未来倫理学の基本原則である。

しかし、この主張は厄介な問題を抱えることになる。すなわちそれは、一体誰が、どんな権利によって、「本当の人間らしさ」などというものを決めることができるのか、ということだ。

もしも「本当の人間らしさ」なるものが、どのような時代にも妥当する（＝超歴史的な）普遍的な真理としての人間らしさを指しているのだとしたら、そうしたものが成り立たないと考える地点から、現代の哲学は始まっている。すでにニーチェは、西洋において真理であると見なされていたキリスト教道徳が、結局のところ歴史的に生成したものに過ぎないことを指摘し、その普遍的な妥当性を批判していた。人間らしさ、道徳、価値観、そうしたものはいずれもその社会の置かれている歴史的・文化的・政治的な文脈のなかで立ち現れてくるのであり、また、そのなかでしか妥当性をもたない。それに対して、そうした歴史的文脈を超え、どの時代においても、どんな場所でも真理であると見なされた価値観は、その外部にある別の価値観を抑圧し、排除する暴力に転嫁する。それが近代の普遍主義（モダニズム）に対するポストモダニズムの抗議である。

当然、ヨナスに同様の疑いの目が向けられることは避けられない。もしもヨナスが独断的に「本当の人間らしさ」を決定しているのだとしたら、それはその外部にある別の人間らしさを周縁的なものとして排除する暴力である。そうであるとしたら、ヨナスの未来倫理学は全体としてその説得力を失わざるをえない。それが価値多元的であることを前提とする現代社会において未来倫理学を考えるための条件である。実際、ハーバーマスはこうした視点からヨナスを保守論客として批判している。

こうした疑問に応答するためには、ヨナスがそもそも人間をどのように捉えていたのか、ということが明らかにされなければならない。ヨナスは、人間とは何か、という漠然とした問いを、この世界における人間の地位はどのようなものか、また人間と動物の違いはどこにあるのか、という観点から探究し、その一連の思想を「哲学的人間学（philosophische Anthropologie）」と呼んでいる。

こうした観点から本書は、ヨナスの哲学的人間学に注目し、これを経由することで、その未来倫理学の全貌を解明することを目指す。それが本書の目的である。

先行研究の概観

先行研究を手短に概観しておこう。少し専門的な話が続くことをご容赦いただきたい。

ヨナスの未来倫理学に対する研究に先鞭をつけたのは、討議倫理の哲学者として知られるアーペルである。ヨナスと同様に未来世代への責任に関心を寄せていた彼は、ヨナスの未来倫理学を参照し、それに対して厳しい批判を寄せた。[*8] それを受けて、一九九〇年代以降のヨナス研究は、アーペルによる批判をどう受け止めるか、討議倫理とヨナスの未来倫理学の関係をどう捉えるか、という問題を中心に展開されていく。両者の関係を整理する優れた研究が蓄積されていき、それに伴なってヨナスの未来倫理学の理論構造や特徴も明確化されていった。[*9] またベーラーは、ヨナスとアーペルのうちに相補完関係を見出し、より洗練された未来倫理学の構築を試みた。[*10] こうした討議倫理を参照点とするヨナス解釈は、今日においても強い影響力をもっている。また、両者を批判的に対比する研究としては、品川によるもの[*11]を挙げることができる。

一方で、ハイデガーやアーレントといった同時代の哲学者を参照し、ヨナスへの思想史的連関を明らかにしたり、また比較検討したりすることによって、その未来倫理学に新しい光を当てようとする研究も少なくない。ハイデガーを参照する研究としては、前期ハイデガーに対するヨナスの影響だけではなく、ヨナスの著作においてほとんど言及されることのない後期ハイデガーの技術論をヨナスの未来倫理学と比較し、両者の思想史的関係を網羅的に解明しようとしたヤーコブによるもの[*12]や、ヨナスを「ハイデガーの子どもたち」として位置づけ、その未来倫理学を批判的に解釈するウォーリンによるもの[*13]が挙げられる。またアーレントとヨナスの関係を主題とするものとしては、両者を神学的な視点から比較したハルムスによるものや、[*14] 両者の思想史的な連関を時系列で追跡した筆者および百木によるものが挙げられる。[*15] さらに、こうしたドイツ語圏の現代思想におけるヨナスの位置づけを考察したものとしては、ヘスレの研究[*16]を見逃すこともできない。

ヨナスが生涯にわたって論じてきた様々なテーマ群を網羅し、その思想の形成過程を再構成する研究も重ねられてきた。[*17] ただしヨナスが扱うテーマはグノーシス主義の研究から当時の最新の生物学を摂取した哲学的生命論（philosophische Biologie）まで広範囲に及ぶ。そのため、それらを統合的に理解しうるような全体像を見出すことは容易ではない。そうしたなかで、ヨナスの著作だけではなく書簡を精読し、彼のユダヤ性をキーワードとしながらその思索の歩みを再構成したヴィーゼの研究は、特筆に値する。[*18] 同時に、そうした多様なテーマ群がそれぞれ未来倫理学とどのように連関するのか、ということも主要な課題として取り組まれてきた。それによって、ヨナスの未来倫理学が哲学的生命論を理論的な前提として構成されていることや、[*19] 未来倫理学において散発的に現れる神学的な表現が神話思想と共鳴するものであることなどが明らかにされてきた。[*20]

これに対して、本書が関心を寄せる哲学的人間学と未来倫理学の関係については、いくつかの例外を除いて、主題的な研究対象にされてこなかった。たとえばフロニューは、ヨナスの哲学的人間学のうちに人間存在の根本的な複数性への眼差しを読み取り、それが未来倫理学の重要なモチーフになっていると解釈している。[*21] またニールセン＝シコラは、ヨナスの哲学的人間学における想像力の重要性を指摘し、それが未来倫理学における責任能力と連関していることを明らかにしている。[*22] これらはいずれもヨナスの哲学を体系的に捉える上で欠かすことができない視点であるが、しかしその考察が網羅的に展開されているとは言い難く、そこには依然として多くの未解明の問題が残されている。

本書は、フロニュ＝やニールセン＝シコラによって切り開かれたこうした方向性を継承しながら、哲学的人間学と未来倫理学の連関を明らかにする。人間が何者であるか、という哲学的人間学の問いは、未来世代への責任をどう説明するか、という未来倫理学にとって、欠かすことができない理論的な前提として機能している。ヨナスの未来倫理学は、哲学的人間学を参照することによって初めてその全容が明らかになるのであり、それなしには常に不十分な理解に留まる。それが本書の仮説であり、先行研究に対する態度である。

本書の構成

本書は次のような章立てによって構成されている。

第1章では、ヨナスの哲学的人間学の全体像を概観する。ヨナスは、人間の本質を動物との比較によって考察し、その核心を自由な想像力のうちに見出す。本章では、ヨナスによる想像力の定義を確認し、彼の基本的な人間観を明らかにする。

第2章では、哲学的人間学から導き出されてくる、ヨナスの歴史思想を明らかにする。ヨナスは歴史を、ある目標に向けて進歩する過程としてではなく、新しいものが無限に、多様に現れてくる過程として捉える。そうした歴史の運動において想像力が果たす役割を明らかにすることが、この章の課題である。

第3章では、そうした歴史のなかで現代がどのような時代として捉えられているのかを、特に生命観・自然観に注目して検討する。それによって、科学技術文明の背後にある自然観が、人間を自然の全体から断絶させる形而上学的なニヒリズムであることが明らかになる。

第4章では、科学技術文明の構造をこうした現代の自然観との連続性のなかで分析し、その脅威が形而上学的なニヒリズムから立ち現れてくることを明らかにし、ヨナスの未来倫理学が解決するべき課題を特定する。

第5章では、こうした根本的課題を解決するために、科学技術文明とは異なる自然観を、ヨナスの哲学的生命論に基づいて模索していく。それによって、ヨナスの未来倫理学の足がかりとなる自然哲学の基本構造を明らかにする。

第6章では、ヨナスの自然哲学を踏まえながら、責任という概念の構造を明らかにする。そもそも責任とは何か、私たちはなぜ、どのような状況において責任を引き受けるのか。そうした問いを考察することを通じて、未来世代への責任を基礎づけるための概念的な準備を整えていく。

第7章では、こうした責任概念に基づいて、未来世代への責任の基礎づけを再構成する。またその過程でヨナスの哲学的人間学が果たしている理論的な機能と両者の関係を明らかにする。

第8章では、神話思想をテーマにする。ここでは、アウシュヴィッツをめぐるヨナスの思索を繙《ひもと》き、未来世代への責任と記憶の問題の関わりを考察することで、そこにヨナスの未来倫理学のもう一つの可能性を見定めていく。

最後に、ヨナスの哲学的人間学と未来倫理学の関係について総括する。それによって、価値多元的な現代社会においてヨナスの未来倫理学にどのような可能性があるのか、またそこにはどんな問題が残されているのかを考察し、本書の結論とする。

前置きが長くなった。さっそく本論に入ることにしよう。これは、私たちの未来をめぐる哲学である。

第1章　人間と想像力──哲学的人間学Ⅰ

新しい世界が足早にやってくる。科学が発達して、効率もいい。古い病気に新しい治療法が見つかる。すばらしい。でも、無慈悲で、残酷な世界でもある。そこにこの少女がいた。目を固く閉じて、胸に古い世界をしっかり抱きかかえている。心の中では消えつつある世界だとわかっているのに、それを抱きしめて、離さないで、離さないでと懇願している。

──カズオ・イシグロ『わたしを離さないで』

二〇一八年にノーベル文学賞を受賞したカズオ・イシグロは、『わたしを離さないで』において、ヒトクローン技術が浸透した社会の未来を描いた。その世界では、臓器移植を必要とする人々に対して移植臓器を確保するために、臓器提供者が人為的にクローンされている。クローンの子どもたちは特別な養育施設で暮らし、いつか自らの臓器を提供して死ぬ運命にある。

そうした、明らかに基本的人権を無視した行いが許されているのは、物語の世界において、クローンされた人間は本来の人間ではない、と見なされているからだ。養育施設で育った子どもたちは、普通に生まれてくる正常な人間ではなく、他の人々と同じような人権をもつに値しない。したがってその子どもたちから臓器を摘出しても倫理的に問題はない。その社会ではそれが常識になってしまっているのだ。

物語の舞台となる施設「ヘールシャム」の校長は、この通念に対して疑問をもっていた。クローンされた子どもも、そうではない他の人々と同様の存在であり、その子どもたちには疑う余地のない人間らしさがある。それを証明するために、校長は子どもたちに幼い頃から芸術作品を作らせ、それを施設の外部で展示する活動を行ってきた。クローンされた子どもたちは芸術作品を作り出すことができる。芸術作品を作れるのは人間だけである。そうである以上、クローンされた子どもたちも、私たちと同じ人間である。校長はそうしたメッセージを社会に発信し、クローンされた子どもたちの権利回復を企図していたのである。

人間らしさとは何だろうか。私たちはそれを考えるために慎重にならなければならない。ある能力や特徴を「人間らしさ」として線引きするとき、それをもたないものは、人間の範疇から排除される。たとえば『わたしを離さないで』において、クローンされた子どもは人間らしさをもたないと考えられ、人間の範疇からはじき出されていた。だからクローンされた子どもたちは臓器を摘出されるために搾取されるし、それが正当化されてしまうのである。それに対してヘールシャムの校長は、芸術作品を作り出せること、そうした想像力をもつことから人間らしさを再定義し、それによって子どもたちを過酷な運命から救い出そうとするのである。

ヨナスもまた、人間の人間らしさを想像力のうちに見定めていた。彼の哲学的人間学[*1]は、人間にとって想像力とはどのような能力なのか、それがどのような意味で人間を動物から区別するのか、という観点から展開されることになる。

1　動物と人間の境界

人間らしさとは何だろうか。人間らしさについて考えることは、同時に人間らしくないものについて考えることでもある。人間らしさとは、人間とそうではないもの、つまり動物との間に引かれる境界線として理解することができる。[*2] ヨナスはこうした観点から、人間はどのような意味において動物とは異なるのか、もしも人間に動物を超える能力があるとすれば、それはどこにあるのか、という問いを哲学的人間学の出発点に据える。もっともこうした問題設定は、シェーラー、プレスナー、ゲーレンに代表される、同時代の哲学的人間学と大きく異なっているわけではない。ヨナスが独創的なのは、この問題に次のような思考実験から着手しているということだ。

宇宙人の思考実験

『生命の哲学』において、ヨナスは次のように述べる。

次のような状況にいる宇宙飛行士たちをフィクションとして想定すれば、(今日ではそれはもはやさほど空想的ではないが)、発見のための実験にとって一つの理想的な厳格さをもった条件を、私たちは得ることができる。すなわち、その宇宙飛行士たちは、他の惑星のまったく未知の生命世界を探索し、そこに「人間」がいるかどうかを確かめようとしているのである。[*3]

「宇宙飛行士」たちが「他の惑星」に降り立つ。そこには様々な生命の痕跡があり、あるいはそうした生命と出会うことすらあるとする。そうした生命は、場合によってはミミズのようなものかも知れないし、場合によっては地球上に存在するいかなる生物とも似ていないものかも知れない。しかし、それがどのような外見をしているかに関わりなく、「宇宙飛行士」たちがその生命を、単なる宇宙生物ではなく宇宙人であると確信できるためには、そこにはどのような条件が必要だろうか。これがこの思考実験の趣旨である。[*4]

この思考実験に対してヨナスは次のような暫定的な回答を示す。

先に想定した探索者がある洞窟に入り、その壁面に線ないしその他の図形があることに気づくとしよう。そして、それは人工的に作られたものに違いなく、いかなる構造上の機能にも役立っていないうえ、洞窟の外で遭遇しうる何らかの生物との視覚的な類似性をそこに見て取ることができるとしよう。そのとき探索者の口からは「これを作ったのは『人間』だ！」という叫び声が発せられるだろう。[*5]

ヨナスによれば、「探索者」が宇宙生物から宇宙人を見分けることができる根拠があるとしたら、それは、「線ないしその他の図形」を描く能力をもつ、ということである。もしも「洞窟」の壁に絵が描かれていれば、それを描いた者は人間である、と考える以外にない。

もちろんそれは、絵を描くことだけが人間の条件である、ということではない。たとえば言語を話す生命がいれば、「探索者」はそれも人間と見なしうるだろう。しかし、ヨナスによれば、何が言語なのか、どこまでが言語として認められるのかは、確定することが困難である。これに対して絵は、それが絵であることが直観的に明瞭であるという意味において、人間の条件の指標として優れている。[*6]

もっとも、この答えはまだ暫定的なものに過ぎず、あくまでも直観を頼りにしたものである。ヨナスはこの直観を足がかりにして議論を展開していく。この世界において、人間だけが絵、言い換えるなら「像（Bild）」を描くことができる。動物には像を描くことができない。しかし、それはなぜなのだろうか。ヨナスはその理由を次のように説明している。

単なる動物は像を作らないし、作ることもできないだろうという、私たちの潜在的な確信に対しては、さしあたり、単なる再現（Repräsentation）は生物学的にまったく無用である、ということを指摘すれば十分である。動物が作るものは、養育、生殖、避難、冬眠といった生存目的を追求する形で直接的・物理的に使用されるのであり、それ自体が何かとの作用連関に置かれている。これに対して、何かを描出することは環境も有機体自身の状態も変化させはしない。したがって、像を作る存在は、役に立たない事物の製作に耽る存在であるか、あるいは、生物学的な目的以外の目的をもっていたり、事物を道具的に使用するのとは違った仕方で、生物学的な目的を追求したりしうる存在である。[*7]

ヨナスによれば、動物はあくまでも「生命の目的を追求する」だけであり、言い換えるなら、自分の生命を維持するための欲望にだけ従って行動している。もっとも動物はそうした自然の欲望を自ら選んでいるわけではない。たとえば動物は食欲を得たくて食欲を得ているのではない。それはあくまでも本能の衝動に突き動かされているに過ぎず、そうである以上、動物はこうした自然の必然性に支配されている。

それに対して像を描くことは直接的には生命の維持に貢献しない。壁に像を描いたからといって、それによって食欲が満たされるわけではないし、子孫を増やすことができるわけでもない。だからこそ動物は像を描かないのである。

それに対して、人間は像を描くことができる。それが意味しているのは、人間には生命の目的にとって必要のない行為をすることができる、ということである。それは、言い換えるなら、人間は自然の必然性から解放されているということ、つまり自由であるということである。

ヨナスによれば、人間の根本的な人間らしさはこうした「像を描く自由（Freiheit des Bildens）」のうちにある。この自由をもつか否かが人間と動物を隔てる境界線である。ヨナスはそうした自らの人間観を、ラテン語で「描く人」を意味する、「ホモ・ピクトル（Homo Pictor）」と呼ぶ。

想像力とは何か

あらゆる動物のなかで、人間だけが、像を描く自由をもつ。そのとき、この自由が意味しているのは、さしあたってはそれが自然の必然性から解放されている、ということである。その上でヨナスは、この自由の性格を十分に明らかにするために、像という概念の構造について次のように分析していく。[*8]

ヨナスによれば、像という概念は、「基体」、「像」、「像の対象」とによって構成されている。基体は像を成り立たせている物質であり、像はそこに描かれている形態であり、像の対象はモデルとなった事物である。先ほどの思考実験で語られた比喩に立ち返って説明しよう。探索者が宇宙の洞窟に入る。その洞窟のなかで、壁面に絵が描かれていることに気づく。そして洞窟を出てみると、そこには絵に描かれていたのとよく似た宇宙生物が存在していることを発見する。それによって探索者は、壁に描かれていたものが、その宇宙生物を描いたものであるということが分かる。このとき、像の「基体」は洞窟の壁であり、「像」はそこに描かれている絵であり、「像の対象」は洞窟の外にいる宇宙生物である、ということになる。

この三つの要素の関係から、すぐに明らかになることは、像とその対象の間には「識別可能な類似性」[*9]がある、ということだ。もしも壁に描かれている絵が、そのモデルとなった宇宙生物と似ても似つかないものだったら、その絵は像として成り立っていないことになるだろう。しかし、その一方で、この絵はモデルとなった宇宙生物と完全に一致しているわけでもない。もしも像がその対象と完全に一致していたら、それは対象の像ではなく、対象の複製を意味するからだ。したがってこの不一致は、像が像であること、絵が絵であることを否定するものではない。ヨナスは、このように像がその対象と一致しえないという性格を、像の「存在論的不完全性」[*10]と呼ぶ。ここで言う「存在論的」とは、像が像として存在するための条件として、という意味である。要するに像は、その対象を不完全に表したものでなければ、像として存在できないということである。

像がその対象と一致しない、ということは、逆に言えば、ある対象をそのまま像にする必要がない、ということを意味する。そしてそれは、人間が像を様々な形で表現することを可能にする。

たとえば探索者が出会った宇宙人は、宇宙生物を、現実に存在するその通りの姿で描くのではなく、その一部を――たとえば角や牙や毛並みを――誇張して描いたり、あるいは省略して描いたり、場合によっては別のもので置き換えて描くこともできる。そのように工夫を加えて描かれた絵は、そのモデルとなった事物を、もはや写実的に再現したものではなくなる。しかし、そもそも像はその対象と一致するものではないのだから、こうした表現の工夫が絵の絵としての性格を失わせることにはならない。むしろ、そうした工夫が加えられることによって、絵にその対象の真の姿を表現させることさえも可能になるのである。

どのように事物を描くか、どのように表現するか、という可能性は多様である。ある宇宙人は宇宙生物の角を強調して描くかも知れないし、別の宇宙人はその牙を強調して描くかも知れない。しかしどちらの絵も等しく宇宙生物の絵としての権利をもつのであり、どちらか一方だけが本物であり、他方が偽物である、ということにはならない。

ヨナスはここに像を描く自由の核心を洞察し、次のように述べる。

事物を再創造する者は、しかし潜在的には新しい事物を創造する者でもある。一方の能力は、他方の能力と異なるわけではない。類似を再現することを選んだ自由は、同じように類似から逸脱することを選ぶことができる。意図をもって最初に一本の線が引かれるとき、自由の次元が開かれる。その自由においては、原型に対する忠実さ、あるいは、そもそもモデルに対する忠実ささえもが、一つの決断でしかない。この次元は実際の現実を全体として乗り越え、無限のヴァリエーションからなる自らの領域を、可能なものの王国として提示する。そしてその可能なものは、人間がそれを選ぶことによって、人間によって真になりうるものなのだ。真なるものを見守ることと、新しいものを作り出す力は、同じ能力なのだ。*11

人間は一つのモデルを「無限のヴァリエーション」で描き出すことができる。像は、それ以外ではありえない現実の事物として描かれるのではなく、それ以外でもありうるものとして、一つの可能性としてのみ描かれることになる。この意味において、そもそも別様ではありえない絶対的な像は、像という概念の定義上、不可能である。

そうした像の無限の多様性は、像がそのモデルに対して忠実であることを否定するわけではない。ヨナスによれば、「その可能なものは、人間がそれを選ぶことによって、人間によって真になりうるもの」である。つまり人間は、あるモデルの像をいままでにはない仕方で、そのモデルの現実の姿とは異なる仕方で描くことによって、翻って、そのモデルの真の姿を表現することができるのである。

こうした観点からヨナスは、「事物を再創造する者は、潜在的には新しい事物を創造する者でもある」、また「真なるものを見守ることと、新しいものを作り出す力は、同じ能力なのだ」と主張するのである。何かを描くことは、何かを再現することと、それを新しく表現することを、同時に成し遂げる行為なのだ。

ヨナスは、このような形で像を描き出す人間の能力を、「想像力（Einbildungskraft）」と呼ぶ。[*12] あらゆる動物のなかで人間だけが想像力をもつ。それが意味しているのは、目の前に存在する事物を、その現実の姿とは別の仕方で表象できるということである。この意味において、像を描く自由は、単に自然の必然性から解放されているということだけでなく、現実を違った仕方で表象すること、その意味で現実に囚《とら》われずにいることができる、ということをも意味しているのである。[*13]

2 反転する想像力

ヨナスは想像力のうちに人間に固有の自由を洞察する。ただし人間の想像力は、自分の外部にある世界だけではなく、そのように想像をする自分自身にも向けられうる。ヨナスはそのように自分自身へと反転する想像力のあり方を「反省（Reflexion）」と呼び、ここにおいて想像力の自由がもっとも明瞭に発揮される、と考える。

無限の反省

人間は、ただ絵を描くことができるというだけで、すでに動物から区別される。しかしそれは、人間を動物から区別する必要条件であって、その十分条件ではない。ヨナスは次のように述べる。

ある人が、雄牛を描き、またその雄牛へ向かう狩人さえも描いているとしよう。そして、その人が、自分の振る舞いと心の状態という、描かれることのない像に目を向けるとしよう。このときはじめて、人間は十全な意味で姿を現す。驚き、探究し、比較するこの眼差しの隔たりを経由して、「私（ich）」という新たな存在が構成されるのだ。[*14]

ヨナスによれば、想像力が自分自身へと向けられることで、「人間は十全な意味で姿を現す」。そうした自己客体化によって構成されるものこそが「私」に他ならない。では、この自己客体化、すなわち反省は、自分の外界のものを想像することとどのように異なるのだろうか。ヨナスは次のように述べる。

客体化という重い宿命を背負った自由は、「他者」となりうる潜在的なすべてを、すなわち「世界」を、理解し行為しうる対象からなる無限の領域として自己に対置させる。この自由は、間接性という重荷を伴いながら、主体それ自身に向けなおされ、主体をふたたび形相を経由する関係の対象とすることができるし、また最終的にはそうせざるをえない。ここで現れる「形相」は、外部の領域に現れる形相のすべてとは別種のものである。というのも、この形相はあらゆる外部性に対する自己の関係を示しているからである。反省という新たな次元が展開され、この次元ではあらゆる客体化の主体がそれ自身にとって主体として現れ、それ自体、新たないっそう自己媒介的な種類の関係の客体となる。[*15]

ヨナスによれば、想像力の「新たな次元」としての反省は、「あらゆる外部性に対する自己の関係」を描き出そうとする能力である。ここで言う外部性とは、『他者』となりうる潜在的なすべて」であり、つまり「世界」である。またその「形相（Form）」とは対象から想像された像に他ならない。

ここで注意すべきことは、反省があくまでも世界と自分の関係を描き出そうとするものであり、決して自分を世界から隔絶された存在として想像することではない、ということだ。反省は、あくまでも「私」が世界とどのように関係しているのか、「私」がこの世界においてどのように位置づけられているのかを想像しようとする営みである。それは、「事物の見取り図のなかで、人間の占める場所はどこか、私の占める場所はどこか」[*16]と問うことに等しい。

反省とは、世界と自己の関係を想像することである。したがってそれは、一方においてはこの世界を全体として想像するものでありながら、他方においてその世界における「私」を想像することでもある。反省において両者は常に結びついている。世界を想像するとき、人間は常に自分自身を反省しなければならない。あるいは自分自身を反省するとき、人間は常にこの世界全体を想像しなければならないのである。

こうしたヨナスの分析からは、反省概念がもつ一つの特徴が導き出されてくる。それは、反省は原理的に完結しない、ということだ。なぜなら、前述の通り、何かを像として思い描くことは、その対象となる事物と像が決して一致せず、その意味において像は存在論的不完全性をもつからである。反省においても、反省によって得られたものが、反省しているこの「私」と一致することは決してない。それは、言い換えるなら、自分自身が何者であるかという問いに対して、それ以外の答えが不可能であるような完結した答えが与えられることはない、ということだ。

人間は反省しようと思えば無限に自分を反省することができるし、そしてそのたびごとに違った答えを見つけ出すこともできる。そしてそれらがそのたびごとにいかに異なっていようとも、それぞれの答えは、そのたびごとに真理なのである。

人間像の形成

反省は、世界を想像すると同時に、そのなかにいる自分を想像することでもある。この意味において反省の働きには二重性が認められる。この二重性を媒介するようにして形作られる像を、ヨナスは「人間像（Menschenbild）」と呼ぶ。

私たちは「像」という語をよくよく考えた上で用いている。人間は、人間にふさわしいものの像に従って、自分自身の内的なあり方と外的な行為を形成し、経験し、判断している。望むと望まざるとにかかわらず、人間は人間という理念を「生きている」――それに同意するにせよ、反対するにせよ、唯々諾々と従うにせよ、反抗するにせよ、承認するにせよ、否認するにせよ、よき良心を伴うにせよ、やましい良心を伴うにせよ。*17

ヨナスによれば、人間像とは「人間にふさわしいものの像」である。人間はそうした人間像を介在させることによって、何かを「行為」したり、「経験」したり、「判断」したりすることができる。この意味において人間像はただの像ではない。それは、人間の営為に意味を与える基準として機能するのである。

ただし、次の三つの点に注意しなければならない。第一に、反省は必ず人間像を経由しなければならない、ということだ。人間は、自分自身が何者であるかを、何の手がかりもなしに反省することはできない。それはあたかも、どこにも係留点をもたずに、大海原を小舟で漂うようなものであろうし、そのとき人間には、自分と世界の間に確固としたリアリティを感じることができないであろう。それに対して人間像は、この世界において人間がどのような地位をもち、何者として存在しているのか、この世界の位階秩序のどこに場を占めているのかを表現する像である。人間像は、曖昧で不確実な「私」をこの世界へと繋ぎ止める係留点として機能するのであり、人間に対してこの世界のリアリティを確信させるのである。

ただしそれは、すべての人間に同じように妥当する普遍的な人間像がある、ということを意味するわけではない。これが第二の注意点である。ヨナスによれば、人間像とはあくまでも「社会における対話的なコミュニケーションで獲得され、維持される」[*18]。つまり人間像はある社会のなかで、ある共同体のなかで形成されるものである。たとえばキリスト教が支配する共同体において、人々はキリスト教的な人間像のもとで反省するのであり、仏教が支配する共同体では、仏教的な人間像のもとで反省する。この意味において、あらゆる像がそうであるのと同様に、人間像にもまた無限の多様性が認められる。

そして、第三に、それは人間が自らの置かれている人間像によって反省をあらかじめ決定されている、ということでもない。なぜなら人間には自分が属している人間像を変えることができるからだ。

ヨナスは次のように述べる。

> 一般的な範型に完全に適応するなら、自己はそれに吸収されるかもしれない。異端として屈服させられるなら、自己は自らの孤独へと引き戻されるかもしれない。偉大な人物のごくまれな事例において、自己は巨大な力を発揮して、自分自身を新しい人間像として打ち立て、支配的な人間像に代わるものを社会に刻印することができる。*19

前述の通り、反省は原理的に完結しない。それは、言い換えるなら、この世界に絶対的な人間像は存在せず、それは常に別様でもあるものとしてのみ形成される、ということだ。したがって人間には、自分が属している共同体の人間像を覆し、「自分自身を新しい人間像として打ち立て」る可能性が、常に開かれているのである。

ただし、それを成し遂げることができるのは「偉大な人物のごくまれな事例」に限られる。この意味において、人間は誰であっても人間像を変える可能性をもつが、しかし実際にそうした変革を遂行できる人物は限られている。見方を変えるなら、どんなに安定した社会においても、そうした人物が出現してくれば、人間像は容赦なく刷新されてしまう、ということになる。[*20]

3　墓と形而上学

前節まで『生命の哲学』におけるヨナスの哲学的人間学を概観してきた。しかし、そこで語られた内容には異論の余地もあるだろう。たとえばヨナスは像を生命の維持に貢献しないものとして捉えていた。だが、像は記録や情報共有に役立ち、それによって食料調達に役立つはずである。そうであるとしたら、像を描く能力もまた生理的な必然性から完全に自由であるとは言えないのではないか。

ヨナス自身もこうした問題を自覚していた。そのため、後年に公刊された『哲学的探究と形而上学的推測』ではこの考えが修正され、像もまた生命の維持に寄与する一面をもつと指摘される。それに対して、より純粋な人間の自由の発現形態として新たに取り上げられるのが、「墓（Grab）」である。

なぜ人は墓を建てるのか

なぜ人は墓を建てるのだろうか。墓の建立には概して大きな費用がかかるし、時間も労力も必要になる。場合によっては莫大な予算をつけた公共事業として営まれることもある。しかし、それは直接的には現世に生きる人の利益になるわけではない。墓を建てたからといって空腹が満たされるわけではない。

『哲学的探究と形而上学的推測』においてヨナスは、『生命の哲学』において像の分析に用いた手法を、墓の分析にも応用する。ヨナスによれば墓もまた人間の想像力によって建立される。ただし、像と墓の間にある決定的な違いは、像において表現されるのが現に実在する対象でありえるのに対して、墓において表現されるのは実在しない対象である、ということだ。人間が墓を建立するときに想像しているのは、死後の世界であったり、現世と死後の世界の関係であったり、あるいは両者を統合するこの世界の全体である。十字架も、卒塔婆も、あるいはピラミッドも、そこに埋葬されている人が、あるいはそれを建てた人が、生と死の境界をどのように考え、その関係をどのように捉えていたのか、そしてその狭間《はざま》で自らを何者として理解していたのかを表現している。

ヨナスはこのように墓において表現されるものを「信仰による表象」[*21]と呼ぶ。墓の建立において人間は死後の世界を想像する。それは、私たちが経験することのできる現実の彼岸の世界を表象することを意味するのであり、言い換えるなら、「感覚的なものから感覚を超えたものへと進む」[*22]ことを意味している。ヨナスは次のように述べる。

人間は、あらゆる存在のなかで唯一、人間が死ななければならず、だからこそ死後と彼岸について思慮する、ということを知っている。そして人間は自らの実在の今とここを思慮することができるのであり——つまり、自分自身について、熟慮するのである。墓には次のような問いが結晶化されている。私はどこから来たのか。私はどこへ行くのか。そして、最終的な問いは次のようなものである。すなわち——そのたびごとの行為や経験を超えて——私は何者なのか。これによって、道具と像を超えた、媒介の新しい様態として、反省が姿を現す。[*23]

墓を建立することができるための条件は、人間が死ぬことを了解できる、ということである。ただし、死後を想像するということは、決して、現世を軽んじて来世への夢想をもてあそぶことではない。むしろ、反対に、人間は死後の世界を想像することによって、翻って現世を理解しようとするのであり、「自らの実在の今とここを思慮する」のである。それは、言い換えるなら、超現実的なものを想像することによって現実を理解することに等しい。ヨナスはこうした想像力のあり方を「反省」と呼んでいる。『生命の哲学』において、反省は人間像を形成する能力として論じられていた。ここでもその意味は維持されている。ただし、あえて『生命の哲学』と異なる点を挙げるとしたら、『哲学的探究と形而上学的推測』において、世界は死後の領域にまで拡大されているということである。

人間の魂が死後どうなるかは誰にも分からない。人間には魂を見ることができないし、死後の世界を実際に歩いてみることもできない。それでも、そうした感じることのできないものは、人間の生きている現実の世界と地続きなのである。墓を建てることは、あくまでも人間をこの世界に繋ぎ止めることであり、この世界のリアリティを確信するための営みに他ならない。だからこそ墓には、「私はどこから来たのか」、「私はどこへ行くのか」、「私は何者なのか」という問いが結晶化しているのだ。

形而上学の起源

墓は、それを建てた人間が、「私はどこから来たのか」、「私はどこへ行くのか」、「私は何者か」と自らに問いかけていたことを証言する痕跡である。ヨナスはここに示されている知的営為を「形而上学（Metaphysik）」と呼ぶ。

自らの可死性を知る人間は、自己了解なしに人間として生きることはできない。自己了解は、それ自身では決して自明ではなく、むしろ断片的な推測の不安定な所産である。そうした推測は、単独の「私」から、「私」がそこへもたらされていると見出されるところの、存在の全体へと必然的に拡大する。そのようにして、墓から形而上学が立ち上がる。[*24]

ヨナスによれば、「形而上学」とは、自らの死を意識する「私」が、自分自身の存在についての「推測」を、「私」が所属している「存在の全体へと必然的に拡大する」ことによって可能になる。そのようにして人間の想像力は形而上学について思考することを可能にするのである。人間が想像力をもつということ、それは同時に、人間が形而上学的な問いを思考できるということを意味している。[*25]

このように、ヨナスは形而上学の概念を哲学的人間学によって基礎づけている。本書において、これ以降、形而上学をめぐる問題は何度も形を変えて現れてくるだろう。ここではこの概念の特徴を三つの観点から指摘しておきたい。

第一に、ヨナスは形而上学を「自己了解」の産物として、自分自身への反省によって形成されるものとして捉えている。形而上学は、それがどんなものであったとしても、同時に人間像である。したがってヨナスにおいて人間像と形而上学は密接に連関しており、場合によっては同義で用いられる。

第二に、形而上学を作り出す能力としての反省は、想像力のあり方の一つであるが、それは対象を無限に多様な仕方で描き出す能力でもある。そうである以上、形而上学にもまた無限に多様な可能性が開かれていることになる。人間は、ある対象を様々な形で絵に描くことができるように、自分の属している世界を多様な形で表象することができる。そしてそのどれもが等しく本物である。反省が原理的に完結しないものである以上、形而上学もまた原理的に完結しない。この意味において、唯一絶対の形而上学は存在せず、互いに本物である形而上学が複数並列している状態にあるということが、ヨナスの形而上学概念の原則である。

第三に、これは第二の点が導き出されることであるが、もしも形而上学がたった一つに確定され、それ以外の形而上学を考えることが不可能になるなら、言い換えるなら、もしも一つの人間像が普遍化され、他の人間像の可能性が排除されるなら、それは人間が想像力をもつことを否定していることになり、そうである以上、人間の自由を否定している。この意味において形而上学の絶対化は人間性の否定を意味するのである。[*26]

これまで本章は、人間の人間らしさとは何か、という問いに関するヨナスの思想を概観してきた。要約すれば、その問いに対する答えは次のようになる。すなわち人間の人間らしさは、多様な形而上学を描き出すことができる、という点にある。それは、自分が属している世界を思い描き、またそのなかで自分が何者であるかを反省する営みである。そして、そうした営みを支えている能力こそ、想像力に他ならないのだ。

第2章　歴史をめぐる問い――哲学的人間学Ⅱ

古い源泉について知り尽くした者は、見よ、遂に未来が湧き出ずる泉と新たな源泉を求めようとするだろう――。

――フリードリヒ・ニーチェ『ツァラトゥストラかく語りき』

ヨナスは二〇世紀の始まりから終わりを生きた哲学者と言われる。彼はその一〇〇年間に起きた様々な世界史的な出来事を同時代人として体験した。そのなかでも彼の思想にもっとも大きな影響を与えたのは、明らかに、ナチスによるユダヤ人の迫害、そして第二次世界大戦である。

ナチスが政権を掌握した直後、ヨナスはドイツから亡命した。イギリスを経由してパレスチナへ渡った彼は、ドイツを解放するために、チャーチルによって創設されたイギリス陸軍ユダヤ旅団の将校として第二次世界大戦に参戦し、イタリア戦線で戦場を踏むことになった。しかしそのときすでに彼の母親はアウシュヴィッツで殺害されていた。

ヨーロッパにおける反ユダヤ主義には長い歴史がある。そして、あとから眺め返せば、そこにナチスの予兆とも言うべき出来事の数々を指摘することもできる。しかし、少なくともヨナスにとって、ナチスによる恐ろしい蛮行は、それが実際に起こるまではにわかに信じられないものだった。実際に、ナチスが政権を掌握したというニュースを聞いたヨナスは、母に次のように伝えていた。

あのペストどもは数か月のうちに崩壊してしまうよ。奴らはとにかく〔政権を掌握するまでに〕昇り詰めるのに必死だったわけだけど、そんなのは常軌を逸したことだから、あっという間に駄目になるよ。[*1]

こう言い換えることもできよう。ヨナスにとってナチスの出現は、そしてそれに引き続く悲劇の数々は、事前には予測不可能な出来事だった。しかしそれによって文字通り彼の運命は大きく翻弄されることになった。その体験は彼に対して、そもそも歴史とは何か、歴史はどのように運動するのか、という問いを喚起することになる。

歴史をめぐる問いは未来倫理学においても重要な役割を演じている。なぜなら、未来が現在と連続するものである以上、未来世代への責任とは、未来への歴史を形作る責任でもあるからだ。私たちが歴史をどのように捉えるのか、歴史がどのように運動するものであると考えるのか、ということは、未来世代への責任のあり方に直結するのである。

歴史とは何なのか。それはどのように運動するのか。本章ではそうしたヨナスの歴史思想を考察していこう。

1　歴史とは何か

ヨナスの哲学には歴史への問いが散りばめられている。しかしそれは、ヨナスが体系的な歴史思想を論じていた、ということを意味するわけではない。彼の歴史思想はあくまでも散発的かつ断片的にしか論じられていない。そのため、ブーレッツに代表されるように、先行研究においてヨナスの哲学には歴史の概念が「奇妙な仕方で欠けている」[*2]と見なされてきた。これに対して本節では、『生命の哲学』、『責任という原理』、『哲学的探究と形而上学的推測』を中心にしながら、ヨナスの歴史思想を再構成していく。これらの著作では、ヨナスによる歴史の定義がある程度まとまった形で示されているからである。

終わりなき歴史の運動

ヨナスの哲学的人間学を改めて確認しておこう。

人間は想像力をもつ点で動物から区別される。想像力は、そもそも知覚できないもの、感覚を超えたものを描き出す能力である。それによって人間は、死後の世界を含めた存在全体を思い浮かべることができ、そしてそのなかに自分を位置づける形で、自分自身が何者であるかを想像することができる。ヨナスはそのように発揮される想像力を反省と呼び、反省によって形作られるものを形而上学、あるいは人間像と呼ぶ。

想像力という概念には大切なポイントがある。それは、想像力が対象を多様な形で描き出す能力である、ということだ。第1章で見たとおり、人間は一つのモデルから無限に多様な絵を描き出すことができる。そして、それらはすべてが本物の絵なのであり、そのうちの一つだけが絶対的に真理なのではない。想像力が描き出すものは、現実の複製ではなく、現実がそう描かれうる様々な姿、すなわちその無限に多様な可能性なのである。

このことは形而上学においても変わらない。形而上学もまた無限に多様な形で思い描かれる。だからこそ人間は、いまある形而上学を刷新し、新しい形而上学を樹立することができるのである。

ここに示唆されているのは、形而上学は時とともに変わっていく、ということである。この世界に唯一絶対の形而上学は存在しない。時代によって多様な形而上学が存在する。どれほど絶対的であるように思われた形而上学も、いつか廃《すた》れ、別のものにとって替わられうる。そうした可能性をもつことが、形而上学という概念の条件なのである。

ヨナスはこうした形而上学の移り変わりを「歴史」として定義する。

外的な諸感覚のデータと同様に、自己反省によって見出されるものは、一つの総体的な像へ向けた絶え間ない総合と統合のための素材である。この作業は、人間が人間として生きている限り続く。「私が私自身にとって問題となった」。宗教も、倫理学も、形而上学も、存在全体の解釈という地平においてこの問いに出会い、答えを与えようとする、決して終わることのない試みである。

このような可能性が姿を現すとともに、歴史が進化にとって代わり、生物学は人間の哲学に席を譲る。[*3]

ヨナスによれば、歴史とは、人間が「存在全体の解釈」のなかで自らを問い直す「決して終わることのない試み」である。どういうことだろうか。

たとえばユダヤ教とキリスト教を例にとってみよう。ユダヤ教において、神はかつてイスラエルの人々を自らの民として選び、神と人間が共存することを契約した、と考えられている。その契約によって、イスラエルの民は神とともに存在し、神に導かれた民族になると同時に、神に対して果たすべき義務を課せられた。その義務が律法に他ならない。ユダヤ教は律法を遵守する宗教として知られているが、その背景には、こうしたユダヤ的な「存在全体の解釈」が、つまり一つの形而上学や人間像がある。

それに対してキリスト教は、こうしたユダヤ教の世界観を刷新した。ユダヤ教において、神の恩恵にあずかることができるのは、律法を守るユダヤ人だけであった。それに対してキリスト教は、ナザレのイエスの贖罪を介して、すべての人間が神に救済されるという考え方を提示した。人間が罪から救済されるのは、律法を遵守するからではなくて、神を信仰するからである。信仰心をもつことができれば、たとえ律法を知らなくても、またイスラエルの民でなくても、神によって許されることができる。ここには、ユダヤ教とは異なる、キリスト教的な「存在全体の解釈」が、つまりもう一つの形而上学や人間像が示されている。

ユダヤ教からキリスト教が生まれてきたということ、それはユダヤ教的な形而上学から、キリスト教的な形而上学が生まれてきたということを意味する。この運動こそが、ヨナスの考える歴史に他ならない。

ただしそれは「決して終わることのない試み」である。確かにユダヤ教的な形而上学からキリスト教的な形而上学は生まれてきた。しかしそれは、ユダヤ教的な形而上学に対してキリスト教的な形而上学が全面的に勝利し、最終的なものとして確定された、ということを意味するわけではない。そうではなく、その二つの形而上学はそれぞれが同じように真理なのであり、ただ人間が構想しうる「存在全体の解釈」の別の可能性に過ぎない。人間は歴史を通じて様々な形而上学を生み出していくが、しかしそのうちのどれかが、最終的なものとして、絶対的に真理であるわけではない。この意味において歴史はそもそも完結しないものであり、「人間が人間として生きている限り続く」のである。

「自由の場は歴史である」

歴史の運動は人間の自由な想像力によって駆動する。それがヨナスの歴史思想の基本的なテーゼである。歴史とは単に時間が経過することではない。そこには人間の自由が介在していなければならない。こうした自由と歴史の相関関係について、ヨナスは次のように述べている。

とはいえ、人間の本質の探究は、人間が存在と様々な形で出会う道のりをたどらなければならない。そのような出会いのなかで人間の本質は、そのつど決断することを通じて、単に姿を現すだけでなく、そもそも実現にいたるのである。しかし、この出会いの能力それ自体は、人間の根本的な本質である。したがって、人間の根本的本質は自由であり、自由の場は歴史である。そして、歴史は主観の超歴史的な根本的本質によってのみ可能なのである。歴史における出会いから生じる現実のあらゆる像は、自我の像を含んでいる。そして、この自我の像が人間の真理である限りにおいて、この像に従って人間は存在する。しかし、人間に備わる歴史の可能性の条件、まさしく人間の自由は、それ自体は歴史的ではなく、存在論的である。*4

この文章は、ヨナスの歴史概念を考える上で欠かすことができないものであるため、少し立ち入って解釈してみよう。彼の主張は次のように整理することができる。

まず、引用における「存在と出会う能力」を、存在全体を解釈する能力として、つまり想像力として解釈しよう。存在との出会いは「様々な形で」、すなわち多様な仕方で、歴史的に生起する。しかし、この「存在と出会うという能力それ自体は、人間の根本的な本質」であり、「歴史の可能性の条件」に他ならない。言い換えるなら、人間の自由は、それによって作り出される様々な形而上学の条件であり、それがなければそもそも歴史が不可能になるのだ。人間は自由な想像力をもつからこそ歴史を紡ぎ出すことができる。それに対して、動物はそうした想像力をもたないから、歴史を紡ぎ出すこともできない。

その意味において「存在と出会うという能力」、すなわち人間の自由は、「歴史的」ではなく「存在論的自由」として表現されている。ここで言う「存在論的」とは、それが歴史の存在を可能にしている、という意味である。

　想像力が、歴史的な自由ではなく、存在論的な自由である、ということは何を意味しているのだろうか。それを明らかにするために、次のように考えてみよう。

　形而上学は時代に応じて多様である。たとえば、神がイスラエルの人々を自らの民として選んだ、という信仰は、一つのユダヤ教的な形而上学に基づいている。言い換えるなら、この信仰が妥当であるのは、ユダヤ教的な形而上学においてでしかない。ユダヤ教的な形而上学を共有しない者にとって、神がイスラエルの人々だけを自らの民とした、ということを受け入れることはできないだろう。その意味において、この思想は普遍化されえないもの、歴史的なもの、つまり相対的なものである、ということになる。

　これに対して、人間が自由であるということは歴史的ではない、つまり相対的な事実ではない、とヨナスは主張しているのである。どのような形而上学をとるのであっても、そこでは人間が自由であるということが前提にされている。しかし、なぜそう言い切れるのだろうか。

　これは純粋に論理的な問題である。たとえば、人間が自由であることもまた一つの歴史的な人間像である、と考えるとしよう。このとき人間が自由であるということは、そう語られる時代においてのみ妥当する命題になり、別の時代では妥当しないものになる。つまりこの命題は相対化される。しかしこうした推論は、そもそも形而上学や人間像が自由な想像力によって形作られる、という基本的な前提をも掘り崩すことになる。それによって歴史という概念の地盤は失われてしまい、人間の自由を歴史的なものと見なす推論そのものが、その妥当性を失ってしまう。つまり、その推論は自滅してしまうのである。だからこそ、人間の自由は歴史的ではなく、存在論的である、とヨナスは考えるのだ。

確かに人間は時代によって様々な形而上学や人間像を作り出していく。しかし、その前提になっているのは人間の自由に他ならない。歴史が人間を自由にするのではなく、人間の自由が歴史を可能にする。それがヨナスの歴史概念の基本的な構造である。

2 ユートピアに抗して

歴史とは形而上学や人間像が想像力によって刷新されていく運動である。では、そのとき歴史はどのように運動するのだろうか。それが次に考えるべき問題である。歴史の運動は進歩なのだろうか、それとも、そうではないのだろうか。

歴史が進歩するという考え方は一般に進歩史観と呼ばれる。そして、進歩史観をめぐるヨナスの立場は極めて明確である。すなわち、歴史は進歩するものではない。歴史が運動するほど人類がよりよくなるということは、ありえない。ヨナスはそうした進歩史観の代表者として、テイヤール・ド・シャルダンやホワイトヘッドの名を挙げるが、彼の対決姿勢がもっとも鮮明に表れるのは、ブロッホのユートピア主義に対してである。

ユートピア主義の論理

「ユートピア（utopia）」とはこの世界のどこにもない理想郷を意味する。ブロッホは主著『希望の原理』において人類の歴史をユートピアの実現に向けて進歩する過程として説明した。[*5] ヨナスによればブロッホのユートピア主義の基本的なテーゼは「ありうる、またある『べき』人間は、これまでまだ全然、存在しなかった。そうした人間は、これから先に現れてこなければならない」[*6]、というものである。

ユートピア主義は次のような人間像を前提にしている。すなわち、人間にはあるべき本来の姿がある。しかし、人間はこれまでの歴史でまだそのあるべき姿を実現できていない。だからといって、そうした本来の姿は実現不可能なわけではない。それは私たちがこれから未来において実現していくべきものである。つまり人間の本来性は未来において獲得されるべきものである、ということだ。

たとえば、こうしたユートピア主義の論理を労働に当てはめて考えれば、次のようになる。今日において人間は労働しなければならないと考えられている。しかし、労働することは人間にとってあるべき本来の姿とはいえない。労働には苦痛や搾取が伴うのであり、そのせいで自分らしい生活を営めなかったり、様々なことを諦めなければならなかったりするからだ。そんな生き方は人間にふさわしくない。人間は本来なら労働しないで生きるべきである。そうした社会が実現できるなら、それはぜひとも実現されなければならない。だからこそ私たちは労働を廃絶できるように活動するべきである。人類が労働から解放された社会は、言うまでもなく、現在においてはまだ存在しない。だからそれはどこにもないユートピアである。しかしそのユートピアの実現へと接近していく営みこそが、歴史の運動に他ならないのである。

こうしたユートピア主義的な歴史観の特徴は、歴史の運動がユートピアという未来から捉えられ、その未来へと向かうものとして記述される、ということである。重要なのは未来において達成されるべきユートピアであって、それ以前の歴史は、そのユートピアへと到達するための道筋として意味づけられる。

ヨナスはこうしたユートピア主義の歴史観を支えている人間像を、「未了の存在論（Ontologie des Noch-Nicht-Seins）」と呼ぶ。[*7] すなわちそれは、最初に人間のあるべき本来の姿を定めることで、「まだ」その姿に至ってい「ない」ものとして、「まだ―ない」ものとして人間を捉える考え方である。[*8] ヨナスによれば、こうしたユートピア主義は「過去との断絶」[*9]に陥らざるをえない。なぜなら、ユートピア主義において過去は、それがどの程度ユートピアの実現に貢献したのか、どの程度その後の人々に役立ったのか、という観点においてのみ捉えられることになるからである。ここに潜んでいるのは「人間の歴史について、過去のすべてが根本的に格下げされるような見方」に他ならない。ヨナスは次のように説明する。

「さあ地上に天国を建設しよう」（ハイネ）〔という考え〕は、そこにおいてそうした現世の天国が成立するような、天国に関する何らかの表象を前提としている（あるいはそのように考えられるべきだが、それについて理論が何も語っていないのは注目すべきことだ）。そしてそれは常に、たとえそうした表象が欠けているのだとしても、人間の出来事に関して、あらゆるそれ以前のものの地位を根本的に剝奪し、それらが予備段階に過ぎないと宣告するような解釈を前提としている。そうした解釈は、それ以前のものから固有の妥当性を奪い去り、そしてそれをこれから先のいつの日か間近に迫ってくるはずの本来性のための乗り物としてしまい、つまりたった一つの価値ある未来の目的のための手段にしてしまうのである。[*10]

もっともこれはまだユートピア主義への批判ではない。ただその含意を展開しているだけである。確かにユートピア主義は過去を「乗り物」のように理解しているのかもしれない。しかしそれの何が問題なのだろうか。そのように歴史を理解するとき、そこにどのような不都合が生じると言うのだろうか。

凌駕されえない過去

ヨナスは、こうしたユートピア主義的な進歩史観に対して、それでは説明することができない個人的な体験を一つの反例として取り上げる。

私の人生には一つの思い出がある。それはまったく予期しないことであった。私は、ヴェネツィアの聖ザッカリア教会聖物納室で、ジョヴンニ・ベッリーニの手になる聖母マリア三部作の前に立ったとき、深い感情に襲われた。ここには完成の一瞬間があった。私は、その瞬間を次のように見なして差し支えない。すなわち永劫が、その瞬間に備えて仕事をした。感動がなければ、永劫にその瞬間が繰り返されることはないだろう。その瞬間、すべてが、はかない「様々な巨大な力の均衡」にあって、一瞬休止するように見える。それは、人間の仕事にある矛盾の最高の和解を許すためにである。さて、こうした人間の仕事を引き留めておくものとは、絶対的な現在それ自体である。過去でも未来でも約束でも、よきにつけ悪しきにつけ、継承でもない。それは、何かあるものの前兆ではなくて、無時間的に光り輝くことそれ自体である。[*11]

ヨナスはベッリーニの「聖母マリア三部作」と出会ったとき、そこに「完成の一瞬間」を体験し、「永劫」を感じ取った。そしてそれはユートピア主義の論理では説明のできないものである。前述の通り、ユートピア主義において過去は未来によって意味づけられ、それがどの程度ユートピアの実現に寄与したのかという観点から評価される。では聖母マリア三部作のもたらす感動は、それが人類の達成すべきユートピアへの接近に寄与したから生じたのだろうか。そうではない。それは、過去から未来へと至る進歩の連続から切断された、「絶対的な現在それ自体」として体験されるからである。[*12]

ヨナスはこうした体験のうちにユートピア主義への批判の契機を読み取る。ユートピア主義では、人間の本来性はあくまでも未来において設定され、それ以外のすべての時代において人間は非本来的なものとして捉えられる。しかし、私たちはしばしば歴史のうちに偉大な人々によって発揮された本来性を感じざるをえない。たとえばベッリーニが聖母マリア三部作を作り出したとき、彼はそこに自分自身の存在を賭け、そこにあるべき自分の生き様を表現したのであろう。だからこそそれは歴史に残り、今日においても私たちの胸を打つのである。

そうした体験を尊重する限り、過去においても人間は本来的であった、歴史を通じて人間の本来性はすでに発揮されてきた、と考えざるをえない。ヨナスは次のように述べる。

その時々に別々の仕方で本来的なものは、自分自身を証示することで生き残るか、あるいは無力に終わるのかの、いずれかでなければならない。したがって、人が受け入れなければならないのは（それは実際には難しくはないはずだが）、イザヤとソクラテス、ソポクレスとシェイクスピア、仏陀とアッシジのフランシス、レオナルドとレンブラント、ユークリッドとニュートン、彼らがどうしても「凌駕」されえない、ということだ。[*13]

ここで名前を挙げられている人々は、全員、いまとなっては過去の人物である。時代もばらばらである。しかしだからといって、これらの偉人たちを古い順番に並べ、それぞれの本来性の程度に対して時系列に基づいて優劣を割り振るなどということは、無意味であるだけではなく不可能である。これらの偉人たちは「その時々に別々の仕方で本来的」に生きたのであり、その仕事を比較することができたとしても、その本来性を比較することなどできない。ソクラテスが本来的に生きたの同じ程度には、レンブラントは本来的ではなかった、などと言うことはできない。ソクラテスはソクラテスの仕方で、ソクラテス自身の生を、そしてレンブラントはレンブラントの仕方で、レンブラント自身の生を全《まっと》うしたからである。

ヨナスはこうした観点からユートピア主義を批判する。それは私たちの歴史の体験と著しく乖離している。私たちにとって過去は現在の劣化版ではないし、過去の人間がすべて非本来的であったなどと考えることはまったく許容できない。[*14]

「未来は未来それ自身である」

そもそも人間にとって本来性とは何だろうか。ブロッホはそれを、未来において実現される、あるべき人間の姿として捉えている。つまりそれは一つの人間像である。しかし、ヨナスの哲学的人間学に従うなら、人間像は人間の自由な想像力によって作り出されるものであり、それは常に別様でありえる。この点でヨナスの立場はブロッホのそれと根本から異なっている。ユートピア主義において掲げられる人間像が、それ以外を許さない唯一絶対のものであるとしたら、それはヨナスにとって人間の自由を否定することであり、人間が人間らしくあることの否定に他ならない。

これに対してヨナスは、本来性という概念をハイデガーの用法に従って理解していると考えられる。ハイデガーは『存在と時間』において、人間（現存在）が自分自身を固有の可能性から理解することとして、本来性を捉えていた。こうした本来性の概念はヨナスの哲学的人間学における反省概念と親和的である。反省とは、人間が自分自身に固有のあり方を模索し、存在全体を想像することによって、そこから人間像や形而上学を構想することであった。そしてそれらが刷新されることによって歴史は運動するのである。ヨナスは次のように述べる。

> 未来は、本来性による果敢な戯れから、その時々にやってくる。だから、そうした未来がはじめて本来性を連れてくるのではなく、たかだか、本来性を保持して、反復が衰弱しないようにするだけである。その結果として先々まで人間と未来とが存在する。未来は常に状態が不確実である。その理由は、単に、歴史的状況がその都度唯一のものであるというだけではない。歴史主体に備

わる「本来性」が、玉虫色に輝く性質をもつからである。[*15]

ヨナスによれば、本来性はその都度の状況を生きる人間によって「反復」する。未来が本来性をもたらすのではなく、人間がそのように本来性を反復することで、つまり、それぞれの時代を生きる人間が自分らしい人生を生きることによって、未来がもたらされるのである。言うまでもなく、本来性が反復するということは、同じものが繰り返し連続することを意味するのではなく、人間の本来性がその都度の「歴史的状況」によって違った仕方で発揮される、ということを意味する。歴史において繰り広げられる人間の本来性は、そうした「玉虫色に輝く性質をもつ」のである。[*16]

そうである以上、歴史の運動はただ一つの目標へと向かうものではない。「諸社会の、諸民族の、または諸国家の歴史、要するにもともと『歴史』は、そのために歴史が努力したり、それに向けて案内されるべきであるような、あらかじめ定められた目標をもつものではありえない」。[*17] こうしたヨナスの見地に立つとき、歴史はいかなる意味においても進歩しない、と考えざるをえない。なぜなら進歩とは、それがある特定の目標へと接近することを必要とするが、歴史にそうした目標は存在しないからだ。

こうしたヨナスのユートピア主義批判は、さしあたり、過去をその「格下げ」から救出するという形で行われる。しかしそれは同時に未来の意味にも修正を迫るものである。ヨナスは次のように述べる。

未来とは（それが本質的に未知のものであるという点を差し引けば）過去のどんな部分もそうであったのと同様に、「未来それ自身」であり、それ以上でもそれ以下でもない。[*18]

もしも、ユートピア主義の想定する通り、未来が歴史の到達すべき目標であるのなら、人間にはそれまでの歴史の流れを覆すような出来事を引き起こすことができなくなる。これまでの人々の歩みを踏襲しなければならなくなり、それをすべて無に帰すような新しいもの、他なるものをもたらすことはできなくなる。

それに対してヨナスは、未来を歴史の目標であることから解放する。未来の人々は未来の人々自身の生き方をすればいい。自分本来の生き方を全うすればいい。私たちが敷いたレールを進む必要はないし、私たちが正しいと考えたものを覆したって構わない。未来は、過去や現在とはまったく違ったものでもありえる。それがヨナスの考える歴史の姿なのである。

3　歴史の予測不可能性

歴史は進歩しない。もちろん、それは喜ばしいことばかりを意味するわけではない。歴史が進歩しない、ということは、未来において人類が退廃し、そこに歴史的な悲劇が起きることもありえる、ということを意味するからだ。たとえばヨナスにとってそうした悲劇の一つがナチスだった。そして、しばしばそうした悲劇は、予測不可能な形で突然にやってくる。

なぜ私たちには歴史の運動を予測することができないのだろうか。以下では、そうした歴史の予測不可能性に対するヨナスの考察を追いかけてみよう。

歴史が予測される条件

あえて、反対の方向から考えてみよう。ヨナスはナチスの出現を事前に予測することができなかった。それに対して、もしも彼にそれを予測することができていたとしたら、そこにはどのような条件が必要なのだろうか。

一つの考え方は、歴史がある一般的な法則に従って運動する、と考えることである。歴史上に現れる一つ一つの状況は特殊なものである。たとえば一九三三年のドイツは一つの特殊な状況であり、それはそれ以外の時間や場所と決して同じではない。しかし、そうした一つ一つの状況が、ある何らかの法則に従って動いているのであれば、次に生じる歴史的な状況を予測することができる。

それは投げられたボールの軌道を予測することに似ている。たとえば「私」がいま手に握っているボールは特殊なものである。しかしボールは物理法則に従っている。たとえそのボールが新品で、これまで投げられてきたどのボールとも別のものだとしても、そのボールが物理法則に従う限り、そのボールはこれまで投げられてきた他のボールと同じ軌道を辿るはずである。だから、「私」はこの特殊なボールがどのような軌道を辿るのかを予測することができる。

こうした観点から、歴史をある一般法則に従うものとして捉えようとしたのが、ヘーゲルだった。ヘーゲルは、歴史を理性による自己展開の過程として理解し、その発展を弁証法という必然的な法則によって説明した。それは、歴史における特殊な状況をそうした法則に基づいて生起するものとして捉えようとする、つまり特殊を普遍へと包摂する思考である、と考えられる。[*19]

歴史を事前に予測できるためには、こうした歴史観を取ることが必要である。しかしこの歴史観は妥当なものであると言えるだろうか。

これに対するヨナスの回答は――ユートピア主義に対してそうであったのと同様に――明確に否である。ヨナスは次のように述べる。

さしあたり、たとえ人間が原因の網のなかに入り込んでいくのだとしても、その網のなかでのみ人間が語られうる、ということは、歴史の理解可能性ではありえない。もちろん、歴史的なものがどのように到来するか、また到来するに違いないかを予見できる、ということは、なおのこと歴史の理解可能性ではない。言い換えるなら、私は次のようなヘーゲルの教説は総体として間違ったものであると見なしている。すなわち、歴史がその偉大さと完全さにおいて理性の一貫した発展であり、法則に従って重なり合って進行していく歩みのなかで表され、最終的には常により大きな自己意識へと至り、歴史の何らかの高みにおける絶対精神から、十全な精神の具体化が時熟する、ということだ。[*20]

ヨナスによれば、ヘーゲルの歴史哲学は「総体として間違ったもの」である。なぜなら、人間が引き起こす歴史的な出来事はそうした法則の必然性に従うものではないからだ。ヨナスは次のようにも述べる。

したがって、理解可能性として規則に従った合法則性を考えているなら、歴史は理解不可能である、と私は主張する。そしてそれは、あらゆるものが可能であり、かつ、それ以前には何も決まっていない、という人間の本性の究め難さのうちに存在しているのであると、信じている。[*21]

人間の行為は「それ以前には何も決まっていない」。それは、人間が一般的な法則の必然性に従って行為するわけではない、つまり人間の行為にそうした法則を見出すことはできない、ということを意味している。したがって一般的な法則に従うものとして歴史を捉えることはできない。

しかし、これはまだ十分な答えになっていない。なぜ、人間の行為は「それ以前には何も決まっていない」と考えられるのだろうか。なぜそう断言できるのだろうか。ヨナスが訴える「人間の本性の究め難さ」は何に由来しているのだろうか。

新しい眼で世界を眺めること

人間の行為が法則に従うものではない、ということは、人間の行為が一様ではないということ、つまりすべての人間が同じように行為するのではなく、同じ状況に置かれていても人によって違った行為をする、ということを意味する。しかし、なぜ人間の行為は一様ではないのか。

私たちは同じ問題を想像力に対しても喚起することができる。人間の想像力は無限の多様性に開かれており、つまりそれは一様ではない。しかしそれは、だから実際に人々は物事を多様に想像している、ということまでをも意味しているわけではない。たとえ人々が物事を多様に想像できるのだとしても、偶然、たまたま、全員が物事を一様に想像することだって起こりえる。論理的にはそう言える。しかし、私たちが生きる現実の世界はそうなっていない。だからこそ歴史は運動するのだ。だが、そうした現実の世界における人間の想像力の多様性は、どのように説明されるのだろうか。なぜ人間は、ロボットのように全員が同じように考え、行動するのではなく、一人一人が違った考えをもって違った行動をするのだろうか。

ヨナスはこう回答する。それは、人間が新しい存在として、これまで存在してきたどのようなものとも異なる存在として誕生してくるからだ。ヨナスはそうした人間の性格を、「誕生性」という概念で表現する。

「誕生性（Gebürtigkeit）」（「出生性（natality）」、私の亡き旧友であるハンナ・アーレントの独自の概念を用いている）は、可死性と同様に人間の条件の本質的な属性の一つである。誕生性とは、私たちがみな誕生してきたという事実を名づけるものであり、そしてそれが意味しているのは、私たちの誰もが、いつかあるときに、もうすでにここにいた者と異なる者として、ここで存在することを始めたということである。そしてそれは、世界を初めて目にし、物事を新しい眼で眺め、日常によって磨耗されていないものに驚き、まだ到来していないことを始める人々が、これからも存在するだろうということを、保証するものである。そもそも、不器用さと愚かさを伴う、またその情熱と懐疑を伴う若さは、人類の永遠の希望なのである。若さが絶え間なく到来しなければ、新しさの源泉は枯渇するだろう。なぜなら、古くなるもの、またより古くなっていくものは自らの答えを見つけてしまったのであり、決まりきったレールの上を進んでいくからだ。常に新しく始まるもの、それは常に再び終わることを犠牲にすることによってのみ保持されるのであり、それは人類を、退屈さとルーティーンへと沈むことから救出するのである、生命の自発性を維持し続けるチャンスなのである。「誕生性」のさらなる利益は、新たに到来するすべての人々が、それぞれ別様であり、そして唯一のものである、ということだ。[*22]

ここで述べられている通り、「誕生性」は彼がハンナ・アーレントから継承した概念である。[*23] ヨナスによれば誕生性とは、「私たちがみな誕生してきたという事実」を指す概念であり、「新たに到来するすべての人々が、それぞれ別様であり、そして唯一のものである」ということを指し示すものである。人間は誰しもかけがえのない個人として誕生する。生まれてきた子どもは、これまで生きていた、いま生きている、そしてこれから生まれてくるだろうどのような人間とも、別の人間である。

ヨナスによれば、人間の誕生の新しさは人類にとって「永遠の希望」である。なぜなら、もしも人間が誕生しなくなれば、この世界に新しいものは到来しなくなり、「決まりきったレールの上を進んでいく」しかないからだ。そのとき世界は「退屈さとルーティーンのなかに沈む」ことになる。誕生はそうした世界の閉鎖性を打ち破るのである。

この誕生性こそが人間の多様性の唯一性の事実的な根拠であり、ある個人が、別の人間とは違う存在であるということの根拠である。人間は、新しい存在としてこの世界に誕生するからこそ、この世界でかけがえのない個人として存在する。その新しさが意味しているのは、一人一人の人間が前例のない存在である、ということに他ならない。

　私たちはここに歴史が予測不可能である理由を見定めることができる。すなわち、歴史が予測不可能であるのは、歴史を運動させる人間たちが前例のない存在であるからだ。この世界にどのような人間が誕生するのか、ということは、いかなる一般法則によっても説明できない。そうして生まれてきた人間が、人間像や形而上学を刷新することで、歴史は運動していく。そうである以上、歴史の運動は本質的に前例のない出来事の連続としてのみ引き起こされる。

　ヨナスによれば、歴史とは「行為によって予期せざるもの、あらかじめ見越しえないものが世界にもたらされる」[*24]営みであり、そこに出来事を司る一般的法則がないという意味で、すべてが予期せぬ偶然である。[*25]だからこそ歴史は予測不可能なのだ。どれほど事前に未来の行く末を計算してみても、そうした予測を裏切る出来事を引き起こすものが、歴史に他ならない。

　さて、これまで考察してきたことから、ヨナスの歴史思想には二つの特徴があることがわかる。第一に、歴史の運動を進歩として認めないということであり、第二に、歴史の予測可能性を認めないということである。そうした特徴をもつために、この歴史思想は、未来において予測されていなかった破局が到来する、という可能性を説明できるようにする。まさにその可能性を前提にすることが、未来の破局を回避する責任を考えるための条件であり、つまり未来倫理学の条件であろう。

　ヨナスにとってこうした歴史思想がリアリティをもつ理由の一つは、彼にとってナチスによるユダヤ人の殺戮が予測不可能な出来事であったからだ。実際に彼は、歴史の予測不可能性を説明するために、キリストと並んでヒトラーの出現を挙げている。

私たちの世紀〔二〇世紀〕は——そう私は申し上げたいが——まったく予測不可能な驚異の世紀だったのであり、残念ながらそのほとんどは劣悪な側面から、不幸な側面からそうであった。しかし、ヒトラーは予見されていた、などとあとになってから言うことは誰にもできない。また、ベルサイユ条約に従ったワイマール共和国において強硬な右派の波がドイツを貫き、結局、ドイツの様々な重要な問題のかじ取りを手中に収めた、ということもまた、予見されえないことだった。[*26]

しかしここから次のような疑問も生じてくる。もしも未来が予測不可能であるとしたら、こうした歴史的な悲劇の回避そのものも不可能になるのではないだろうか。そして、それを認めてしまったら、そもそも現在世代が未来世代への責任を担うこと自体が、中身のないものになってしまうのではないか。そうした事態を避けるためには、そもそも予測不可能な未来を予測する、という矛盾した実践を求められるのではないか。しかし果たしてそれは可能なのだろうか。

この問題についてはあとで再び取り上げることにしよう。

第3章　死の存在論とニヒリズム——哲学的生命論Ⅰ

生物学者たちは過去数十年間に、ボタンを押して紅茶を飲む人もアルゴリズムであるという確固たる結論に至った。自動販売機よりもはるかに複雑なアルゴリズムであることに疑いの余地はないが、それでもやはり、一つのアルゴリズムなのだ。人間は紅茶をカップに淹れて出すアルゴリズムではないが、自分の子供という複製を生み出す（適切な組み合わせでボタンを押せば、新しい自動販売機を生み出す自動販売機のようなものだ）。

ユヴァル・ノア・ハラリ『ホモ・デウス』

ハラリは『ホモ・デウス』のなかで生命をアルゴリズムとして解釈している。生物は一定のパターンに基づいて行動しているのであり、「自由意志」や「魂」に基づいているわけではない。生物の行動はそうした観念に基づくことなく機械的に説明することができる、ということである。

生命がアルゴリズムに支配されているのだとしたら、そのアルゴリズムさえ解析できれば、生き物の行動を完全に予測することができるようになる。ハラリによれば、コンピューターによって生命のアルゴリズムを置き換えることができれば、生命をコンピューター上で再現したり、人間の思考や行動を予期したりできるようになる。だからこそ今後の社会ではデータサイエンスが一層重要な地位を占めることになるという。

確かにそうかもしれない。ハラリの予言が妄想ではないことは、近年の人工知能の発達を見れば明らかだろう。あるいは、遺伝統計学の領域では、DNAに関する研究の多くがコンピューター上のデータによって、つまり実在するサンプルなしで行われている。そしてそうしたテクノロジーは、社会から隔絶された研究室のなかだけではなく、新しいサービスとして、私たちの日常に次々と殺到し始めている。これらの動向がハラリの言うアルゴリズム的生命観に基づいているのだとしても不思議ではない。

未来世代への責任を考えるとき、生命とテクノロジーの関係は一つの重要な論点である。なぜなら、生命を技術的に操作するテクノロジーは、人間が外界を作ったり管理したりするためだけではなく、人間自身を作ったり管理したりすることにも用いられるからである。このとき人間は、技術を使う主人ではなく、技術によって操作される対象になってしまう。だからこそ「生命はアルゴリズムである」というハラリの予言は、私たちに鋭い緊張を走らせる。

こうした生命観はどのように形成されてきたのだろうか。そしてそれは、自分自身も生命である人間にとって、何を意味しているのだろうか。本章ではこうした問題を、ヨナスの哲学的生命論を手がかりに考察していこう。

1 「死の存在論」の誕生

生命とは何だろうか。私たちはこの問いを考えるとき、まずこの世界に生き物が存在していて、その生き物がどのように存在しているのか、という順序で考える。つまり、生き物の実在から生命の概念を導き出そうとする。しかしヨナスはこうした発想を取らない。生命とは何か、ということは、私たちが生命という概念をどのように定義するかによって決まるのであり、生き物の実在から導き出されるのではない。言い換えるなら、ある生命の定義のもとでは生き物として捉えられるものが、別の定義のもとでは生き物として見なされない、ということでもありえるのである。たとえばウィルスが生き物と見なされるか否かは、生命をどのように定義するかによって変わってくる。

ヨナスによれば、生命をどのように定義するのか、ということは形而上学の課題であり、それは歴史を通じて変わっていくものである。そのため、私たちがいま生命をどのように理解しているのかを明らかにするためには、生命の定義が歴史を通じてどのように変わってきたのかを考えることが必要になる。それでは、ヨナスはどのようにしてそうした生命観の歴史を再構成するのだろうか。

原始の生命観

原始、人々は現代とはまったく違った仕方で生命を理解していた。

ヨナスは端的に次のように言う。「人間による存在解釈の始まりにおいて、生命はいたるところに存在していたのであり、存在とは生命存在に等しかった」[1]。すなわち、太古において、存在はそのすべてが生命として理解されていた。空も、大地も、風も、あらゆるものが生きているのであり、この世界に生きていないものは存在しない、と考えられていた。ヨナスはこうした太古の世界観を「生命論的一元論」[2]と呼ぶ。

この世界観のもとでは、現代の私たちにとっては生命ではないものも、生命として理解されていたことになる。したがってここでは「生命はアルゴリズムである」という理解は成り立たない。たとえば、生命論的一元論のもとでは石であっても生きていることになる。それに対して、石がアルゴリズムであると主張することは、どう考えても不可能だろう。

この形而上学には一つの大きな特徴がある。それは人間が自然と同じ原理のもとで存在している、ということだ。この自然に存在するものはすべて生きているし、もちろん人間も生きている。そうである以上、人間は自然の一部であり、自然に帰属している。人間にとって自然は、安住することのできる親和的な場所であり、慣れ親しむことのできる我が家だった。

ただし生命論的一元論は一つの矛盾を抱えていた。それは、この世界観においてあらゆるものが生きていると考えられる以上、死を説明できないということである。現代であれば、生き物は死体になれば死んだと見なされる。しかし、生命論的一元論においては、石が生きているのと同様に、死体もまた死体なりの仕方で生きていると考えざるをえないのである。

生命論的一元論において死は不可能である。しかし、そうであるにもかかわらず、人間は明らかに死ぬ。死んだ人間は反応を示さなくなり、やがて腐敗し、そして二度と蘇らない。生命論的一元論は、その峻厳たる現実とどう折り合うべきか、という難問と直面することになる。ヨナスは、この矛盾を解決しようと思索することから、西洋の形而上学が始まったと解釈し、次のように述べる。

石器に原始の人々の能力が具現されているように、死を認めるとともに否定する様々な墓に原始の人々の思索が具現されている。この墓から神話と宗教の形で形而上学が現れた。あらゆるものは生命であり、同時にあらゆる生命は死すべきものであるという根本的な矛盾を、形而上学は解明しようと試みる。形而上学は根本的な挑戦を避けることなく、事物の総体を救い出すために死を否定するのである。[*3]

ヨナスによれば、「墓」は「死を認めるとともに否定する」ものである。墓は、そこに眠る者がまだこの世界から失われていないということ、まだこの世界に違う形で存在しているということを表現している。たとえば、墓とともに埋葬される副葬品は、そこに眠る者が何かしらの形でその副葬品をこれから利用することを見込んだものである。そうすることで墓は、生命論的一元論と死の矛盾を解決しようとするのだ。

しかしヨナスによれば、この形而上学はある時点で乗り越えられない限界に直面した。たとえ、墓によって死を否定し、死者が形を変えてこの世界に存在し続けるのだとしても、そこはあくまでも死後の世界であって、私たちが感覚的に認識できるこの現実においてではない。肉体は間違いなく腐敗するし、死者は呼びかけられても言葉を返さなくなる。その現実は変わらない。たとえ死者が存在するのだとしても、私たちと死者の間には断絶がある。生命論的一元論は結局のところその断絶を有効に説明することができない。形而上学的思考は、この断絶を説明するために、別の形而上学へと変化することを余儀なくされるのである。

魂と自然の分離

生命論的一元論において死は説明できない。これに対して、生命と死を同時に説明可能にするために、この世界を二つの領域によって構成されたものと見なす形而上学が現れる。その二つの領域とは、死後の世界において存在し続ける魂の領域と、死によって滅びていく肉体が帰属する領域である。ヨナスは次のように述べる。

「自己」の発見は、西洋について言えば、最初にオルフェウス教においてなされ、人間における完全に非世界的な内面性に関するキリスト教的・グノーシス主義的概念によって頂点に達したが、それは現実の一般的なイメージを奇妙な二極化へともたらした。つまり、人間の魂、その内的生命、自然界のあらゆる事物に対する魂の共約不可能性が以前よりいっそう排他的に強調される一方で、「魂のない宇宙」という概念の純然たる可能性がそれと対をなすものとして成立したのである。この宿命的な分離は区分された両者がもはや共通するものを何一つもたない地点にまで先鋭化された。この分離はそれ以降、まさに互いを排除することによって双方の本質を定義したのだった。[*4]

オルフェウス教、キリスト教、グノーシス主義において共通しているのは、「内的生命」としての「人間の魂」が、「魂のない宇宙」から切断され、両者の断絶が架橋不可能なものとして捉えられている、ということである。この宇宙に存在する人間はもちろん生きている。しかしその生命を支えているのは、「魂」であって、肉体ではない。肉体は最初から「魂のない宇宙」の一部であって、それ自体では生命をもたない。

この生命観において人間は、それ自体では生きていない肉体に、宇宙とは異なる原理に属する魂が宿ることによって、存在していることになる。そして死とともに魂は肉体から離れる。魂はその後も存在し続けるが、魂を失った肉体はそのまま朽ち、もともとそうであった「魂のない宇宙」の一部へと還《かえ》っていく。

ヨナスは、生命論的一元論のあとに成立したこの形而上学を、二元論と呼ぶ。そしてこの二元論はグノーシス主義においてもっとも徹底的なものになる。

二元論の展開の頂点であるグノーシス主義において、もともと人間に制限されていた身体と墓場の比喩は物理的な万有にまで拡張された。世界の全体は魂あるいは精神のセーマ、墓場であって、他の点では生命と何の関係もないものへ魂や精神を収監している、異邦の牢獄である。[*5]

魂にとって「身体」は「墓場」である。身体は、そこに魂が一時的に宿ることで生命として存在しているだけであり、それ自体が生命であるわけではない。グノーシス主義は「墓場」という性格を「物理的な万有」にまで拡大した。自然は生命ではなく「墓場」になった。そのとき人間が存在するということは、自然という巨大な「墓場」に閉じ込められているということ、そうした非本来的な状態に陥っていることを意味する。こうした観点から、ヨナスは自然を魂にとっての「異邦の牢獄」と呼ぶ。原始の生命論的一元論において、自然が人間にとって親和的な故郷であったのに対して、二元論において、自然は異邦の地と化してしまうのだ。

二元論はその後の西洋の歴史を決定的に規定することになった。それは、「自己と世界、内的存在と外的存在、精神と自然への現実の分割[*6]」をもたらし、哲学の問題圏へと引き継がれ、デカルトの思惟実体と延長実体の区別に代表されるような、近代哲学の二元論をも育《はぐく》むことになった。

もっともそれは、二元論が生命をめぐる決定的な答えになった、ということを意味するわけではない。というのも、なぜ、本来は互いに排除し合うはずの二つの原理がこの世界を支配しているのか、その二つの原理はどのように関係しているのか、という問題が残されるからである。こうした疑問は、二元論における二つの排他的な原理を一つに統合するような、別の原理を構想することを要請することになる。

死の存在論

二元論は自然を墓場として捉え、それに対して生命を人間の内的な魂として捉えた。両者を統合するためには、二つの原理のうち一方を他方へと還元することが必要になる。そして二元論のあとに現れたのは、魂を自然へと還元し、それによって二つの原理を統合しようとする形而上学であった。ヨナスはそれを「唯物論的一元論」[*7]と呼ぶ。

　唯物論的一元論とは、かつては二元論の一角として語られていた、「魂のない宇宙」だけを全体化した世界観であり、言い換えるなら、この世界から魂を消去した世界観に他ならない。ヨナスによれば、「途方もなく拡大された近代コスモロジーの宇宙は、魂を欠いた物体と目標を欠いた力からなる領域であって、その両者の運動過程は、空間における物体と力の量的分布に応じて慣性の法則に従って進行する」[*8]のであって、ここでは「生命を欠いていることが優れて認識可能なものになり、説明の根拠になり、またそれによって特に承認された存在の根拠となった」[*9]。ヨナスはこの形而上学を今日においても支配的なものとして位置づける。

　前述の通り、原始、あらゆる存在は生命だった。空も、大地も、風も、すべてが生きていた。現代の生命観においてはそのすべてが反転している。すなわちそこではあらゆる存在が死んでいる。空も、大地も、風も、花も、動物も、すべて死んでいる。それらはすべて死んだ物質に過ぎない。そして、もちろん、人間もその例外ではない。人間もまた死んだ物質の塊に過ぎない。

　もっとも、生命論的一元論がそうであったのと同様に、唯物論的一元論もまた避けがたい難問に直面する。すなわちそれは、なぜこの世界に生命が存在するのか、ということだ。私たちがどれほど理論的に唯物論的一元論の正しさに納得していても、この世界には、生きているとしか思えないものが存在する。私たちには、自分たちが生きていることを疑うことはできないし、生き生きと運動する動物たちが死んでいると思うこともできない。生命には死んだ宇宙とは異質の何かがあるように思える。それは、唯物論的一元論においてどのように説明されうるのだろうか。

ここにも原始の形而上学の反転が垣間見える。生命論的一元論においては問題であったのは死だった。だからこそ、死を否定することによって、その世界観は維持されていた。唯物論的一元論においては、反対に、生命を否定することによって、その世界観が維持されることになる。それは言い換えるなら、生命を死へと還元すること、生命を死の一部として説明することに他ならない。

ヨナスによれば、こうした形而上学をもっとも先鋭化させた学問が、生物学である。[*10] 生物学において試みられるのは、生命を、その身体を構成している微小な物体へと還元し、その組成によって解明することである。たとえば生物学者は、生物をタンパク質へと分解し、タンパク質を炭素原子へと分解する。しかし、炭素原子そのものは生きていない。原子は死んだ物質に過ぎない。そうである以上、こうした分解は結局のところ生命を「死んだ物質」へと還元することを意味している。

ヨナスは、こうした生物学的分解のうちに現れている、生命を死へと還元する形而上学を、「死の存在論」と呼ぶ。

> 死において身体は初めて謎でなくなる。死において身体は、生きているという謎めいていて非正統的なあり方から、すべての物質世界の内部にある一つの物体の、明白で「親しい」状態へと戻ってくる。この物質世界の一般法則があらゆる理解可能性の規準なのである。有機体の肉体をこの規準に近づけること、したがってこの意味において、生と死の境界を消し去ること、すなわち、

死の側から、死体の状態の側から、生と死の本質的差異を廃棄すること、これが、世界に存在する事実としての生命に関して近代的思索が向けられている方向である。今日の私たちの思想は、死の存在論的優位のもとにあるのだ。[*11]

ヨナスによれば、現代を支配する唯物論的一元論において、物事を知るための「理解可能性の規準」は、死んだ物質を支配する「物質世界の一般法則」である。ある事物は、それが死んだ物質の集塊として説明されるとき、はじめて合理的に理解されることになる。そうである以上、「身体」を理解すること、生命を理解することは、あくまでも生命を死んだ物質の集塊として説明することを意味する。そしてそれは、「生と死の境界を消し去ること」であり、「生と死の本質的差異を廃棄すること」に他ならない。

唯物論的一元論において、原則的に生命は存在しないし、存在するべきでもない。その世界においてもっとも正統なあり方は「死体」である。そこでは生命は死体としてのみ存在しうるのである。それが「死の存在論」の内実に他ならない。[*12] ヨナスはこうした思想の実例として、ラ・メトリの『人間機械論』を挙げている。

現代の形而上学とは、唯物論的一元論であり、そしてそれは死の存在論である。「あらゆる生命はアルゴリズムである」というハラリの言葉はその一つのバージョンに過ぎないし、その意味において、決して斬新な考えではない。それが、ヨナスの考える、西洋における生命観の歴史の帰結なのである。

2　亡霊と化す精神

現代の形而上学は唯物論的一元論であり、そしてそれは死の存在論であって、「すべての生命はアルゴリズムである」という発想を下支えするものでもある。この意味において科学技術文明は死の存在論の上に成り立っている、と言っても過言ではない。

ところで、生命をアルゴリズムとして捉える、ということは、生命の行動原理から自由を消去することを意味していた。それは死の存在論において生命から内的な魂が消去されることと対応している。だからこそ人間の思考をコンピューター上で再現することが可能になる。それでは、死の存在論において、こうした人間の思考はどのように捉えられているのだろうか。

随伴現象説

この問いに対するヨナスの考えはシンプルである。私たちは直観的には自分が自由に思考していると思っている。しかし、死の存在論に従う限り、それは私たちがそう思い込んでいるだけであって、実際に自由に思考しているわけではない。ヨナスによれば、死の存在論において、「『精神』として現れているものは物体の機能であって、しかもそれは完全に一方的で相互性を欠いている」[*13]。つまり精神は単なる物体の「機能」に過ぎない。その機能を決定しているのはあくまでも物体である。たとえば自動車はその機能として走行することができる。しかし、自動車がどのように走行するかということとは、その自動車がどのような物体で成り立っているかによって、完全に決定されているのである。

ヨナスはこうした仕方で精神を説明する学説を「随伴現象説（Epiphänomenalismus）」と呼ぶ。随伴現象説とは、「精神を『随伴現象』、すなわち物質の一定のシステム（脳）における一定の出来事の副産物として表す理論」であり、「感覚刺激—求心神経伝導—中枢シナプス—遠心伝導—筋興奮という連鎖を欠落のない連続」[*14]へと還元する立場である。ここで重要なのは、「随伴」の意味である。ヨナスは次のように述べる。

産出されたもの〔精神〕は物質における産出作用の副産物（Nebenprodukt）である。そして、この「副（Neben）」の意味は決定的である。つまり、副産物の産出は、その産出に用いられる〔エネルギーの〕消費を伴う根源層の働きではなく、むしろそれ自身で継続する働きの「〔見かけの〕立ち現れ」に過ぎない。[*15]

ヨナスによれば、随伴現象説において、精神は物理現象に随伴する単なる「立ち現れ」として説明される。精神が物理現象の「副産物」であるということは、物理現象は精神と無関係に成立しうる、ということを意味する。そしてそれは、精神がこの世界の出来事の連鎖にとって無用なものである、ということに他ならない。

脳神経が精神を立ち現れさせたとしても、それは世界の出来事と無関係である。それは、言い換えるなら、たとえ精神を生じなかったとしても、この世界が破綻せずに成立しなければならない、ということである。

たとえば私たちが何かを考えて手を動かし、机を移動させたとする。しかしその出来事を引き起こしたのは、精神ではなく、あくまでも脳神経の発火である。精神はただその発火の副産物として生じるだけであって、たとえそこで精神が現れなくても、人間はその机を動かしただろう、と考えられる。精神があってもなくても、この世界の出来事は変わらない。言い換えるなら精神には、その精神が存在していなかったら生じなかったはずの影響を、世界に及ぼすことがまったくできない。ヨナスによれば、『随伴』を引き起こすことが、それを引き起こす側に何の負担もかけてはならないようにして、随伴現象の方でもまた随伴される側に変化を及ぼしてはならない」のであり、その意味において、「守られるべき物理学の自律（物質の一元的因果性）は精神の無力さを要求する」[*16]のである。

ヨナスはこうした精神のあり方を「亡霊の意識」[*17]と呼ぶ。死の存在論において、生命が死体として理解されるのと同様に、精神は亡霊として理解されるのである。[*18]

シミュレーションされる思考

もしも人間の精神が死んだ物質によって作り出されており、そして死んだ物質がある自然法則に従って運動しているのなら、精神がどのように生じ、そしてそこで何が思考されているのかを予測できるようになる。ここから導き出されるのは、人間の精神を模擬的に再現すること、すなわちシミュレーションできるようになる、ということだ。一九八一年に公刊された『主観性の復権』において、ヨナスはそうした可能性を人工知能の発達のうちに見出している。

これまで私たちは、たとえ生物学の進歩によって動物の行動を解明することができても、人間の行為や思考を予測することはできない、と考えてきた。なぜなら人間の行為や思考や動物のそれとは比較を絶するほど複雑であるからだ。しかし、「私たちがどれほど当初の考えに固執し続けようとも、それにはおかまいなしに上記の機械工学的アプローチは、かつて根本的なものと見なされてきた〔心的なもののシミュレーション不可能性という〕限界をすでに突き抜けてしまっている」[*19]。その実例として彼はチェスにおける人工知能の飛躍的な進歩を挙げる。チェスに勝つためには相手の動きを何手も先まで読まなければならない。そして、そうした読みが可能であるためには、ある状況における人間の行為や思考を再現し、予測することができなければならない。人工知能は実際にそれを実現してしまっているのであり、「ソクラテスのみならずデカルトですら自己意識的な心に対してだけは留保しておくべきであると信じていた領域にまで、シミュレーション可能性や代替可能性といったものの領域を、拡張してしまっている」[*20]のである。

人工知能が人間の思考をシミュレーションし、人間がその通りに思考したり行動したりすれば、人工知能のシミュレーションは正しかったことになる。しかし、人工知能は精神をもたない。人工知能は思考しない。人工知能はあくまでもアルゴリズムで作動する情報処理のプログラムでしかない。そしてその物理的な実体を担っているのは電線であり、半導体であり、プラスチックである。それらは紛れもなく死んだ物質である。しかしそうした死んだ物質が人間の思考を再現することができる。人工知能は私たちにそうした現実を突きつけている。

ここからヨナスは次のように推論する。すなわち「知的な目的的行為がそのようにして客観的にシミュレーションされるとしたら、オリジナルの行為の側に付随していた目的表象やその他の主観性といったものは、シミュレーションされた側には不要だったのだから、それはまたオリジナルな行為においても何の役割も演じていない、ということである」[21]。すなわち、死んだ物質の構成物である人工知能が人間の思考を再現できるのだとしたら、人間の思考もまた死んだ物質で構成されているに違いない。もちろん人間はプラスチックや半導体でできているわけではない。人間の思考の物理的な実体を担っているのはタンパク質や核酸かも知れない。しかし、タンパク質や核酸も、もとを辿れば死んだ物質に還元できるのであり、それが死んだ物質であるという点においては、プラスチックや半導体と何ら変わらないのである。ヨナスは次のようにも言う。「近年顕著になってきた、純粋に物質的な手段による模倣可能性は、随伴現象説という、もっと古くまだ思弁的だった仮説を裏付けている。その仮説とは、精神一般が無力であり、特に心的な目的が機能としては無用である、というものである」[22]。

人工知能が私たちに突きつけている事実とは、要するに、もはや人間に自由な思考はない、ということだ。人間が自分では自由だと思い込んでいる思考も、結局のところは脳内物質の運動によって生じる随伴現象であり、ある一定のメカニズムに従ったものでしかない。人工知能はそれを人間の思考のシミュレーションによって実証しているのである。

3　人間と世界の断絶

死の存在論において人間の自由は否定される。人間の精神にこの世界を変えることはできない。たとえ精神がなかったとしても、この世界は成り立っている。この世界は人間を必要としていない。

しかし私たちはここに重大な矛盾が潜んでいることに気づくべきだろう。なぜなら、死の存在論自身もまた一つの形而上学であるからである。そもそも私たちが自由に思考できなければ、死の存在論という理論それ自体を案出することもまた、不可能なのではないか。そうだとしたら、私たちはこの自己矛盾をどう考えるべきなのだろうか。

死の存在論の矛盾

死の存在論はそれ自体が一つの形而上学である。確かに、死の存在論においてこの世界はすべて死んだものとして捉えられる。しかし、その形而上学そのものを科学によって実証することはできない。なぜなら科学はこの形而上学を前提として初めて成立するからである。そうであるにもかかわらず、死の存在論は形而上学を否定する。つまりそれは、自分自身がそれであるところのものであるはずの形而上学を、否定するのである。

これは人間の自由をめぐる矛盾でもある。死の存在論は人間の自由を否定する。しかし、死の存在論を形而上学として語ることができるためには、人間は自由に思考できなければならない。その限りにおいて、死の存在論は人間の自由を前提にしている。ヨナスは次のように述べる。

どんな理論も、どんな間違った理論でさえも、思考の力を讃えている。実際、理論的な活動をしている思考には次のことが承認されている。すなわち思考は、精神以外の決定力を超越しており、表象の領域に現れるものを理解の規範に従って自由に評価することが可能であり、そもそも真理を決定する能力をもっている、ということだ。しかし、随伴現象説は思考の無力を主張し、それによって自分自身が独立した理論である資格をもたないということを主張してしまう。実際には、どんな極端な唯物論者でさえ、思考する者としての自分自身に対しては例外を主張しなければならず、それによって極端な唯物論も一つの教説となることができるのである。*23

ヨナスによれば、ある理論が真理でありうるためには、その理論を語る者の「思考」の自由が前提にされなければならない。自由に思考できる、ということは、強制に従わないで思考できるということ、つまり、それ以外ではありえないような形で思考するのではなく、別の可能性にも開かれた形で思考できるということを意味する。ヨナスによれば、たとえ「極端な唯物論者」であったとしても、その唯物論について考えるときには、自由な思考を発揮しなければならない。たとえこの世界のすべてが死んでおり、あらゆるものが自然法則の必然性に従っている、と考えるのだとしても、その理論そのものは自然法則の必然性に還元されない、自由な思考の営みでなければならないのだ。

反対に、もしもその思考さえも結局のところ脳神経の発火に過ぎず、自然法則の必然性に還元されるのだとしたら、その思考は真理でも誤謬でもないということになる。それは、単にその人間の脳神経がそのように発火しただけの事実であって、この世界のあり方と対応しているか否かを問うに値するものではない。したがって随伴現象説を語る者は、それを語ることによって、自ら自己矛盾を犯さざるをえないのである。ヨナスは、随伴現象説において避けることのできないこの矛盾を、「クレタ島の人間はみな嘘つきであると語る、あのクレタ島の人間」[*24]と評している。[*25]

しかしヨナスは、だから死の存在論が自滅すると考えているのではない。その矛盾は、むしろ、人間の生を虚しくする力として作用するのである。[*26]

ニヒリズムへの没落

ヨナスは死の存在論が不可避に直面する自己矛盾を、人間が自ら体験する自己矛盾として解釈する。つまり人間は、死の存在論が矛盾を犯していると考えるのではなく、自由に思考してしまっている私の存在こそが矛盾を犯している、と考えてしまうのだ。そしてそれは、この世界において存在するはずのない自由を、自分だけが有している、という疎外感として人間を襲う。思考する人間は、自分がこの世界においてありえないはずの存在であることを、あってはならない存在であることを突きつけられるのである。ヨナスは次のように述べる。

世界のなかで人間のみが考える。世界の一部であるがゆえにではなく、世界の一部であるにもかかわらず、人間のみが考えるのである。人間はもはや自然の意味を共有するのではなく、かろうじてなお自然の機械論的な制約を——自らの身体をつうじて——共有するに過ぎない。それと同様に、自然は人間の内的な関心を共有していない。したがって、まさに人間をあらゆる自然よりも優位に置いている当のもの、人間の比類のない栄誉、すなわち精神は、もはや存在の総体のなかで人間の存在を一層高位に置くという結果をもたらさず、むしろ反対に、人間を残りの現実から区別する架橋不可能な断絶を表している。存在全体の結びつきから疎外されることによって、まさしく人間の意識は人間を世界における異邦人とするのであり、あらゆる真の反省行為はまさにその異邦性の証拠である。*27

死の存在論は、「世界のなかで人間のみが考える」という形で、人間を「存在全体の結びつきから疎外」させる。そしてその疎外は、この世界が人間にとって慣れ親しむことのできないものとして立ち現れているということ、言い換えるなら「異邦性」を帯びているということを意味する。

ただしこの異邦性は、その歴史的な前段階にあたる二元論において、魂が自然から区別されていたということと、同じではない。二元論において魂は、たとえ自然には所属していなくても、存在全体のなかで自らの場所を確保していた。しかし死の存在論において「反省行為」にはそうした場所さえも与えられない。したがって、死の存在論が喚起する断絶は、魂と自然の断絶ではなく、「人間を残りの現実から区別する架橋不可能な断絶」として現れるのである。この意味において、死の存在論は人間を存在全体から排除し、その居場所を完全に奪うのである。

この世界に人間の居場所はない。この世界に人間が存在しなければならない理由は何もない。この世界は——すべてが死んでいる世界は——人間を必要としない。そしてそれが意味しているのは、この世界において、人間はいてもいなくても構わない存在としてしか存在しえない、ということである。ヨナスはそれを「人間の偶然性、人間がいまここに存在していることの偶然性」[*28]と表現する。ここで注意すべきことは、世界が人間に敵対しているのではない、ということである。そうではなく、世界は単に人間に対して無関心なのである。ヨナスによれば、「自然は気にかけはしないということが、真の深淵である」[*29]。人間を求めているものも、人間に敵対するものも、この世界には存在しないのだ。[*30]

　前述の通り、死の存在論は人間の思考を世界に対して無力にする。しかし、ただ無力化するだけではなく、人間はこの世界に本来存在するべきではないとして疎外されもするのである。ヨナスは、そのようにして人間がこの世界における存在理由を失ってしまうことを、ニヒリズムと呼び、「ニヒリズムの根底にあるのは、人間と存在全体のあいだの断絶である」[*31]と指摘する。そのようにしてパスカル、ニーチェ、そしてハイデガーに通底する、現代の不安な気分の形而上学的な背景が分析されるのである。

　さて、これまで見てきたように、「あらゆる生命はアルゴリズムである」という今日の生命観の背後には、あらゆる生命を死へと還元する死の存在論がある。そしてこの死の存在論こそが、科学技術文明を支える形而上学である。そうである以上、私たちが次に考えるべきことは、この科学技術文明とその脅威が死の存在論からどのように立ち現れてくるのか、ということであろう。それが次章の主題となる。

第4章　テクノロジーの脅威——技術論

われわれの祖先は、未来は現在によく似たものだろうと考えた。その現在は、過去とよく似ていた。指数関数的な動きは一〇〇〇年前にも存在していたが、まだまだ初期の段階だったので、成長が平坦で遅く、なんの動きも認められないように思われた。その結果、未来もたいして変わらないという予測は当たった。今の時代なら、テクノロジーが進歩を続け、社会もそれに影響を受ける、というような未来を予測する。ところが未来は、たいていの人が思い描くより、はるかに驚くべきものになるだろう。変化率そのものも加速度的に大きくなっているという事実がもつ意味を、きちんと考慮に入れている人はほとんどいないのだから。

レイ・カーツワイル『シンギュラリティは近い』

一九六五年、インテルの共同創業者の一人として知られるムーアは、「半導体回路の集積密度は一年半〜二年で二倍となる」という法則を発表した。それは半導体の進歩が指数関数的に加速する、ということを意味している。たとえば、もしも進歩が一年半で二倍になるとしたら、二年後には二・五二倍、五年後には一〇・〇八倍、七年後には二五・四倍、一〇年後には一〇一・六倍、一五年後には一〇二四倍になっている。

こうした指数関数的な進歩は、半導体だけに限らず、あらゆるテクノロジーに共通する特徴である。たとえば古代の人類は、青銅器を発明してから鉄器を発明するまで、およそ数千年の歳月を必要とした。しかし今日では、そうしたドラスティックなイノベーションがごく短期間に成し遂げられてしまう。そしてそれは、青銅器から鉄器への移行がそうであったように、人々の生活様式に影響を与え、社会や経済のあり方をも根本的に変容させていく。

テクノロジーは私たちのライフスタイルをより便利なものにしてくれる。しかし、よい影響ばかりではなく、テクノロジーによって脅威を呼び起こされることもある。しかもそれがすぐに明らかになるとは限らない。それは、場合によってはテクノロジーが実装されたずっとのちになってから、すでに取り返しのつかない事態にまで発展したときに、はじめて明らかになるものかもしれない。

未来世代への責任は、そうしたテクノロジーによって、現在世代が遠い未来の世代に影響を及ぼすことが可能になって、初めて意識された問いである。そうである以上、この問題を考えるためには、テクノロジーおよび科学技術文明について考察を深めておくことが必要不可欠である。

こうした観点から、本章ではヨナスの技術論をテーマにし、彼がテクノロジーの根本的な問題をどこに見定めていたのかを突き止めよう。[*1]

1　テクノロジーとは何か

しばしば、テクノロジーの進歩はまるで変えることのできない運命であるかのように語られる。たとえば次のような言説と出会うことはそう珍しくない。「新しいテクノロジーによって社会は大きく変わっていく。その流れを止めることはできない。だから私たちはその流れに対応しなければならない」。確かにその通りかもしれない。しかし、当然のことながら、テクノロジーを進歩させているのは人間自身である。そうである以上、テクノロジーの進歩がまるですでに決定されている運命のように語られるのは、考えてみればおかしなことである。人間はテクノロジーを進歩させないことが常に可能であるはずだからだ。

そうであるにもかかわらず、テクノロジーを進歩させることが可能であり、そしてその条件も整っているのに、人間の意志で進歩を止めることは難しい。なぜなのだろうか。以下ではその理由を探ることを通じて、テクノロジーの本性に迫ってみよう。

無限の円環

多くの場合、私たちはテクノロジーを科学の応用に基づく技術として理解している。このとき、科学と技術の関係は一方向的であり、科学研究が進められることで何らかの新しい知識が得られ、その知識を応用することによって、新しいテクノロジーが誕生すると考えられている。

たとえばコンピューターの開発について考えてみよう。一九四〇年代、コンピューターはノイマンをはじめとする当時の数学者によって、暗号解読やミサイルの弾道計算をするための手段として開発された。そこでは、数学という科学の最先端の知識が応用されることで、複雑な計算を大規模かつ高速で行う新しいテクノロジーが発明された。それは科学の技術への応用の典型例であると言えよう。

しかし、同時にここから反対の方向性が、つまり技術から科学へ向かう方向性も生じてくる。周知の通り、今日においてコンピューターを使って研究することは当たり前になっている。シミュレーションや統計処理を伴う研究はもはやコンピューターなしには成り立たない。それが意味しているのは、科学が技術に応用されるだけではなく、技術が科学に応用されることで新しい知識が得られている、ということに他ならない。

ここに示唆されているように、科学と技術の関係は決して一方向的ではなく、それはむしろ双方向的である。科学と技術は、科学が技術を進歩させると同時に、技術が科学を進歩させるという関係にある。言うまでもなく、技術によって進歩した科学は、その新しい知識を用いることで、翻って再び技術を進歩させる。ヨナスはこの関係を次のように整理する。

> 科学は、その固有の理論的な目的のために、精密さを増していき、物理的に強力なテクノロジーを、自らの道具として使用する。科学は、この道具を自ら生産し、つまり、技術に注文するのである。科学がテクノロジーの支援によって発見するものは、実践的な領域における新しい出発点になる。そして、この出発点は全体において、言い換えるなら、作用を及ぼすテクノロジーはこ

の世界において、その経験によって今度は科学に対してより巨大な実験室を提供し、また、科学にとって新しい問いの温床を提供する——そのようにして、無限の円環が続くのである。[*2]

ヨナスによれば、科学は「その固有の理論的な目的のために」テクノロジーを必要とする。科学がより進歩するためには、より精密でより強力な実験装置が必要であり、そうした「技術」なしに科学は成り立たない。一方で、科学の進歩によって形成された新しい理論は、それはそれでまた、「実践的な領域における新しい出発点」になるのであり、最新の科学的な知識を応用することで新しい技術が生み出される。このようにして科学と技術は相互に触発し合う関係にある。科学の進歩は同時に技術の進歩を意味しており、技術の進歩は同時に科学の進歩を意味するのだ。ヨナスはこうした両者の関係を「無限の円環」と表現している。[*3]

もちろん、テクノロジーは科学を補助するためだけに存在するのではない。科学の研究とはさしあたり関係のない目的のためにもテクノロジーは使われうる。しかし、ヨナスによれば、科学との相互連関に置かれることによって、テクノロジーはその目的を超えた進歩を遂げようとするのだ。

何らかのテクノロジーの領域において何らかの方向へと向けられた新しい歩みは、それが何であれ、手段によって所与の目的へと適用することにおいて、均衡点あるいは「飽和」点に向けられるのではない。そうではなく——反対に——成功事例における動因は、あらゆる可能な方向性への新たな歩みになるのであり、そこでは目的それ自身が「液状化」するのである。単なる「動因」は、より巨大な歩みのすべて、あるいは「より重要な」歩みにおいて、強制的な原因になる。[*4]

ヨナスによれば、テクノロジー以前の技術にとってその目的は、その実現によって技術の進歩が不必要になる点として、つまり「均衡点あるいは『飽和』点」として機能していた。たとえば鋤《すき》は畑を耕すことを目的にする。鋤にとって重要なのは、有効に土を掘り返す能力であって、それ以外の機能は基本的に不要である。だからこそ鋤の形状はある時点に完成し、その後長い時間をかけて同じ形状を維持している。この意味において、目的は技術の進歩に限界を与えている、と言える。それに対してテクノロジーにとって目的は、進歩に対する限界としては機能しない。なぜなら、テクノロジーの進歩を司っているのは科学の進歩であり、科学の進歩が限界に直面しない限り、テクノロジーは進歩し続けるからである。すなわちテクノロジーは当初の目的を超えた進歩をするのであり、目的を「液状化」させるのである。

テクノロジーの進歩は科学に依存する。科学の進歩が限界に直面しない限り、テクノロジーの進歩もまた限界に直面しない。では、そうした科学の進歩の限界はどこにあるのだろうか。

終わりなき進歩

ヨナスの答えはこうだ。科学の進歩に限界はない。そうである以上、テクノロジーの進歩にも終わりはない。すなわちテクノロジーは無限に進歩しようとするのである。

ヨナスは、テクノロジーの無限の進歩が可能であるための「認識論的—存在論的な前提」[*5]として、

「無限の進歩は存在しうる、なぜなら、より新しくよりよいものは常に発見されうるから」[*6]という信仰を挙げている。そしてこの信仰に根拠を与えているものこそ科学に他ならない。ヨナスは次のように述べる。

この信仰を楽天的な信仰以上のものにするのは、事物の本性とその知に関する、基礎的で十分に根拠づけられた理論的な見解である。それに従って、この自然は発見と発明に対して限界を設定せず、むしろ自分自身からあらゆる点で、まだ知られていないこと、まだなされていないことへの通路を開くのである。この補足的な確信は次のようなものだ。すなわち、自然と科学にとってそのように開かれた次元によって先鋭化されているものであるところのテクノロジーは、実践的な能力へと置き換えるために、等しく、常に更新される開放性を享受している、ということだ――それはちょうど、あらゆるテクノロジーの歩みが次のものを開始し、そして可能性の内的な消耗による停止は決して来ない、というような仕方でである。[*7]

ヨナスによれば、科学はどんなに進歩を遂げても、常に「まだなされていないことへの通路」を開くのであり、その探究の営みが「内的な消耗による停止」に陥ることは、さしあたり考えられない。つまり科学研究がこの世界のすべてを解明し、もはや科学研究が必要ではなくなる日は、永遠に来ないということだ。どんなに科学が進歩しても、科学はもっと進歩できる。そうである以上、その科学と歩みをともにしているテクノロジーは、「常に更新される開放性を享受している」。したがってテクノロジーは無限に進歩するのである。

テクノロジーが無限に進歩する、ということは、テクノロジーが常に目的を超える手段を作り出す、ということでもある。そしてそれは、まだ誰からも必要とされていないものを作り出す、ということに他ならない。ただし、そうした不必要なものは廃《すた》れていくのではなく、むしろそれを手段として必要とせざるをえないように、目的の方が拡張され、新しい目的が作り出されていくのだ。ヨナスによれば、「最初には求められていなかったし、技術の発明によって恐らくは偶然に作り出されたものであるところの目的は、それがまずもって社会経済的な習慣に吸収されるなら、生活に必要なものになる」[*8]。

たとえばヨナスは「コーヒーを使い捨ての紙コップで飲むこと」[*9]を挙げている。かつて、一体どこの誰が、紙コップなどでコーヒーを飲みたいと思っただろう。しかし、いったんそのテクノロジーが社会に導入されれば、それはまるで「生活に必要なもの」であるかのように扱われ、社会に浸透していく。紙コップで生計を立てる人が現れ、テレビのなかでは俳優たちが紙コップでコーヒーを飲み、オフィス街が紙コップ片手に往来する人々で満たされていく。そうこうしているうちに、紙コップ自体も進歩し、あるいは違った新しい素材の容器が発明されていく。

ヨナスはここに科学技術文明の本質的な動的性格を洞察する。テクノロジーは、私たちのライフスタイルに合わせて、その需要を満たすために進歩するのではない。そうではなく、反対に、私たちのライフスタイルの方が新しいテクノロジーの需要に合わせて変化していくのである。

理論と実践は結託して、私たちをとどまるところのないダイナミズムに引き渡すように見える。そして私たちの生は、持続する現在なしに、たえず未来へと差し向けられている。〔中略〕多くの人々は自分たちを押し流してゆく大波に歓呼の声を上げ、「どこへ?」という問いを撥《は》ねつける。人々は変化それ自身のために変化を歓迎し、生が常に新しいもの、未知のものへと無限に突き進んでゆくこと、そのダイナミズム自体を歓迎しているのである。[*10]

「理論」つまり科学は、「実践」つまり技術と結託し、「とどまるところのないダイナミズム」となって私たちを飲み込んでしまう。科学技術文明において人間は、「変化それ自身のために変化を歓迎」し、ただ新奇なものを見境なく追求しようとする。ヨナスはここに、「知は力なり」と考えるベーコン的な科学観の帰結を見出す。しかし、そうした進歩が「どこへ」向かうのかを誰も問おうとしない。なぜなら、テクノロジーが無限に進歩しようとするものである以上、最終到達地点となる目標など最初から存在しないからだ。そして、そうしたダイナミズムに飲み込まれているからこそ、人々はテクノロジーの進歩を不可避の運命であるかのように考えてしまうのである。

2　テクノロジーの脅威

テクノロジーが無限に進歩する、ということは、社会へのテクノロジーの影響が際限なく増大していく、ということである。だからこそテクノロジーは未来世代を脅かす力をもつ。ただし、ヨナスは一部の限られたテクノロジーだけが未来世代を脅かすと考えているわけではない。むしろ日常的で些細なテクノロジーであっても未来世代を脅かすポテンシャルをもっている。そして、そうした日常的で些細なものが、人類を脅かす破局に結びついているという点にこそ、テクノロジーの脅威の本質があるのだ。

予測不能・対処不能・回収不能

テクノロジーは社会に対してどのように影響するのだろうか。ヨナスはテクノロジーによる社会への影響を次の三つの観点から分析している。第一にその影響が予測不能であること、第二にその影響に対して対処不能であること、第三にその影響が回収不能であるということである。

第一に、テクノロジーによる社会への影響は予測不能である。新たに登場したテクノロジーは人間の生きる環境に様々な影響を与えるが、その過程は決して単純ではない。社会を構成する因子は様々に絡み合っており、ある方面への影響が間接的に波及していき、思いもしない経路を辿って、意外な場所で姿を現すかも知れないからだ。[*11] ヨナスによれば、そうした影響の経路は人間の理解力を超えて複雑であるために、人間にはどのように影響が現れるかを事前に予測することはできないのである。

こうした予測不可能性は、第二に、その影響への対処不可能性をも意味している。なぜなら、その影響を事前に予測できない以上、人間にはその影響が生じたときの備えを講じることもまたできないからだ。[*12] テクノロジーが社会に影響を及ぼすとき、それは見かけの上では、何の前触れもなく、突然出現したかのような印象を与える。人間は無防備なままに破局に襲われるのであり、自らの予測に過剰な信頼を寄せている限り、それに対して何も対応することができない。

　そして、一度そうした影響が現れてしまったら、もはやその影響をなかったことにはできないし、その影響が現れる前の状態に戻ることもできない。[*13] すなわち、第三に、テクノロジーの影響は回収不能である。なぜなら、新しいテクノロジーが社会に普及することで、社会のシステムはそのテクノロジーなしでは成り立たないように再設計されてしまうからだ。たとえあるテクノロジーが好ましくない影響をもたらしたとしても、人間にはそのテクノロジーを簡単に捨ててしまうことができない。それを実現するためには、社会の構造そのものを全体的に変えることが必要になるが、それは多くの場合に困難である。[*14]

　このようにテクノロジーの影響が回収不能であるということは、その影響が次々と累積していき、その累積がのちの世代にまで残されていく、ということでもある。私たちがテクノロジーを使用することで生じる社会への影響は、私たちがどのように尽力したとしても、最初からなかったことにはできないし、私たちが死んだのちにもこの世界に残される。一方で、前述の通り、テクノロジーの進歩は指数関数的に増大する。そうである以上、後世に残されていくテクノロジーの影響もまた、指数関数的に累積していくことになる。ヨナスは次のように述べる。

> 私たちはいまや次のことを付け加えなければならない。今日において、技術的な能力のすべての使用は、社会によって（ここではもはや個人は数えいれられない）、より「巨大なもの」へと成長していく傾向をもつ。〔中略〕技術の集積的な影響は、場合によっては、無数の未来の世代にまで及ん

でいく。私たちが、いま、ここで行うことによって、そしてたいていの場合のように自分自身のための展望によって、私たちは、ここではないどこかで、未来において、莫大な数の生命に容赦なく悪影響を及ぼしてしまう。その際、そうした生命たちは声を発することができない。[*15]

ここにテクノロジーの脅威の本質がある。[*16] すなわちそれは、一つ一つは小さなテクノロジーの影響が、社会のなかで集積されていくことで、未来において巨大な破局となって現れる、ということだ。その破局の原因は紛れもなく現在世代にある。しかし、その破局に見舞われる未来世代は、現在においてはまだ存在しない。したがって現在世代は、まだこの世界に存在していない未来世代に対して、暴力を行使しうるという状況に置かれているのである。

剣と鋤

現在世代がテクノロジーを使用することによって、その影響が指数関数的に累積し、未来世代への脅威が生じうる。しかしそうした脅威は予測不能・対処不能・回収不能である。ここから導き出されてくるのは、未来世代への脅威は意図せざる結果として生じるということ、つまり誰かの悪意によって生じるわけではない、ということである。

ヨナスによれば、「技術が悪い意図によって、つまり、悪い目的のために誤用されるときだけではなく、それが善い意図によって、その本来的で最高に正当な目的のために投入されたとしても、それはそれ自身のうちに脅威となる側面をもつ」。[*17] このことが、未来世代への脅威を考える上で大きな困難になる。ヨナスはその困難を「剣」と「鋤」にたとえて次のように説明する。

> 一見して、道具の使用目的だけを顧みれば、善い技術と有害な技術を区別することは容易であるように思える。鋤は善いものであり、剣は悪いものである。救世主の時代においては、剣は鋤へと鍛え直されうる。このことは現代のテクノロジーにおいては次のように翻訳される。すなわち、原子爆弾は悪く、人類の食糧確保を助ける化学肥料はよい。しかしここで現代のテクノロジーの困惑させるようなジレンマが出現する。その「鋤」は、長期的には、「剣」のように有害なものでもありうる、ということだ！*18

ここで「剣」は「有害な技術」のたとえであり、その事例として「原子爆弾」が挙げられている。それに対して「鋤」は「善い技術」のたとえであり、その事例として「化学肥料」が挙げられている。原子爆弾が未来世代を脅かすことは誰でも理解できる。それは火を見るよりも明らかである。だからこそ、そうしたテクノロジーはコントロールされなければならないという強い意識が働くし、それによって結果的に未来世代への脅威を取り除くことができるかもしれない。しかし、私たちにとっての「鋤」もまた未来世代への脅威になりえる。「鋤」が生み出す影響は、長い時間をかけて蓄積されることで、ある日突如としてそれは「剣」となって人類に牙を剝《む》きかねない。ただし、だからといって、どの「鋤」が将来「剣」になるかは、事前に予測することができない。

ここからヨナスは、未来世代においてもっとも恐るべき脅威は、「剣」ではなく「鋤」、すなわち私たちの生活を豊かにする平和的なテクノロジーである、と考える。「テクノロジーに関して私を実際に驚愕させたのは、原子力ではなく、まったく普通で、平和的で、利益のために、喜びのために、快適さのために、生活改善のために、あるいは負担軽減のために向けられた現代技術の使用から、まったく意図せず、不可避に生じてくる副作用によって生じるものだった」[*19]。もちろん、核兵器に代表される暴力的なテクノロジーもまた危険である。しかし、そうした暴力的なテクノロジーよりも平和的なテクノロジーの方が、それが回避困難であるという意味で、より危険なのである。この点でヨナスは、核兵器のうちに科学技術の最大の脅威を洞察するアンダースと、鋭く対立する[*20]。ヨナスはそうした平和的なテクノロジーによってもたらされる脅威を、核兵器に対して「時限爆弾」と呼び、次のように述べる。

この時限爆弾は、私たちが、西洋の技術文明の成員として行動するようにして、ただ単に生活しているその最中で、時針を刻んでいく。私たちの誰もが西洋の技術文明に参加している。私たちが自らの自動車に乗って近隣へと出かけることによって、また私たちが現代生活において巨大な財の豊かさを共有することによって、また、私たちが、そのために山林が切り倒され、その生産のためにある地域すべてが化学的に汚染されるようなあらゆるものを所有することによって、大気、水、大地が汚染される。また、生物種の根絶によって、あるいはまた、特定の種がもはや生きることができなくなるほどに環境を変更することによってだけでも、生物圏つまりすべての生命世界が略奪されるのである[*21]。

未来世代への脅威は、「自らの自動車に乗って近隣へと出かける」という、それ自体ではささやかなテクノロジーの使用によって、招き寄せられる。未来世代への脅威は、それが危険であると思われていないテクノロジーによってもたらされる。そしてそれは、それが危険であると知られているテクノロジーよりも、はるかに危険である。なぜなら、危険であることが知られているものの危険性よりも、危険ではないと思われているものの危険性の方が、より危険であるからだ。

3 テクノロジーと倫理

テクノロジーが未来世代に脅威をもたらす以上、その脅威に対処する、未来世代の存在を配慮する倫理が求められる。しかしその脅威は、悪意によってもたらされるとは限らず、むしろまったくの善意によってももたらされるかもしれない。そうであるとしたら、私たちはテクノロジーの倫理をどのように考えたらよいのだろうか。以下では、これまで検討されてきたテクノロジーの脅威を念頭に置きながら、それに対応する倫理に求められる条件を考察しよう。

新しい倫理学の必要性

ヨナスによれば、伝統的な倫理学はテクノロジーの脅威に対して有効に機能しない。そうである以上、私たちはまったく新しい倫理学をその土台から作り出さなければならない。しかし、それはなぜなのだろうか。

アリストテレスからカントを経由する伝統的な倫理学において、「倫理的に意味があるのは、人間と人間との直接的な関係[*22]」であると見なされていた。ここで言う「直接的」とは、同じ時代に生きていて、加害者と被害者の間で行為の結果が直ちに生じるような関係である。

たとえば「人を殺してはならない」という規範があるとする。殺人の禁止は倫理学における伝統的な問題の一つである。しかしこの問題は、基本的には、加害者と被害者が同じ時代に生きていることを前提としている。加害者が直接に被害者を殺し、その行為と同時に被害者は殺害される。こうした状況を前提にした上で、殺人はなぜ禁止されるのかが議論されることになる。ヨナスはこうした前提に立つ倫理学を「同時性と直接性の倫理学[*23]」と呼ぶ。

しかし、前節で述べた通り、テクノロジーの脅威はそれが未来世代を脅かすという点にある。未来世代は現在においては存在していない。そうである以上、テクノロジーの脅威は「同時性と直接性」という伝統的な倫理学の前提を破綻させるのである。

科学技術文明において、現在世代はまだ存在していない未来世代を殺害することができる。そのとき現在世代は、自分のどのような行為がそうした重大な破局に繋がるのか、また自分が殺害する未来世代が誰であるのかを、まったく知らないかもしれない。私たちは、テクノロジーの脅威に対処するために、こうした状況を前提とした倫理学を構想する必要があるのであり、そしてそれは新しい倫理学をゼロから作り出すことに等しい。ヨナスは次のように言う。「人間の行為の本性は変わった。それによって、倫理学の方でも変化が要求される[*24]」。

では、その新しい倫理学には何が求められるのだろうか。

まず確認しておくべきことは、現在世代と未来世代は相互的な関係にはない、ということだ。未来世代は現在世代によって影響を受けるが、現在世代が未来世代によって影響を受けることはありえない。たとえば現在世代は一〇〇年後に生まれてくる未来世代を傷つけることができるが、しかしそのことによって、現在世代が未来世代から罰せられることはない。あるいは反対に、現在世代がどれだけ未来世代のために尽力したとしても、それによって未来世代から現在世代が恩恵を受けることもない。

こうした非相互性は、返報性の欠如を意味している。現在世代にとって、未来世代に何をしたとしても、自分に対して何かが返ってくることはない。そしてそれは未来世代への配慮の説明を困難にさせてしまう。一体なぜ、現在世代は自らの利潤追求に制約をかけてまで未来世代に配慮しなければならないのだろうか。その義務の根拠はどこにあるのだろうか。

もちろん、道徳的な配慮の根拠は返報性だけではない。たとえば基本的人権の尊重は、たとえ当事者の間に返報性がなかったとしても、普遍的に守られるべきものである。しかし、未来世代に権利を認めるわけにもいかない。なぜなら、そもそも権利とは存在しているものにしか備わっていないからだ。

こうした観点からヨナスは、科学技術文明において求められる倫理学が、「権利の観念から、したがって同時に相互性の観念から、自由でなければならない」[*25]と述べる。それでは、権利や相互性の概念に基づかずに未来世代への配慮を説明することはどのようにして可能なのだろうか。

ヨナスが唯一の可能性として提示するのは次のような考え方だ。すなわち、未来世代が存在することは端的にそれ自体で善い、したがって未来世代は存在するべきである、というものである。つまり、権利や相互性を根拠にするのではなく、存在そのものの善さを根拠にする、ということだ。未来世代への倫理を基礎づけられるか否かは、このような理屈を成り立たせることができるか否かにかかっている。

それでは、果たしてこの理屈は成り立つのだろうか。

存在と当為の切断

この理屈は次のような存在と当為に関する概念を前提にしている。すなわち、ある存在がそれ自体で善いと言うことができ、そこからそれが存在するべきである、という当為が説明できるということだ。この前提は、存在の概念と価値の概念、あるいは当為の概念を結びつけるものである。しかしヨナスによれば、第3章で論じられた死の存在論によって、今日においてこの前提は成り立ちえないものと見なされている。哲学史的にはそれは、存在から当為を演繹することが誤謬に陥ると指摘したヒュームや、事実命題から価値命題を推論することを「自然主義的誤謬」と名付けたムーアに代表される考え方である。

前述の通り、テクノロジーは科学と必然的に連関している。そして科学が死の存在論の上に成り立っている以上、科学技術文明もまた死の存在論を前提にしている。その死の存在論は、二つの「ドグマ」によって、未来世代への義務の前提を破綻させる。その二つのドグマとは、第一に、「存在から当為は導出できない」[26]というものであり、第二に、「形而上学的真理は存在しない」[27]というものだ。

順に見ていこう。

一つ目のドグマ、すなわち「存在から当為は導出できない」というドグマは、存在に関する命題、つまり「〜がある」あるいは「〜がない」という命題は、当為に関する命題、つまり「〜べきである」「〜べきではない」という命題の根拠にはならない、ということを意味している。

たとえばここにリンゴがあるとする。これは「がある」と言っているから、存在に関する命題である。しかしここからリンゴが存在する「べきである」、という当為は導き出されない。ただそれだけの話である。

なぜ存在と当為はこのように切断されているのだろうか。ヨナスはその理由を自然現象が「没価値的（wertfrei）」[28]なものとして捉えられる、という点から説明する。死の存在論において、あらゆるものは自然法則に従って運動する死んだ物質に過ぎない。そのとき自然現象は、自らに固有の目的をもって、自らの意志によって運動するのではなく、ただその前に起きた出来事の必然的な帰結として生じるに過ぎない。そうである以上、自然現象はそれが「善い」から、つまり価値があるから生じるわけではない。ヨナスは次のように述べる。


自然の価値への無関心さから議論を始めよう。そこで語られていることは、自然にとって、「善い」と「悪い」の区別は存在しない、ということであり、むしろ存在するのは、因果的な必然性によって統制された、ただの事実だけである、ということだ。こうした必然性のプロセスはいかなる目標ももたず、ただそのたびごとの経過の帰結だけをもっている。そうした経過は、均質的で構造的な法則に従って隣接するものへと至る、などなど。〔中略〕あらゆるものは、自分自身に対して盲目的で持続的な経過の通過点に過ぎない。ここでは、プロセスに内在する方向性の唯一の意味はエントロピーであり、その最大化によってあらゆるものは力学的な無関心さへと帰着するのであり、言い換えるなら、あらゆる特定の何かの反対物へと、普遍的な相殺という無へと帰着するのである。[*29]

死の存在論において、自然現象は「ただの事実」であり、ただそうした法則に従った「必然性のプロセス」として生じるだけであり、そこに何らかの「目標」が存在するわけではない。このとき、あらゆるものは「盲目的で持続的な経過の通過点」以外の何物でもないのであって、そうである以上、自然にとって「善い」あるいは「悪い」という区別は、そもそも存在しないのである。[*30]

ここで言う「価値への無関心さ」とは、決して、価値が低いということを意味するわけではない。そうではなく、存在について価値が高いとか低いとか言うこと自体が不可能である、ということを意味している。存在するものは、ただ存在しているだけなのであって、そこから存在することが善いとか悪いとか言うことは導き出せないのである。[*31]

それでは、存在概念から切断された当為あるいは価値の概念はどこから導き出されるのだろうか。ヨナスによれば、死の存在論において、それは人間のエゴイズムから以外には考えられない。価値とは、ただ、人間にとって善いとか悪いということだけを意味する概念に過ぎない。言い換えるなら、人間のエゴイズムの外側で、それ自体で価値があるものなど考えることができない。こうした観点から、ヨナスは存在と当為の切断を、客観と主観の切断として整理する。すなわち、客観的にこの世界に存在するものが没価値的であるのに対して、価値に関する概念は人間の主観によって生じるものに他ならない。

価値は常に主観的であり、客観的ではない。それは、言い換えるなら、価値に関する言明が普遍性をもつことはない、ということでもある。何を善いと見なすのか、ということは、誰にとってそれが善いのかによって変わってくる。したがって、人の数だけ価値観の違いがあるのであって、「私」にとって善いことが他者にとっては善くないことがあるかも知れない。その逆も然りである。そして、価値が主観的なものである以上、価値に根拠を置く当為もまた主観的なものであり、それは決して普遍性をもたない。存在と当為の切断は、その論理的な帰結として、当為の普遍的妥当性を否定するのである。

このように考えるなら、未来世代の存在はそれ自体で善い、だから未来世代は存在するべきである、という規範も、未来世代よりも現在世代の利益を優先する人々のエゴイズムに対して、何らの力も発揮しないことになる。

形而上学的真理の否定

ただし、存在と当為の切断というドグマには一つの問題がある。それは、「このドグマが、存在についてのある特定の考え方にしか当てはまらず、その考え方が思い描く存在の概念は、あらかじめ

（没価値的なものとして）相当の仕方で中性化されてしまっている」ということであり、「要するに、存在と当為の分離は、こうした存在についての考え方を仮定することによって、すでに一定の形而上学を反映していることになる」[*32]ということだ。そうである以上、これとは別の形而上学を前提にすれば、このドグマに囚《とら》われなければならない理由は何もなくなる。

これに対して、そうした可能性を否定するのが、「形而上学的真理は存在しない」というもう一つのドグマである。ヨナスによれば、このドグマは死の存在論における「知識についての一定の考え方」[*33]を反映するものであり、その内実は、「形而上学的な対象について『科学的』知識を獲得することはできない」[*34]というものである。しかし、それはなぜなのだろうか。

ここで思い出しておくべきことは、第3章で述べられた随伴現象説である。死の存在論において人間の自由な思考は随伴現象説として説明される。そのとき人間の思考は脳内物質のアルゴリズムによって決定されたもの以上のものではない。したがって形而上学もまたこうした脳内物質によって決定されたものである。随伴現象説に従うなら、重要なのは脳内物質がどのように作用していたのかであって、その「随伴現象」として立ち現れる語りそのものは、重要ではない。形而上学について何か真実を語ることができるとしたら、それは、その語りが実際に正しいかどうかではなく、そうした語りがどのような脳内物質の作用によってもたらされるのか、ということでしかない。ヨナスは次のように述べる。

ある社会のもつ超越的な世界観は、その社会が抱いている生に対する関心のイデオロギー的な上部構造（したがって偽装）に過ぎない。その生への関心には有機体の欲求が反映しており、この欲求はまたその有機体の形態によって条件づけられている。[*35]

ヨナスによれば、精神が作り上げる「超越的な世界観」、すなわち形而上学は、「その社会が抱いている生に対する関心」、言い換えるなら特定の共同体の利害関心という下部構造の上に成り立つ「上部構造」である。しかしこの共同体の利害関心は、さらにその下部構造によって、つまり、「有機体の欲求」という生理的なメカニズムによって支えられている。脳内物質の作用はこうした生理的なメカニズムによって生じるものである。そうである以上、上部構造としての形而上学を解明するということは、それを下部構造へと還元することで、下部構造における要素の組み合わせとして解釈することを意味する。したがって形而上学がそのものとして真理であることは不可能なのだ。こうした分析はハーバーマスやローティによる形而上学批判と軌を同じくしている。[*36]

このようにして、存在と当為の切断を乗り越えるために、別の形而上学を構想すること自体が、死の存在論によって閉ざされてしまうのである。

一つの突破口

このように考えるとき、死の存在論は、テクノロジーの脅威に対して二重に関与していることになる。第一に死の存在論は、テクノロジーを無限に進歩させる条件を準備するのであり、それによって未来世代への脅威を招き寄せる。これは新しい倫理学が解決するべき内容的な課題である。それに対して、第二に、これを解決するために新しい倫理学を構築しようとするや否や、死の存在論は二つのドグマによって今度はその基礎づけを阻んでくる。それは、新しい倫理学の構築そのものを不可能にする、方法的な課題であると言える。つまり死の存在論は、一方において未来世代への脅威を引き起こしながら、他方においてその脅威に対抗する倫理の構築を阻みもするのだ。そうである以上、テクノロジーの脅威の根源は死の存在論にある、と考えざるをえない。[*37]

とはいえそれは、どこにも突破口がない、ということを意味しているわけではない。「形而上学的真理はない」というドグマはよく考えればそのうちに自己矛盾を抱えている。なぜなら、第3章で述べられた通り、死の存在論はそれ自体が一つの形而上学であり、人間の自由な思考を前提にしているからだ。そうである以上、私たちはこの自由な思考を行使して、死の存在論を支持するのと同じ権利によって、死の存在論の外部で、死の存在論とは異なる形而上学を思考できるはずである。そのようにして死の存在論を克服することこそが、未来倫理学の最初の課題に他ならない。ヨナスは次のように述べる。[*38]

> 確かに、強固な形而上学は宗教と同じく、ぜひ必要であるからといって、必要に応じて簡単に作り出せるものではない。とはいえ、必要ならば、強固な形而上学を探すように命じることはできる。倫理学の建設を目指す世俗的哲学者は、合理的なものがもっぱら実証科学の尺度だけによって規定されるのではない以上、カントに逆らって、合理的形而上学の可能性を認めなければならない。[*39]

ヨナスによれば、未来倫理学の基礎づけを試みるためには、「合理的形而上学の可能性を認めなければならない」。それは、具体的に表現するなら、死の存在論とは別の形而上学を新たに構想するということに他ならない。

ヨナスの戦略は変わらない。未来倫理学の基本的な戦略は、存在と当為を一体のものとして捉えること、そしてそこから未来世代への倫理を基礎づけることである。しかしその基礎づけのためには、それに先立って、死の存在論とは異なる形でこの世界を捉える、別の形而上学の可能性が模索されなければならないのだ。[*40]

第5章　生命とは何か——哲学的生命論Ⅱ

生命は／自分自身だけでは完結できないように／つくられているらしい
花も／めしべとおしべが揃っているだけでは／不十分で
虫が風が訪れて／めしべとおしべを仲立ちする
生命は／その中に欠如を抱き／それを他者から満たしてもらうのだ

吉野弘「生命は」

ヨナスは学生時代からグノーシス主義の研究をしていたが、戦後その方向性を大きく変え、生命をめぐる哲学的探究に着手する。彼にその方向転換のきっかけを与えたのは、戦場の体験だった。

一九四五年、ヨナスはイギリス陸軍ユダヤ旅団の将校としてイタリア戦線に参加した。彼は砲撃部隊の指揮官に就き、セニオ川を挟んだ連合国軍とドイツ軍の戦闘、いわゆる「セニオ川の戦い」に投入された。この戦いは、第二次世界大戦の最終局面に位置づけられ、日ごとに互いの陣営への襲撃が繰り返される激しい戦闘になった。

それまで学者として生活していたヨナスにとって戦場の体験は鮮烈だったに違いない。彼はそこで多くの死者や負傷者を目の当たりにした。そしてその体験が、生命とは何か、傷つきやすさとは何かという問いへと、彼を誘っていった。ヨナスは次のようにも述懐している。

こうした〔新しい哲学を構想する〕機会は第二次世界大戦の軍役時代にやってきた。そこで私は歴史的な研究から、人間が常に自分自身の傍らに抱いているがゆえに、文献や図書館なしに熟慮しうる問題へと、投げ返されたのである。おそらく、身体が危険にさらされているということが、新しい思索を助けることになった。そうした状況において、肉体という運命から目を背けることはできなくなり、肉体の損壊が最大の恐怖になる。〔中略〕有機体的なものの哲学あるいは哲学的生命論という目標が私の視野に現れてきた。これが私の戦後の課題になったのである。[*1]

ヨナスの「哲学的生命論」はいわゆる科学哲学ではない。彼がそこで解明しようとしたのは、人間の「肉体という運命」であり、つまり身体の傷つきやすさの意味である。戦場を経験したヨナスにとって、人間が一つの有機体であること、そしてそれが簡単に「損壊」してしまう脆弱さを抱えているということは、人間存在の本質に属する性質だった。同時に、そうした傷つきやすい有機体であるということは、人間以外の生物にも同じように当てはまることであり、その点で人間が生命の一員であることを保証するものでもある。ヨナスは、こうした生命の傷つきやすさを分析することで、死の存在論を乗り越え、人間と自然の断絶を架橋する可能性を模索していく。そしてその思想は未来倫理学の理論的な基盤を準備することになる。

こうした、生命をめぐるヨナスの思索を再構成することが、本章のテーマである。

1　新たな生命論を目指して

戦後、ホワイトヘッドやベルタランフィから影響を受けたヨナスは、哲学的生命論による死の存在論の克服を企図する。それは、言い換えるなら、生物学によるのとは違った形で、生命の本質を説明するということである。どのように考えればそうした思想を編み出すことができるのだろうか。本節では議論の出発点として、ヨナスがどのような問題意識のもとで、どのような方法で、この問題と向き合っていたのかを明らかにしておこう。

アメーバが自由であるとしたら

死の存在論には重大な欠陥があった。それは人間の思考をめぐる矛盾である。

死の存在論は、それ自身が思考の自由を前提とするにもかかわらず、その帰結として思考の自由を否定する。人間は、自然においてはありえないはずの自由をもつ存在となり、それによって自然と断絶する。その断絶がニヒリズムを引き起こす。

これに対してヨナスは、この断絶を乗り越え、人間と自然を連続させるような生命の概念を模索する。その方策として提示されるのは次のようなアプローチだ。すなわち、人間にだけ認められ、自然には認められていなかった自由の概念を、人間だけではなく、自然に対しても認める、ということである。そのような説明ができれば、人間はもはやこの世界で唯一自由な存在ではなくなり、したがって自然との断絶も起こらなくなる。

自然に自由を認める、という発想はいかにも不思議に聞こえるかもしれない。しかしヨナスはそれが決して不自然な発想ではないと考える。なぜなら、人間は常に有機体として存在しており、そうである以上、人間の自由もまたそうした有機体によってもたらされているに違いないからだ。人間は息をし、何かを食べ、汗をかくのであって、そしてその働きのなかで何かを考え、何かを思い描く。そして有機体は紛れもなく自然の産物である。そうである以上、有機体がどのように自由であるかを説明できるなら、それは自然に自由を認めたことに等しい。

ただしそれは、第3章で述べられたような、随伴現象説に陥ることを意味しない。自由を有機体と関係づけることは、決して、自由を脳内物質の連鎖へと還元することではない。それは結局のところ自由を否定することにしかならない。そうではなく、むしろ、この脳内物質の連鎖こそが自由である、と説明できる理論が、ここでは求められているのである。

ところで、この世界に有機体として存在しているのは、人間だけではない。動物、植物、さらにもっと原初的な生物もまた、有機体である。そして、人間の自由が有機体に根差しているのだとしたら、人間以外の有機体が自由ではない保証など、どこにあるだろうか。もちろん、第1章で述べられた通り、ヨナスは人間の想像力のうちにあらゆる動物から区別された特権的な自由を認めている。しかし、想像力だけが自由の唯一のあり方とは限らない。むしろ、あらゆる有機体は何らかの意味ですでに自由であり、そしてその自由には程度の差があって、人間の想像力をその一つの段階として位置づけることも、考え方としては可能である。そうでなければ、人間の自由が自然と連続していると考えること自体が成り立たなくなるだろう。

したがって、自由の起源を有機体から説明するということは、すべての生命を自由なものとして解釈することを意味する。これが哲学的生命論の基本的な出発点である。ヨナスは次のように述べる。

> 生命の哲学はその対象のうちに有機体の哲学と精神の哲学を包括している。このことはそれ自体がすでに生命の哲学の第一命題であり、実際のところそれは、この哲学がその遂行の過程で正当化しなければならない、先取り的な仮説である。なぜなら、ここでの〔有機体と精神という〕外的な範囲が内容として主張しているのはまさしく次のようなことであるからだ。すなわち、有機体はそのもっとも低い形成物においてすでに精神的なものをあらかじめ形成しており、精神はそのもっとも高い到達点においてもなお有機体的なものにとどまる、ということである。[*2]

哲学的生命論は二つの課題を含んでいる。一つは、「有機体の哲学」であり、有機体あるいは生命を単なる死んだ物質の塊ではなく、それに還元できない「何か」をもつものとして説明することである。そしてもう一つは「精神の哲学」であり、精神を非物質的なものとしてではなく、あくまでも有機体と連続したものとして解釈することである。そしてこの二重の課題を統合的に理解しようとするときに、そこから導き出される「仮説」は、有機体は「そのもっとも低い形成物」でさえも精神を備えており、そして精神は「そのもっとも高い到達点」においてもやはり有機体である、ということである。

この探究を進める上で鍵になるのは、自由の概念をどのように捉えるか、ということだ。あらゆる有機体が自由であるとしたら、たとえば、アメーバでさえも自由であると考えることができなければならない。しかし、アメーバに人間と同様の思考能力を期待することはできないだろう。そうである以上、アメーバは人間とは異なる意味で自由なのであり、そうした説明が可能であるように、自由の概念そのものが拡張されなければならない。すなわち自由は、もはや人間の「精神と意志の領域」[*3]だけに限定される概念ではなく、「客観的に識別可能な存在様態」とし て、つまり「さしあたりは単なる物理的事実にさえも適用されうる、存在論的に記述可能な概念」[*4]として、その意味を修正されなければならないのだ。

アメーバも自由である。そう言えるとしたら、そのとき「自由」は何を意味しているのか。議論はそこから始まるのである。

哲学的生命論の方法

次に考えておくべきことは、哲学的生命論がどのような方法を採用すべきなのか、ということだ。生物学において、生命はより小さな物質へと分解され、それらがどのように構成されているかによって、生命現象が説明される。このとき、真に実在しているのは物質であり、生命はその物質が織りなす現象に過ぎない。これが生物学的な分析の方法である。

しかし、ここには一つの問題がある。それは、そもそもなぜ、私たちはある個体が生きているという認識をもつのだろうか、ということだ。死の存在論に忠実に従うなら、私たちは死んだ物質以外には何も認識できないはずである。しかしそうであるにもかかわらず、私たちは何かが死んでいるのではなく、生きているという認識をもつことができる。それは不可能なはずではないだろうか。

それに対して、生命の認識は虚構である、という立場もありえるだろう。しかし、それを虚構として退けるには、私たちにとって生命の認識はあまりにも明瞭である。ある生物が生きていて、それがその辺に落ちている石とはまったく異なる存在であることは、説明を待つまでもない自明な事実である。私たちは、たとえ生物学的な説明が与えられていなくても、生命と非生命の違いを認識することができる。むしろこうした直観的な生命の認識がまず与えられて、この直観に基づいて、生命を探究する学問が生物学なのではないだろうか。

そうであるとしたら、こうした直観的な生命の認識は、生物学的な認識に先立っている、ということになる。本書では、こうした生物学に先行する生命の認識を、前科学的な生命の認識と呼ぶことにする。それは、直観的な生命の認識、あるいは日常的な生命の認識を指すものと考えても構わない。たとえば私たちは、ある対象が生命であると判定するために、その対象を解剖して体細胞を観察したり、DNAを有しているか否かを検証したりすることを必ずしも必要としていない。私たちにはある対象を見た瞬間に生きていると判定することができる。それが前科学的な生命の認識である。

では、なぜ、私たちは前科学的に生命を認識することができるのか。ヨナスの答えはシンプルである。すなわちそれは私たち自身が生きているからだ。ヨナスは次のように述べる。

生命を観察する者は、生命によって準備が整えられていなければならない。言い換えれば、観察者が事実上いつも導き出している「推論」を導き出せるためには、自分自身が生命の経験をもつ有機体的存在が観察者自身によって必要とされている。これが、私たちが身体をもち、身体であることの利点である——この利点は認識論の歴史においては頑なに否定され、捨象されてきたのだが。要するに私たちが私たちであることによって、私たちには準備ができているのである。有機体へと内的同一性を書き込むこと（Interpolation）はこうして可能なのであって、この書き込みによってのみ、代謝の連続という単なる形態上の（それ自体は意味を欠いた）事実が、絶え間のない活動として把握され、継続されたあり方が自己継続として把握されるのである。[*5]

ヨナスによれば、「生命を観察する者」は、「自分自身が生命の経験をもつ有機体的存在」であることを条件として、生命を生命として認識することが可能になる。ヨナスはそれを「有機体への内的同一性を書き込むこと」と呼ぶ。[*6]

私たちが猫を生命として認識する場面を想定してみよう。私たちがまず認識するのは、猫の「形態上の事実」である。たとえば、およそ二五センチの大きさで、何やらふわふわとしていて、細い部分と太い部分がある。そうした形態だけを取り出せば、猫は「二五センチのふわふわした細い部分と太い部分のある物体」に過ぎない。しかし私たちは、そのように認識された物体に対して、その物体が自己をもち、過去・現在・未来へとまたがるアイデンティティを、つまり「内的同一性」をもつことを感じ取る。それが、この物体を一つの生命として、一匹の猫として認識することである。
　しかし、「二五センチのふわふわした細い部分と太い部分のある物体」であるという情報は、それだけでは、それが生命であることを証明するものではない。ヨナスによれば、私たちはこの形態上の情報には含まれていないものを、つまり「内的同一性」を、自らこの物体のうちに「書き込む」ことによって、言い換えるならそのように「推論」することによって、初めてある物体を生命として認識することができる。そしてこの書き込みは、生命を認識する「私」自身が「内的同一性」をもつ生命であり、その体験を目の前の物体のうちに感じ取ることによって、可能になるのである。
　ここに前科学的な生命の認識の大きな特徴がある。すなわち生命を認識できるのは生命だけであり、生命は生命に対してのみ立ち現れる、ということだ。このことは生物学においても同様である。生物学者が観察対象の生命を客観的に分析できるのは、その生物学者が生きているからであり、それが客観的分析の条件なのである。[7]
　ヨナスはこうした条件を手がかりに、「私」にとって生命がどのように立ち現れるのかをありのままに記述し、そしてその構造を分析することによって、生命の本質に迫ろうとする。彼はこうした方法を「現象学的記述と批判的分析」[8]と呼ぶ。形式的に表現するなら、それは、生命とは何であるか、ということを、生命を問う者自身が生命であるという事実の解釈を通じて、明らかにすることに他ならない。もっともそれは生物学の否定を目的としたものではない。むしろ、生物学が一つの学問として成立するための条件を明らかにすることもまた、哲学的生命論の狙いの一つなのだ。[9]

2　生命と自由

ヨナスの哲学的生命論の主要な課題は、多くの場合に人間だけに認められている自由の概念を、人間以外のすべての生命にまで適用すること、同時にそうした適用が可能であるように、自由の概念そのものを修正することである。ヨナスはこの課題に取り組むために、有機体の代謝活動のうちに自由の契機を洞察し、ここから生命にとって空間と時間がどのように立ち現れるのかを考察していく。

窮乏する自由

ヨナスの哲学的生命論の基本的な仮説は、あらゆる生命は自由である、ということである。さしあたって明らかにされなければならないのは、自由の概念がどのように有機体のうちに根差しているのか、ということである。

ヨナスは有機体の本質的な特徴として「代謝（Stoffwechsel）」に注目する。代謝とは、自分の内部にあるものを排出すると同時に、自分の外部にあるものを摂取する働きである。たとえばそうした働きの具体例としては、呼吸や、排泄や、摂食や、光合成を挙げることができる。もちろん生物によって代謝のあり方は多様である。しかし、どのような仕方であるにせよ、あらゆる生命は代謝をすることができる、と考えることは決して不自然ではないだろう。

それでは、代謝は生命にとって何を意味しているのだろうか。

生命が代謝する、ということは、生命の身体を構成している物質が常に変化している、ということである。たとえば、いま存在しているある生物の身体を構成している物質は、三年前にその生物の身体を構成していた物質とは、まったく違うものかもしれない。形が同じであっても、その形を成り立たせている物質は異なりうるのである。しかしそれは、その生物の同一性が失われている、ということを意味するわけではない。三年前の生物と、現在の生物は、たとえその身体を構成している物質がまったく別であっても、同一でありえる。そうであるとしたら、生物の自己同一性、生物の個体性は、その身体を構成している物質に支えられているわけではない、ということになる。

ヨナスによれば、生命は「物質的に同一ではないが、同一の物質のままでないという、まさにそのことによって、同一的な自己として存続している」[*10]。代謝する有機体の同一性を、その有機体を構成する質料という観点から説明することは、常に失敗する。なぜなら、有機体は「質料のストックを確定的に備えているのではなく」、「そのストックは一時的なもの」[*11]に過ぎないからだ。私たちは、いま自分の体を構成しているものを、ずっと保持し続けることができない。いま吸い込んだ空気をずっと体内にとどめておくことはできない。その不断の流動性こそが生命を成り立たせているからである。

ここには非生命と生命の根本的な対立が示されている。非生命は代謝しない。だからこそ、非生命の同一性はそれを構成する物質に還元される。たとえばある石が、三年前と同じ石であることを保証しているのは、その石を構成している物質が同一であるということだ。この意味において、代謝するか否かということが、生命か非生命であるかを決定するのである。

ヨナスはここに死の存在論への反駁の可能性を見出す。死の存在論において生命はあくまでも死んだ物質へと還元される。しかし、生命の存在論的な特徴が代謝であるとしたら、生命を死んだ物質へと還元することはそもそもできない。この意味において、生命は死んだ物質に束縛されているのではなく、むしろそうした物質の同一性から解放されている、と考えられる。ヨナスは、こうした生命の存在のあり方、言い換えるなら存在様態を、物質からの自由として解釈する。

ただしこの自由は、決して、生命が物質を必要とせずに存在できる、ということを意味するわけではない。生命は常に新しい物質を摂取することを必要としている。もしも私たちが新しい物質の摂取をやめてしまったら、たとえば呼吸せずに息を止めていたら、私たちの身体は新しい酸素を求めて激しい苦痛を引き起こす。代謝は、同時に、生命が新しい物質に飢えていることを、窮乏していることを意味している。ヨナスによれば、「有機体がこの能力〔代謝〕をもつということは、存在するためにはそれを働かせねばならないということであって、存在するのをやめることなしには、これをやめることはできない」のであり、その限りにおいて生命にとって代謝は「強制的に課せられているもの」[*12]に他ならない。生命には「行為する自由はあっても、行為しない自由はない」[*13]。ヨナスはこうした逆説的な自由のあり方を「窮乏する自由（*bedürftige Freiheit*）」[*14]と表現する。[*15]

生命の空間性

生命は「窮乏する自由」をもっている。ヨナスはこの概念を基礎としながら、生命の生きる空間と時間のあり方を分析していく。

生命が窮乏する自由をもっているということは、言い換えるなら、生命が質料の交換によって維持される自己をもつ、ということである。[16] 自己をもつということは同時に、自己ではないものをもつこと、つまり他者をもつことでもある。「私」が「私」であるということは、「私」が「私ではないもの」ではない、ということであり、そのとき「私」は他者から切断される。このようにして代謝は自己という概念の起源となる。

　それでは、生命にとって自己から区別される他者とは何だろうか。ヨナスによれば、それはさしあたり生命の外側に拡がる空間として立ち現れる。

> 姿を現した生命がこうして入っていく危険に満ちた二極的世界においては、自分自身ではないもの、内的同一性の領域の外部から接しているものは、ただちに無条件の他者性を帯びる。自己というあり方を求める要求は、有機体の境界の外部にあるすべてを、異質なもの、何らかの意味で対立するもの、すなわち有機体がそのなかで、それを通じて、それに対抗して、自らを保持しなければならない「世界」と判定する。[17]

　ヨナスによれば、生命の外部にあるものは「ただちに無条件の他者性を帯びる」。そのようにして世界「異質」で「対立するもの」として生命と接触するものが、「世界」に他ならない。生命にとって世界はまず他者性を帯びた場である。ただし、世界は単に生命と対立しているだけではない。なぜなら生命は代謝によって世界と関係しており、「それを通じて」「自らを保持しなければならない」からだ。これはどういうことだろうか。

たとえば代謝の例として摂食について考えてみよう。ある生命にとって食べ物は、それがその生命の外部にあるという意味では、他者である。しかし生命は食べ物を食べることによってしか自己を維持することができない。つまり食べ物は、食べられる前は生命にとって他者であるが、食べられることによってむしろその自己の一部になる。この意味で摂食という行為は世界の他者性を自己へと変容させる営みなのである。

したがって生命にとって世界は両義的である。一方においてそれは生命に敵対するものであるが、他方において生命はそれなしでは存在できない。「生命は、それに依存しかつ利用する能力をもつという特別な関係において、世界へと差し向けられている」[*18]。こうした関係は摂食だけではなく、排泄のうちにも見られる。排泄とは、それまで生命の一部を構成していたものを、排泄物として体の外に放出する働きである。それは、それまで自己であったものを他者にする働きであり、摂食とは逆の方向で、自己と他者の関係を変容させる営みである。

このように、世界に存在する生命にとって自己と他者の関係はあくまでも流動的である。自己と他者は完全に切り離された二つの項ではない。むしろそれは代謝を介して一方から他方へと移り変わりうるものであり、その変容において、生命は存在するのである。すなわちヨナスによれば、生命は「異質な質料を潜在的に自分のものとして、それに自分を関係づける」[*19]一方で、「現在の自分の質料を潜在的には異質なものであるという条件のもとでのみ、保持している」のである。

以上の考察から明らかなように、ヨナスは世界の概念をあくまでも代謝との関係から考察している。世界は決して単なる物理学的な空間を意味するわけではない。そうした空間は、生命にとって価値中立的であり、ただそこに生命が位置づけられるだけの座標に過ぎない。それに対して世界は、生命にとって敵対的でありながらも依存せざるをえないものとして、そのように意味づけられたものとして立ち現れるのである。

生命の時間性

代謝による物質の交換が可能であるためには、そこに時間が流れていなければならない。したがって生命にとって時間は本質的な要素であり、すなわち「生命の形相それ自体を表す質的な要素であって、形相の統一性と基体の多数性を結合するいわば媒体」[*20]に他ならない。ただしそれは、世界が単なる物理学的な空間とは異なっていたのと同じように、物理学的に計測可能な時間を意味するわけではない。ヨナスは次のように述べる。

それ〈時間の地平〉は、外的な現前とは異なる内的な〈間近さ（Bevorstehen）〉を包括している地平である。この〈間近さ〉は、有機体的連続があらゆる瞬間にその時点の欠乏を充足するために向かっている、すぐ次の未来のもつ間近さである。それゆえ生命の視界は外部と同様に間近な前方にも向けられている。生命の「ここ」が「そこ」へと広がっているように、生命の「いま」は「ただちに（Sogleich）」へと広がっている。[*21]

生命は絶え間なく代謝し続けなければ存在できない。いま代謝をしたからといって、しばらく代謝を停止しておくことはできない。したがって代謝は常に「すぐ次の未来」へと開かれているのであり、即座に次の代謝へと繋がっていかなければならない。こうした観点から、ヨナスは、「間近さ」、つまり目の前に迫ったすぐ次の瞬間に開かれていることが、生命の時間にとって本質的であると考える。

こうした時間のあり方は、死んだ物質を支配する時間性とは根本的に異なっている。ヨナスは両者を次のように対比する。

単なる物質的なものには、以前と以降、先行するものと後続するものといった、直線的な時間図式が当てはまる。しかしそれは有機体的なものには適切ではない。物質的なものは過去によって完全に規定されているが（少なくとも規定されていると考えられうるが）、生命は常にすでに、これから生成していくものであり、まさに準備していくものなのである。つまり、生命の場合には、過去と未来の外的秩序は内的に反転する。これが生命の目的論的性質の根拠である。*22

ヨナスによれば、死んだ物質は「直線的な時間図式」に従って存在している。そこでは、過去と現在と未来は等価であり、まるで点が座標軸を経過していくように時間が捉えられる。同時に、その時間図式のなかで死んだ物質は「過去によって完全に規定されている」と見なされる。つまり、いまここにこの物質が存在する理由は、その物質がここにやってくるに至った過去の経過によって決定されている、ということである。

これに対して生命は、それが窮乏する自由な存在である以上、すぐ次の未来へと開かれた時間地平にいる。生命にとって本質的に重要なのは過去ではなく未来であり、そこでは両者は等価ではなく、生命は未来に向けて代謝を準備しなければならない。

ヨナスは、このように未来へと開かれているあり方を、生命の「目的論的性質」として解釈する。ただしそれは、ある目的のために役立つ、という性質を指しているのではなく、むしろ自分自身を目的として存在しているという性質を意味している。

ヨナスによればこの点において生命は機械から区別される。たとえば一部の機械はまるで目的をもつかのように振る舞うことができる。ヨナスはそうした機械の例として、サイバネティクス機構を有した自動探索魚雷を挙げる。そうした魚雷は、標的への命中を目的とし、その目的に合わせて自らの運動を自己調節することができるのであり、そこには代謝に類似した働きが示されている。しかし、それは生命の目的論的性質と同じものではない。なぜなら、魚雷にとって標的への命中は他者によって設定された目的であり、魚雷はその手段でしかないからだ。魚雷自身が自分の目的をもっているわけではない。これに対して生命は、あくまでも自分自身の存在を目的とするのであり、その点で魚雷から区別されるのである。ヨナスはこうした生命の目的論的性質を、単にある目的の手段として有用であることから区別して、「目的保持性（Zweckhäftigkeit）」[*23]と呼んでいる。

3　傷つきやすさと実存

ヨナスは生命を窮乏する自由として解釈する。[*24] ただしそれはまだ、生命が有機体として備える代謝の機能を分析したものに過ぎない。ヨナスはここから一歩進んで、このように代謝する存在であることが、生命にとってどのような実存的な意味をもっているのかを考察する。その際に彼の視点を導いていくのは生命の傷つきやすさである。前述の通り、ヨナスは戦場において生命の傷つきやすさを目の当たりにした。窮乏する自由はそうした傷つきやすさとどのように関係しているのだろうか。そしてそれは生命にとって何を意味しているのか。ヨナスはそうした問いかけから、死の存在論とは異なった、死んだ物質に還元されえない生命の存在を浮かび上がらせようとする。

生命の傷つきやすさ

前述の通り、窮乏する自由が意味しているのは、生命の同一性が物質の同一性に還元されない、ということだった。この意味において生命は死んだ物質と対立している。ただしそれは生命が物質を必要としない、ということを意味するわけではない。生命はあくまでも物質がなければ存在することができず、新しい物質に常に窮乏している。ヨナスは、代謝によって示されるこうした物質への両義的な関係のうちに、生命の傷つきやすさの根拠を洞察し、その様々な現れ方を次のように記述している。

自分自身の責任に委ねられ、自らの活動に全面的に依拠しながらも、自らを完全に実現するためには、自分が支配することができず、自分の意のままにならない可能性のある諸条件を必要としているということ。したがって、外的現実が好都合か不都合かによって左右されるということ。世界に曝されながら、同時にその世界に対抗するとともに、その世界をつうじて自己を主張しなければならないということ。世界の因果性に対抗するとともに、その世界を通じて自己を主張しなければならないということ。世界の因果性に対抗して自立しつつも、やはりそれに従属しているということ。質料との同一性から抜け出しながらも、質料を必要とするということ。自由でありながら、依存しているということ。個別化されていながらも、接触を不可欠とすること。接触を求めつつも、それによって破壊されうるということ。他方で、接触がなければ同様に危機に陥るということ。したがって、世界が圧倒的に迫ってくる場合とよそよそしく冷淡である場合と、両方の側面で危険に曝されていて、その両極のあいだの険しい尾根に置かれているということ。中止することのできない過程にありながら、妨害されうるということ。全体としてしか有効に働かない形で様々な機能が配置されていて、傷つきやすいということ。その中枢部に加えられる打撃は致命的であるということ。時間的な存在であるがゆえに、あらゆる瞬間が終わりでありうるということ……[*25]。

これらの様々な様相において通底しているのは、結局のところ、生命が自分一人では完結できない存在である、ということである。生命の自己は他者から区別される。しかしそれは、他者と無関係でいられるような、他者から独立した存在ではない。生命は他者から区別されながらも、他者と関係することでしか存在できない。しかしその関係は単純ではない。なぜなら生命は他者に依存することでしか存在できないのに、その他者によって殺され、否定され、滅ぼされもするからである。だからといって、そうした脅威をもたない他者、安全な他者に依存することもできない。なぜなら生命にとって他者とは本質的に敵対的なものであり、脅威であるからだ。しかし、そのように自分を否定してくる他者から無関係でいようとすれば、生命は代謝できずに死に至る。要するに、生命が他者の脅威にさらされないで存在することは不可能である、ということである。

これは抽象的な話ではない。たとえば人間は水を飲まなければ生きることができない。水は人間にとって自分ではないもの、つまり他者である。その限りにおいて人間は水に依存して存在している。しかし、その水も飲み過ぎれば水中毒となって人体を破壊するし、水のなかに毒物が紛れ込んでいれば、それも人間の生命を脅かす。水を飲むという行為は常にそうした危険と隣り合わせである。[*26]だからといって、そうした危険を避けるために水を飲まなければ、脱水症状に陥ってやはり死に至る。水を飲むことも、飲まないことも、どちらも人間を死の脅威にさらす。このように、存在している限りは死の脅威にさらされ続ける、ということが、生命の抱える本質的な傷つきやすさに他ならないのだ。

死と実存

ただし、このように本質的に傷つきやすさを抱えた生命は、ただ悲観的に捉えられているわけではない。ヨナスは次のようにも述べる。

代謝のこの二重の側面――その能力と窮乏――によって、非存在が存在自身に含まれた選択肢として世界に登場した。このことによってはじめて「存在すること」は一つの強調された意味(betonter Sinn)を手に入れる。自らが否定されるという脅威によって、そのもっとも深い内奥において性格づけられることで、存在はここで自らを主張しなければならなくなる。存在が主張されるとき、それは重大な関心事（Anliegen）としての現存在（Dasein）となる。[*27]

生命にとって「非存在」つまり死の可能性の意味は両義的である。第一に、それは生命にとって「自らが否定されるという脅威」であり、生命はあくまでもそれを拒絶しなければならない。しかし第二に、この拒絶を通じて生命は「自らを主張しなければならなくなる」のであり、それによって生命の存在には「一つの強調された意味」が与えられる。生命にとって存在することは、ただ漫然と所与のものとして存在を享受することではない。それは、絶えず現前する死の脅威をはねのけ、あくまでも存在することを選択することである。ヨナスはそのように存在する生命を「現存在」と呼ぶ。[*28]

ここには死の可能性が生命に対してもつ積極的な意味が示されている。もしも私たちがまったく傷つくことなく、死ぬこともなかったら、きっと自分の存在を配慮すること、存在するために何らかの行為をすることもなかっただろう。そうした状況において何もしなくても存在は失われないからだ。しかし、そうではないからこそ、生命は自己の存在を配慮し、あくまでも存在し続けようとするのである。

このように死の可能性にさらされた存在は、死の可能性をもたない存在とは、本質的に異なっている。たとえば石には死の可能性がない。もちろん、外から力を加えれば石を砕くことはできる。しかしだからといって石を構成する物質の総量が変化することはない。石は形を変えただけで、それは石がこの世界から失われたことを意味するわけではない。

しかし、生命は違う。もしも生命の身体が外から強い力を受け、その体を破壊されてしまったら、生命は死んでしまう。もちろん石と同じように、その生命の身体を構成する物質はこの世界に残り続ける。しかしそれは死体であって生命ではない。その生命はこの世界から永遠に失われてしまうのである。

ヨナスはここに生命の存在の本質を洞察する。それは、常に傷つきやすさを抱え、死の脅威にさらされながらも、それを拒絶してあくまでも存在し続けるために、自己を配慮する存在のあり方に他ならない。ヨナスはこうした性格をもつ生命の存在を「実存（Existenz）」[*29]とも表現している。

以上の分析は、決して生物学的な実証性に基づいたものではない。そうではなく、私たちにとってありのままに立ち現れる生命の本質を捉えようとするものである。私たちにとって生命は、炭素原子の塊としてでもなければ、DNAの構造物としてでもなく、傷つきやすさを抱えながら生きようと努力するものとして、立ち現れる。そして生命がそのように立ち現れるのは、私たち自身が傷つきやすさを抱えた実存する生命であるからなのだ。それがヨナスの哲学的生命論の一つの答えである。

実存としての生命は、死の存在論において説明される生命とは本質的に異なっている。死の存在論において、あらゆる自然現象は没価値的であり、生命の存在もまた無意味なものと見なされる。そして、第4章で述べられた通り、それが未来倫理学の基礎づけを阻むドグマの一つであった。それに対して実存する生命はその存在に意味をもつ存在である。ヨナスはここに、死の存在論を相対化し、新しい倫理学を構想していく可能性を見出すのである。[*30]

第6章　傷つきやすさへの責任——未来倫理学Ⅰ

私は何があろうとこの小さなものを護り抜かなくてはならない。誰にもこれを奪わせはしない。誰にも損なわせはしない。私たちはこれを護り育てるのだ。

——村上春樹『1Q84』

第二次世界大戦が終結したのち、ヨナスはドイツからパレスチナに帰還した。彼は研究者としてのキャリアを再開しようとしていた。しかし当時のヘブライ大学に専任のポストはなかった。一九四八年、イスラエルの建国が宣言され、それと同時に第一次中東戦争がはじまる。軍の経験者であったヨナスは創設当初のイスラエル軍に招集された。しかし、奇しくも同じ年に、彼に子どもが誕生した。

ヨナスにはその後のイスラエルの辿る未来が見えていたのかも知れない。彼は騒乱を避けるためにパレスチナを去り、カナダへと渡ってしまう。もっともそこに安定した職があったわけではない。ヨナスは未知の土地で、生まれたばかりの子どもとともに、不安定な生活を続けることを余儀なくされる。

数年後、パレスチナでヨナスと交流していたユダヤ神秘主義の思想家ゲルショム・ショーレムは、ヘブライ大学の哲学教授のポストをヨナスに紹介した。それがヨナスにとって絶好の機会であることは周囲の誰の目にも明らかだった。

しかしヨナスはその誘いを断ってしまう。彼はショーレムに対して丁寧な手紙を認《したた》め、自分には守るべき小さな子どもがいること、そして家族に対して責任を負っていることを説明した。ショーレムはそれをヨナスによるシオニズムへの裏切りと解し、二人の関係には亀裂が入ることになった。

ヨナスはパレスチナを離れたあともシオニストだった。しかし、少なくともイスラエルに住むシオニストたちは、彼がシオニストとしての責任を放棄した、と見なしていたはずだ。もちろんヨナスは自分がそうした扱いを受けることを分かっていただろう。それでも彼はは子どもへの責任を優先したのである。

この行動はヨナスの倫理学と首尾一貫している。なぜならヨナスにとって「責任（Verantwortung）」とは、何よりもまず、目の前にいる傷つきやすいもの、弱いものへの配慮であるからだ。そしてその原型こそ子どもへの責任に他ならないのである。

こうした責任をめぐるヨナスの思想を考察することが、本章の課題である。

1　責任とは何か

責任とは何だろうか。言うまでもなく、私たちの社会生活は責任の概念なしには成り立たない。しかし、そうであるにもかかわらず、この概念は多義的であって、その意味は必ずしも明瞭ではない。倫理学の領域において、体系的な責任概念の議論はウェーバーに始まるが、ヨナスの思想にはこれに回収されない独自性を有している。未来世代への責任を考えるためには、さしあたり、この責任概念そのものの構造を解明しておく必要があるだろう。

以下ではまず、ヨナスによる責任概念の定義を確認する。そしてここから、責任について考えるためには、何を問わなければならないのかを明らかにする。

二つの責任概念

私たちは多くの場合、責任概念を次のように考えているのではないだろうか。すなわち、ある契約や約束事が交わされていて、それが破られたときに、責任が発生する。その違反行為が「私」に由来するとき、「私」はその違反行為によって生じた損害を償わなければならず、その償いこそが責任を果たすことである。

ヨナスはこうした責任の概念を「契約責任（vertragliche Verantwortung）」[*1]と呼ぶ。ヨナスによればこの責任は、事前に約束を取り交わし、責任の範囲に関する合意に基づいて生じる。ここで言う約束には、実際に個人の間で交わされる口約束もあれば、社会生活における法律の遵守も含まれ、その違反行為への責任は「損害賠償と処罰」[*2]という形で課せられる。ヨナスはこうした責任を、「すでに行われた行為に対する事後的な決算」[*3]として、あるいは「過去の行為を原因とする帰責としての責任」[*4]として性格づける。

こうした責任概念が重要であることは言うまでもない。安心して社会生活を営むためには、他者が法律を守り、また交わされた契約を履行すると期待できなければならず、そのように期待できるためには、もしもそれらが破られた場合には他者がその責任を負う、ということが信じられなければならない。この意味において契約責任は、私たちの社会生活を支える責任概念であると言える。

しかしここには一つの問題がある。それは、契約を結んでいない他者、約束を交わしていない他者への責任を説明することができない、ということだ。そうした他者の典型例が未来世代である。私たちは未来世代と契約を締結できないし、また未来世代は私たちの共同体には属していないのだから、私たちの法律の適用範囲の外にいる。そうである以上、契約による責任概念だけを念頭に置く限り、私たちがどれだけ未来世代を傷つけても、それは契約に違反したことにはならず、したがって責任も発生しないのである。

これに対してヨナスは、もう一つの別の責任概念として、「自然責任（natürliche Verantwortung）」[*5]を挙げている。それが意味しているのは、約束や契約に基づくのではなく、「私の行為に要求を掲げてくる事柄（Sache）に対して責任を感じる」[*6]、という責任のあり方である。ここで言う「自然」とは決して地球環境のようなものを意味しているわけではない。そうではなく、人為的な制度やシステムによってではなく、それが「自然に」生じる責任である、という意味だ。それに対して契約責任は『人為的な』責任」[*7]とも呼び替えられている。

ヨナスが自然的な責任の典型例として挙げるのは、子どもへの責任である。「私」の目の前に幼い子どもがいて、その子どもに何らかの脅威が迫っていて、その子どもを守れるのが「私」だけであるとき、「私」はその子どもに対して責任を負う。ただしそのとき「私」は、その子どもを守るという契約を、その子どもと交わしているわけではない。そうした事前の約束なしに子どもへの責任は生起するのである。

こうした自然責任は、契約責任とは異なり、過去の出来事への償いとしてではなく、「将来なされるべき行為の決定」[*8]に関する責任として生じる。そのとき、「私は第一義的には私の行動とその帰結に対して責任を感じるのではなく」[*9]、その子どもの未来に関して責任を負うことになる。責任が問われるのは、「私」がその子どもに何をしてしまったのか、ということではなく、これから「私」がその子どもの未来をどうするのか、ということなのだ。

それでは、契約による責任と自然による責任は、どのように関係しているのだろうか。ヨナスは次のように述べる。

> 明らかに、（法的な地位から区別されたものとしての）道徳的な地位において、たとえ定義が困難であるとしても、自然による責任はより強力な責任の種類である。そしてそれ以上に自然的な責任は、そこからあらゆる他の責任が、究極的にはその多かれ少なかれ不確かな妥当性を受け継ぐところ

の、根源なのである。次のように言うこともできよう。「自然による」責任が存在しなかったら、「契約による」責任も存在しなかっただろう、と。[*10]

ヨナスによれば根源的な責任とは自然による責任であり、契約による責任はそこから派生している二次的な概念に過ぎない。

契約責任と自然責任を比較したとき、未来世代への責任を説明する上で適しているのは、明らかに自然責任である。なぜならそれは、子どもへの責任において示されているように、契約に基づくことなく、未来に関わる責任のあり方だからだ。もっとも、ここでなされているのはまだ「さしあたりの区別」[*11]でしかない。自然責任が本当に存在しうるのか、それがどのような構造をもつ責任概念であるかは、この段階ではまだ不明である。しかし、少なくとも、自然責任の概念を解明することができれば、そこから未来世代への責任を基礎づけることも可能になるかもしれない。そのように見込むことは可能であろう。

他者への気遣いとしての責任

『責任という原理』においてヨナスは、契約責任と対比するときにだけ、「自然責任」という呼称を用い、そうした対比が行われていない文脈では、自然責任を指して単に「責任」という言葉を使っている。『責任という原理』の別の箇所ではこの責任概念は次のように定義されている。

責任とは、義務として承認された、他者の存在への気遣い（Sorge）であり、それはその他者の傷つきやすさの脅威に際しては「憂慮（Besorgnis）」になる。[*12]

この短い定義のなかにヨナスの責任概念の特徴が凝縮されている。それらは次のように展開することができる。

第一に、ヨナスによれば、責任とは他者へと向かう配慮である。他者の関係しないところにはいかなる責任も生じない。したがって、他者に対して何の関係もない行為に責任は生じない。ヨナスは次のようにも説明している。「『責任』は、『義務（Verpflichtung）』一般と同じものではなく、その一つの特殊な事例である。義務はある行為それ自身のまったくの内部に位置づけられうるが、責任は行為を超え、外部との関係をもっている」[*13]。たとえば、嘘をつくべきではない、ということは一つの道徳的な義務かも知れない。それは嘘をつくという行為に内在する規範であり、それに従う限り、私たちは自分自身に対しても嘘をついて生きるべきではない。ただし、自分に嘘をつかないで生きることは、決して自分への責任ではない。なぜならそれは他者に関わる行為ではないからだ。この点でヨナスは、道徳への動機づけとして道徳法則への尊敬を挙げるカントと、鋭く対立する。

第二に、責任は他者の存在を配慮することである。ここで強調されているのは「存在」に他ならない。つまり、他者がこの世界に存在できること、その存在が脅かされないことが、責任が配慮するべきことなのである。それは言い換えるなら、他者の幸福を配慮することが責任ではない、ということだ。私たちは他者の命を助ける責任を負ってはいるが、しかし、他者の幸せを実現する責任は負っていない。
そして第三に、これは第二の論点と関係するが、責任において他者への配慮が強く求められるのは、他者の「傷つきやすさ」が露わになっているときである。目の前にいる他者に脅威が迫り、放っておいたらその他者が傷つき、そして死に至る恐れがあるとき、私たちはその他者の存在への「顧慮」として責任を引き受ける。この意味において責任とは弱いものを守る配慮という性格をもっている。リクールが指摘するように、このように傷つきやすさとの連関を強調している点に、ヨナスの責任概念の大きな特徴がある。[*14]

これらの点から明らかになるのは、責任は守る者と守られる者の間で生じるものである、ということだ。両者の間には明らかな力の格差がある。つまり、その存在を脅かされているものは弱く、その存在を配慮できるものは強い。この意味において責任は強者による弱者への配慮という形で生起するのであり、そこには不均衡な力関係がある。すなわちヨナスによれば、「力または権限が明らかに対等でないということが、責任という関係には含まれる」[*15]のである。

ここから責任概念をめぐる分析はさらに次の二つの方向へと分岐することになる。一つは、責任によって守られるものとは何か、すなわち責任の対象とは何かという問いである。前述の通り、責任の対象は「私に一定の行為をするように要求を掲げてくる」ものである。しかしその要求とは具体的には何なのか、そしてその要求は果たして妥当であると言えるのかを、さらに考える必要がある。そしてもう一つは、そうした対象に責任をもつものは何なのか、すなわち責任の主体とは何かという問いである。責任の主体は対象よりも強い力をもつものである。しかし、そうした力はそれ自体では道徳的な概念ではない。責任の主体には、こうした力の強さとは別に、何らかの責任能力が求められるはずである。ではその能力とはいったい何なのか。

以下では、この二つの方向から考察を深めることで、ヨナスの責任概念の全容を解明していこう。

2 責任の対象

責任とは、他者を幸福にすることではなく、他者の存在への配慮である。しかもそれは、契約責任として他者との合意に基づいて生起するのではなく、自然責任として、そうした合意なしに生起する。ヨナスはそうした責任の対象の典型として子どもを挙げる。ただし、もちろん責任の対象は子どもだけではない。人間は子ども以外のものにも責任をもつことができる。しかし、だからといってあらゆる存在が責任の対象になるわけではない。それでは、責任の対象となるための条件とは何なのだろうか。

生命の「呼び声」

前述の通り、責任が強調されるのは他者の傷つきやすさが露呈したときである。ここから明らかになるのは、責任の対象となりうるのは、傷つきやすさを抱えた存在であるということだ。それでは、傷つきやすさを抱えた存在とは何だろうか。

それは、ヨナスの哲学的生命論に従うなら、生命に他ならない。第5章で述べられた通り、ヨナスは生命のうちに窮乏する自由を分析し、その存在を実存として解釈していた。窮乏する自由をもつ、ということとは、生命が物質から独立した存在でありながら、しかし物質に依存することでしか存在できない、ということを意味している。だからこそ生命は本質的に傷つきやすい存在であり、その傷つきやすさが、翻って生命に自らの存在に強調された意味を与える。死の脅威に抗《あらが》いながら、自分の存在を保持しようとする営みが生命の実存であって、生命はそうした目的保持性を有している。

ヨナスは、こうした生命の目的保持性のうちに責任の対象の根拠を洞察し、次のように述べる。

そもそも目的をもつことができるという能力のうちに、私たちは、それ自体としての善（Gut-an-sich）を認めることができる。そうした、それ自体としての善は、存在しているが何の目的を備えていないということよりも、無限に優越している。このことは直観的に明らかであろう。[*16]

ヨナスによれば、目的保持性は「それ自体としての善」である。[*17] そして目的保持性を備えているのは生命だけである。したがって生命の存在はそれ自体としての善である、と考えることができる。だからこそ、その存在が脅かされたとき、つまりその生命の傷つきやすさが露わになったとき、生命の存在は、配慮されるべきものとして、守られなければならないものとして、周囲に助けを求めるのである。ヨナスはそうした表現を「呼び声（Anruf）」[*18] として性格づける。この呼び声に応答し、危機に瀕した生命を配慮し、その存在を助けることが、責任に他ならないのだ。[*19] ヨナスはそうした状況を次のようにも説明している。

価値をもった存在〔生命〕は、実践的な主体としてのこの私に、何かを要請する。その要請が具体的なものになるのは、次のような場合だ。すなわち、（a）この存在が、生物の本質的で恒常的な脆弱さのままに、傷つきやすいものであるということであり、そして（b）その存在が、そうした傷つきやすいものとして、私の行為の圏域に入り込んでおり、私の力にさらされている、ということだ。それがたとえ偶然にであっても、私自身の意志によってであっても変わらないし、後者の場合には、責任はそれだけ一層拘束力を強める。[*20]

ここでヨナスは責任の対象の条件として次の二つを挙げている。すなわち、第一に、それが「傷つきやすいものであるということ」であり、第二に、「私の行為の圏域に入り込んでおり、私の力にさらされている、ということ」である。この第二の条件で示されていることは、そもそも「私の行為の圏域」に属していない生命は、「私」の責任の対象にはならない、ということだ。「私」に対して責任を喚起する「呼び声」は、いま目の前に存在する生命によって発せられるのであり、そこには具体性と切迫性が伴っていなければならないのである。

この意味においてヨナスにとって生命の善とは、プラトンが考えていたように超時間なものでもなければ、アリストテレスが考えていたように卓越性に即した自足的活動でもなく、その弱さや傷つきやすさに根差したものなのだ。

乳飲み子への責任

生命の存在はそれ自体で善い。それがヨナスの責任概念の基本的な前提である。ただしそれはあくまでも「直観的に明らか」なだけであって、それ自体が何らかの論証によって基礎づけられているわけではない。ヨナスはそれを「存在論的な公理」[*21]とも呼んでいる。しかし、そうであるとしたら、この前提の妥当性は直観以外には何にも担保されていないことになる。そのため、この直観を共有できない者に対しては、この前提はいかなる説得力ももたない。言い換えるなら、この前提がどれほど説得力をもっているのか、ということは、その直観がどれほど普遍的であるかにかかっている。

こうした観点から、生命の存在が善であることを直観的に確信させる「範例（Paradigma）」[*22]として挙げられるのが、「乳飲み子」である。「生まれたばかりの子ども。その呼吸は、ただそれだけで、周囲に対して反論の余地なく、自分を世話することへの当為を向ける。見れば分かることである」[*23]。ヨナスによれば、「私」の目の前に乳飲み子が存在し、そしてその乳飲み子を助けることができるのが「私」だけであるとき、「私」はこの乳飲み子を助けなければならないと感じる。ヨナスは、そうした状況に遭遇すれば誰であってもそう感じるはずだと考え、次のようにも述べている。

> 一つの単なる存在者である赤ん坊は、その存在が目に見える仕方で他者にとっての当為を内在していると、私は本当に厳密に思う。[*24]

先行研究において、こうしたヨナスの直観主義的な説明は繰り返し批判されてきた。[*25] 実際に、あらゆる人々が乳飲み子に対して責任を感じると言えるかについては、大いに疑問の余地がある。しかし、ここではいったんヨナスの主張を受け入れるとしよう。乳飲み子が責任の対象の範例であるということは、責任の対象がもつ諸性格が、乳飲み子の存在のうちに集約的に示され、いわば代表されている、ということを意味する。ヨナスは次のように述べる。

> 乳飲み子において表明される「当為」は疑いえない明白さ、具体性そして緊急性をもっている。個別性の最たる事実性、個別性への最たる権利、そして存在の最たる脆さが、ここには同居している。責任のありかとは、生成の海につかり、可死性に委ね渡され、消滅の脅威に震える存在である。乳飲み子はこのことを模範的に示している。責任は、物事を永遠の層のもとに見るのではなく、時間の相のもとに見なければならない。責任は一瞬にしてすべてを失うこともありうる。乳飲み子のように、存在の傷つきやすさが私たちを呼び止めるほど危険なものである場合、責任はこうした一瞬一瞬の連続として生じる。[*26]

責任の対象は生命である。生命は本質的に傷つきやすさを抱えた存在である。そうした傷つきやすさが私たちに対して「呼び声」を発する。そうした事態をもっとも明瞭に突きつける存在こそが、乳飲み子に他ならない。言い換えるなら、乳飲み子の存在は、責任の対象が何であれ「生成の海につかり、可死性に委ね渡され、消滅の脅威に震える存在」であること、そしてそれが多かれ少なかれ乳飲み子の傷つきやすさを共有していることを示しているのである。

同時に、乳飲み子が責任の対象の範例であるということは、その責任を放棄することが何にも増して許されない、ということでもある。こうした観点から、ヨナスは「子どもが飢え死にすること、そうした事態の発生を許すこと」を「第一の、もっとも基本的な責任を踏みにじること」[*27]として解釈している。[*28]

子どもの他者性

前述の通り、責任は対象との同意なしに生起する。それは責任が言語によるコミュニケーションを必要とせず、責任の対象が意志疎通できないものでもありえる、ということを意味する。「私」は、「私」が話をすることができるもの、「私」と同じ共同体に属するものだけに責任を負うのではない。この意味において責任の対象は、生命であると同時に他者性を帯びている。ヨナスは次のように述べる。

> 責任の対象は、滅びゆくものである。滅びゆくものであるからこそ、責任の対象になる。しかし、私と責任の対象の間にはこうした〔共に滅びゆくという〕共通性があるにもかかわらず、責任の対象は私に対立する「他者」である。どんな古典的な倫理学の超越論的対象と比較しても、この他者が私に対して加担しうるわけではない。他者は、卓越してより善いものとしてではなく、その他者がもつ根源的な権利において、自分自身であるというだけである。そしてこの他者性は、私が他者と同化しようとすることや、あるいは他者が私に同化することによっては、架橋されえな

い。[*29]

ヨナスによれば、責任の対象となる他者は、「私」と他者がともに傷つきやすい生命であるという「共通性」をもつものの、しかし「私に対して加担しうるわけではない」。他者への責任に応えるからといって、「私」がその他者から褒めてもらったり感謝されたりするとは限らない。また、それはその他者の「他者性」を否定して、「私が他者と同化しようとすること」を意味するわけでもない。他者への責任に応えることは、他者が「私」とは違う存在であること、「私」にとって意のままにならない存在であることを前提とするのである。

責任は強者による弱者への配慮である。「私」が他者に責任を負うとき、少なくとも「私」は他者よりも強いのであり、だからこそその他者を守ることができる。しかしそれは他者を支配することを意味するわけではない。このようにして責任は他者の他者性への尊重と不可分なのである。[*30]

こうした責任における他者性の尊重は、子どもへの責任においても明瞭に示される。ヨナスによれば、「責任は、まさにその全体性において、何かを規定する（bestimmend）ものではなく、ただ可能にする（ermöglichend）もの（言い換えるなら、準備し、開いたままにするもの）でしかありえない」[*31]。子どもへの責任が果たすべきことは、あくまでも、その子どもが何かをできるようにすること、その子どもに何かを可能にすることだけである。それに対して、その子どもがどのように生きるかを親が決めつけ、親の理想を押しつけることは、子どもの他者性を否定するものとして退けられる。さらにヨナスは親の責任について次のように続ける。

責任の対象が自分の未来をもっているかということが、責任のもっとも本来的な未来という側面である。責任が最高の仕方で果たされるのは――責任はあえてそれを試みることができるのでなければならないが――、その成長の世話をしてはきたが、まだ成長を終えたわけではないものの権利を認めて、潔く身を退《ひ》くことである。*32

ヨナスによれば、子どもの他者性を尊重しなければならない以上、親はいつか「潔く身を退くこと」ができなければならない。親は永遠に子どもの保護者に留まろうとしてはいけない。そうした「子離れ」を拒絶し、子どもが親に依存するよう仕向けることは、親の責任に悖《もと》る行為である。

3　責任の主体

前節では責任の対象について考察した。引き続いて本節では、責任の主体をめぐるヨナスの考察を取り上げる。前述の通り、責任の主体とは「責任能力（Fähigkeit zur Verantwortung）」をもつものである。そのとき、責任能力とはそもそも何を意味しているのだろうか。責任能力をもつものともたないものの境界線は、どこに引かれるのだろうか。

責任と自由

責任とは傷つきやすい他者の存在への配慮である。責任の対象と主体の関係は、さしあたり、弱者と強者の関係として捉えることができる。したがって、さしあたり責任の主体に求められる条件は、それが責任の対象よりも強い力をもつ、ということだ。ヨナスは次のように述べる。

> 責任の第一の、そしてもっとも一般的な条件とは、因果的な力である。それが意味しているのは行為が世界に影響を与えるということだ。第二の条件は、その行為が行為者のコントロール下にあるということである。そして第三の条件は、行為者は自らの行為が一定の範囲に及ぼす帰結を予見できるということである。これらの必要条件のもとで「責任」は可能である。[*33]

ヨナスによれば、ある他者への配慮が「私」の責任となるのは、第一にその他者に迫る脅威が「私」の「因果的な力」によってもたらされていること、第二に「私」がその脅威を「コントロール」できること、そして第三に自分の行為の「帰結」を「私」が「予見」できるということである。もしも「私」にこうした力が欠けているのであれば、「私」が他者に責任を負うことはない。

ただしそれは、強い力をもっていればどのような存在でも責任の主体になる、ということを意味するわけではない。ヨナスによれば、責任の主体に求められるのは、その力をどのように行使するかを自由に選択できる、ということである。「責任能力は、つまり一つの倫理的な能力は、知識と意志によって行為の選択肢から何かを選ぶという、人間の存在論的な権能（ontologische Befähigung）に基づいている」[*34]。

なぜ、何かを選択できるということが、責任の主体には求められるのだろうか。それは、選択の自由があるからこそ、人間はある行為をしないことができるからだ。たとえば「私」の前に傷ついた子どもがいて、その子どもを守れるのが「私」だけであるとする。そのとき「私」はその子どもを守る責任を負うが、しかし、そうした責任が発生するのは、「私」がその子どもを守ることも守らないこともできるときだけである。なぜなら、そうした開かれた選択肢から一つを選ぶからこそ、「私」はその行為の原因になれるからである。もしも「私」がどう足掻《あが》いてもその子どもを守れない状況に置かれているなら、そもそも「私」には選択の自由が閉ざされているのだから、そこに責任は発生しない。

言い換えるなら、行為を選択する自由をもたないものは、どれほど強い力をもっていても責任の主体にはなれない。たとえば大型の動物は人間よりもはるかに強い力をもっている。しかし、ヨナスによれば、動物は自然の必然性に従って行為しているのであり、行為を選択する自由はもっていない。したがって動物が責任の主体になることはないのである。

責任が自由を前提とする、ということは、私たちの常識的な責任能力の理解と照らし合わせても、決して不思議なものではない。たとえば日本の法律においても、心神喪失者には責任能力が認められず、刑罰が与えられなかったり、損害賠償が請求されなかったりする。ただしヨナスは、こうした選択の自由だけでは不十分であり、責任の主体にはもう一つの別の自由が必要である、と考えている。

「呼び声」を聴くこと

前節で述べられた通り、責任は責任の対象の「呼び声」によって喚起される。そうであるとしたら、責任の主体が対象に責任をもつことができるためには、行為を選択する自由を発揮する前に、その「呼び声」に耳を傾け、そこに自分の助けを必要とする生命が存在する、ということを理解できなければならない。これが責任能力に求められるもう一つの自由である。ヨナスは次のように述べる。

実際、規範的な原理の独自の意味には、次のことが属している。すなわち、当為の呼び声は、その構成に従って、つまり本性によって、その呼び声を受け止めることができる存在に対して向けられている、ということだ（言うまでもなく、このことはその呼び声に従属するということまでをも保証するわけではない）。もし、「あなたはしなければならない」という呼び声を聴くことができ、またその声に自らを調律させることができるひとが誰もいなければ、つまりその声に耳を傾けるひとが誰もいなければ、その声はまったく存在しないことになるだろう。こうしたことは十分に語られうることだ。これが意味しているのは、人間がこうした受容の可能性を所有し、そしてこの受容の可能性によってのみ反道徳的にもなりえるのだから、人間は潜在的にはすでに「道徳的な存在」である、ということ以外の何ものでもない。[*35]

ここで説明されている通り、ヨナスは責任能力を、「呼び声」に対する「受容の可能性」として解釈している。ここで注意されるべきことは、責任能力が、「呼び声」に応答して行為をする能力ではなく、その「呼び声」を単に聴くことができるという能力である、ということである。なぜなら、人間は「呼び声」を聴いたにもかかわらずその声に反する行為をすることもできるからだ。その場合そうした行為は、責任があるにもかかわらずその責任を放棄したことになるのだから、「反道徳的」と判断される。[*36]

これに対して、もしも最初から「呼び声」が聴こえていないのだとしたら、その声に反する行為をとったとしても、それが反道徳的であるとは言えない。なぜなら、「呼び声」が聴こえていない以上、その行為をした者はそもそも責任の主体ではなく、最初から責任を負っていないからである。では、責任能力が「呼び声」への受容性であるとして、その受容性はどのような能力なのだろうか。どのような条件を満たしている者がこうした受容能力をもつのだろうか。

ここで思い起こしておきたいのは、責任の対象の「呼び声」が、その存在のそれ自体の善に基づいて表現される、ということである。「それ自体の善」ということが意味しているのは、生命の存在はただそれが生命であるというだけで善い、ということであり、何かの役に立つから善い、ということではない。つまり責任の主体が対象に責任を負うのは、その対象が主体にとって役に立つから、有益であるからではない。むしろ反対に、責任を負うことはその主体にとっては迷惑であったり、損害を与えたりするかも知れない。そうであるにもかかわらず、生命の存在は善いと考えられるからこそ、その存在は「それ自体としての善」として性格づけられているのである。[*37]

そうであるとしたら、「呼び声」への受容性は、自らの私的利害に囚われずに生命の存在の価値を認めることができる、ということを必要とする。すなわち私的利害から自由であることが責任能力の不可欠の要素である。ヨナスは次のようにも述べる。

> 人間の意志は、自分の命に関わるような目的を超え出る目的にも応答可能である。この事実——それは、理性という自然の奇跡と結びついているが、しかし、それから区別もされる奇跡である——が、人間を道徳的な存在者にする。この応答可能性というものが、理性の中立無関心な自由を補足し、かつ制限もするのである。[*38]

ヨナスによれば「呼び声」への受容性すなわち「応答可能性」とは、「自分の命」を超えた目的のためにも開かれている。このような意味で責任能力は私的利害から自由であることを必要とする。自分の命や利益だけに固執している者には他者への責任に応えることができない。ヨナスはこうした自由を「人間の道徳的な自由」とも呼んでいる。[*39]

責任能力は道徳的な自由を前提とする。ヨナスによれば、この自由をもつことができるのは、あらゆる存在者のなかで人間だけである。ヨナスはさらに次のようにも述べている。

> 人間は、私たちが知る存在のなかで、唯一、責任をもつことができる存在である。私たちはこの「できる」を単なる経験的な所見を超えたものとして認識している。私たちはそれを、人間に備えられた諸能力において、人間を人間として類別する決定的な本質的メルクマールとして認識しているのである。[*40]

以上において、本章ではヨナスの責任概念を分析してきた。第4章で述べた通り、未来世代への倫理を基礎づけるために、未来世代の存在がそれ自体で善いものであり、したがって未来世代は存在するべきである、と考えることができるような、存在と当為を一体のものとして捉える倫理学的概念が求められていた。これに対して、傷つきやすい他者の存在への配慮として説明される責任は、この要求を満たす概念として位置づけられる。

もっとも、ここではまだ未来世代への責任までもが説明されたわけではない。本章で論じられた責任概念の構造が、どのようにして未来世代への責任へと展開していくのか。それを次章で検討していこう。

第7章　未来世代への責任——未来倫理学Ⅱ

夢のなかから責任が始まる

——ウィリアム・バトラー・イェーツ『責任とその他の詩』

『一〇〇〇〇〇年後の安全』というドキュメンタリー映画がある。フィンランドで建設が決定された、世界初の放射性廃棄物の最終処分場をめぐって、関係者の間で交わされた議論を追跡したものである。マイケル・マドセンが監督を務め、日本では東日本大震災の直後に公開された。

この最終処分場は、フィンランド語で「洞窟」を意味する「オンカロ」と名づけられた。一般に、高レベル放射性廃棄物の放射線量が、自然放射線レベルにまで低下するのに、およそ一〇万年が必要であると言われている。そのため最終処分場は一〇万年間の放射性廃棄物の貯蔵・保管に耐えうるように設計されていなければならない。それほどの長期の耐用年数をもつ建築物を作ることは前人未到の試みである。映画では関係者がこの壮大なプロジェクトに苦悩するさまがありありと描き出されている。

映画のなかで一つの論点になるのは、未来世代に対して、ここが最終処分場であることをどのように伝えるか、ということだ。もしも未来の人々が、その地が最終処分場であることを知らずに、地中深く掘り返したりでもしたら、地上に放射性廃棄物が漏出し、甚大な事故が引き起こされるかも知れない。そうした事故を未然に防ぐために、地上にはその下に放射性廃棄物が埋められていることを示すための、何らかの案内が示されていなければならない。

議論が紛糾したのは、何語でその案内を示すべきなのか、ということだ。フィンランド語を使えば当分の間は十分に機能するだろう。しかし、五〇〇〇年後、一〇〇〇〇年後にその地に住む人々がフィンランド語を使っている保証はない。そもそもそこにフィンランドという国家が存在しているという保証さえない。[*1]

では英語なら安心できるかと言えば、もちろんそうはならない。英語が世界の共通言語のように扱われるようになったのは、およそ一世紀前のことでしかない。それに対して、ここで問われているのは一〇〇〇〇世紀先の未来なのである。

結局、議論は平行線を辿った。不吉な絵を組み合わせたり、地上に近寄りがたい不気味な建築物を建てたりするという、奇抜だが現実的なアイデアも出てきた。どのような結論を迎えたかについては、実際に映画を鑑賞していただくのがよいだろう。

未来倫理学もこれと同じ問題に直面する。もしも私たちに未来世代への責任があるのだとしても、その未来世代は一〇〇〇年後、一万年後、一〇万年後の人々でもありえる。その人々は、ほとんど間違いなく、私たちとは異なる言語を話し、私たちとは異なる世界観をもち、私たちとは異なるものを信じているだろう。この意味において未来世代はまったくの他者である。そうした未来世代への責任は一体どのように説明されるのだろうか。本人たちが何を望むのか、何を幸福だと思うのかさえ分からないのに、そうした未来世代への責任を果たすことなど、本当に可能なのだろうか。

もちろんヨナスの答えはこうだ——できる。ただしその責任を説明するには少々回り道をしなければならない。

1　未来世代への責任の基礎づけ

前章の内容を確認しておこう。

責任とは傷ついた他者への配慮であり、それは責任の対象と主体という二つの要素から成り立っている。責任の対象は生命であり、責任の主体は人間である。「私」の目の前に傷つきやすい生命が存在し、その生命の生死が「私」の力に委ねられているとき、「私」はこの生命に対して責任を負う。それが責任の基本的な構造であり、そのもっとも範型的な姿は、乳飲み子への責任である。

しかしここから直接に未来世代への責任が基礎づけられるわけではない。なぜなら未来世代は私たちの目の前にはまだ存在しないからである。存在しないものには、当然のことながら、「呼び声」を発することなどできない。そうである以上、未来世代への責任は「呼び声」への応答とは異なる論理によって説明されなければならない。

すべてに先行する責任

前述の通り、その論理を説明するために、ヨナスは少々回り道をする。

私たちはあらゆる生命に対して責任を負う。しかし、言うまでもなく、私たちにはすべての生命を救うことができるわけではない。私たちの力には限界がある。たとえ目の前に傷ついた生命が現れたとしても、助けられないこともある。だから私たちは、責任を果たすべき対象と、果たすことができない対象とを選択することを余儀なくされる。

では、責任の対象にはどのような優先順位があるのだろうか。私たちに救うことができる生命が限られているとき、優先して救われるべき生命は何なのだろうか。

結論から言えば、ヨナスはこうした優先順位について明瞭な基準を示していない。しかし一つだけ例外がある。すなわちそれは、あらゆる生命のなかで、人類の存続への責任が最優先にされる、ということだ。

> 「人間の尊厳」をそれ自体として語るなら、その尊厳は常にただ可能的なものとして理解されうる。さもなければ、それは許しがたい虚栄を語ることでしかない。そして、こうしたことのすべてに常に先行しているのは、人類の実在である。〔中略〕要するに、それ〔人間の尊厳〕は人類自身を義務づける常に超越的な可能性なのであって、この可能性は人類の実在によって開かれ続けなければならないのだ。〔人類の〕実在への義務とは、宇宙的な責任（kosmische Verantwortung）としてこの可能性を保護することに他ならない。極端な言い方が許されるなら、責任が存在するという可

能性が、すべてに先行する責任である。[*2]

極めてヨナス的な晦渋《かいじゅう》な文章である。しかしこれは『責任という原理』の最重要箇所であるため、少し立ち入って解釈してみよう。

ヨナスはここで「人間の尊厳」について語っている。さしあたりそれは責任能力を指していると考えられる。ただし、ヨナスが留保しているように、それは「可能的なもの」である。人間が責任能力をもつということは、決して、人間が常に責任を果たすことを意味しないからである。その可能性は人類の「実在」を前提としている。なぜなら、人間が責任を果たすことは、それに「先行して」、人類が「実在」していなければ不可能であるからだ。要するに、人間が責任を果たすことができるためには、そこに人間が存在していなければならない、ということである。

そんなことは、わざわざ改まって指摘するまでもないことであるようにも思える。しかしヨナスの分析はここを基点に展開していく。

責任概念は、責任の主体と対象という二つの要素が揃って初めて成立するものだった。どちらか一方でも欠けてしまったら責任概念は成立しない。責任の対象は、すべての生命が担いうるのだから、どんな生物種であっても構わない。それに対して、責任の主体は人間だけなのであるから、人間がこの世界からいなくなってしまったら、もはやこの世界では責任が不可能になってしまう。この意味において人間は、あらゆる生物種において唯一、責任の可能性を担う存在なのである。

そうであるとしたら、責任の可能性が人類の実在を前提とするものであり、そして責任の可能性を担う存在が人間以外には存在しないのだとしたら、人類の実在は責任の可能性一般の条件である、と考えることができる。こうした観点から、ヨナスは責任能力を一つの「超越的な可能性」として捉え、それが「人類の実在によって開かれ続けなければならない」という義務を意味していると述べる。ここで言う超越的な可能性とは、言い換えるなら、「責任が存在するという可能性」であり、その可能性を開き続けるために、人類は実在しなければならない。そして、責任の可能性への責任が、「すべてに先行する責任」であるからこそ、人類の実在への責任は、あらゆる責任に先行するのである。

したがって人間は責任の対象として最優先にされなければならない。ただしそれは、人間が存在するためにそれ以外の生物種を犠牲にしても構わない、ということを意味するわけではない。この点を繊細に理解する必要がある。

ヨナスはここで「責任が存在するという可能性が、すべてに先行する責任である」と言う。それが意味しているのは、様々な責任が並び立つなかで、責任が存在するという可能性を否定する責任は、つまり人間の存在を否定することでしか成り立たない責任は、そもそも不可能であるということだ。

少し極端な例を考えてみよう。地球に巨大な彗星が迫っているとする。それが地球に衝突することは不可避であり、それによってすべての生命は死滅する。唯一助かる見込みがあるのは、宇宙船に乗って宇宙へと脱出することだけである。このとき、私たちは地球上のすべての生命に対して責任を負うことになるが、宇宙船が有限である以上、助けることができる生命には限界がある。そのとき、ヨナスの発想に従うなら、たとえば人間ではなく猫を宇宙船に乗せて脱出させ、人間を他の生命とともに絶滅させることは許されない。

なぜ許されないのか。それは、人間の絶滅が責任の可能性の否定を意味するからだ。人間を犠牲にして猫を生き残らせる責任は、責任の可能性を否定する責任である、ということになるが、それは明らかに自己矛盾を犯している。責任の可能性が否定されているのなら、そもそも猫への責任を果たす意味もなくなるからである。

したがってこの例において、責任の果たし方として唯一可能なのは、人間を可能な限り多く宇宙船に乗せて脱出させることだけである。この意味において「人間の実在」はあらゆる責任に先行している。もっとも、こうした優先が求められるのは、右の例のような極めて極端なケースにおいてだけ、つまり人類という種族全体の存亡と、他の生物種の存亡とが天秤にかけられ、そのどちらかしか選べないという状況においてだけであることは、留意すべきだろう。

ヨナスはこうした観点から、人類の存続への責任を、責任が存在できるための条件への責任という意味で、「存在論的命令（ontologische Gebot）」、あるいは「第一の命令（erste Gebot）」と呼ぶ。

「未来の人間は存在するべきである」

責任が可能であるためには、この世界に人類が存在しなければならない。『責任という原理』におけるこの発想は、後年に公刊された『哲学的探究と形而上学的推測』において、一層洗練された形で再び提示される。ヨナスは次のように述べる。

責任能力を所有するということは、事例ごとに移り変わる行為の諸対象への義務をもつ、ということである。しかし、それ以外に、責任能力それ自身は、同時に責任能力を自らの対象にもする。それによって、責任能力の所有は、この世界に責任が現前することの存続を義務づける。この現前は、責任能力をもつ被造物〔人間〕の現実存在と結びついている。したがって責任能力は、それ自身において、責任のその都度の担い手に対して、未来の担い手が現実に存在することが可能であることを義務づける。責任に内在する命令は、責任がこの世界から消えてはならないと語る。これに基づいて、未来の人間は存在すべきなのだ。[*3]

ここでも少し細かく解釈していこう。ヨナスが言う「事例ごとに移り変わる行為の諸対象」とは、私たちがその都度出会う生命である。たとえばそれは、あるときには乳飲み子だろうし、あるときには猫でもありえる。しかし、「それ以外」に、責任能力は「同時に責任能力を自らの対象」にもするのであり、「この世界に責任が現前することの存続」への責任をも要請するのである。前述の通り、責任能力をもつのは人間だけであり、だからこそ、責任の現前は人類の実在によって支えられている。したがって、責任が現前し続けなければならないからこそ、「責任のその都度の担い手に対して、未来の担い手が現実に存在することが可能であること」が義務づけられるのである。

つまりこういうことだ。何かに対して責任をもつことができる、ということは、それ自体が未来においても責任の主体が存在することを要請するのであり、その要請と両立する形でしか成り立たない。この要請が満たされるために未来世代は存在しなければならない。ヨナスはこのようにして未来世代への責任を基礎づけるのである。ヨナスは、こうした、「ある特定の責任の義務、つまり人間の未来に対する責任の義務を、責任という現象それ自身から、形而上学的に演繹する」ことによる未来世代への責任の基礎づけを、「形而上学的演繹（metaphysische Deduktion）」[*4]と呼ぶ。

この基礎づけにおいて特徴的なのは、未来世代への責任が、未来世代それ自体を目的にしたものではない、ということだ。もっとも重要なのは「責任がこの世界から消えてはならない」ということであり、未来世代の存続は、この目的を達成するための手段として要請される。未来世代は、あくまでも責任をこの世界に成立させるためのエージェントとして、いわば責任能力のキャリアとして、存続することを義務づけられるのである。ヨナスによれば、「第一の命令で私たちが責任をもつのは、将来の人間に対してではなく、人間の理念に対してである」[*5]。つまり、この世界において人間が責任の主体として存在する、ということが「第一の命令」なのであって、未来世代への責任は、この第一の命令を実現するために導き出される命令に過ぎないのだ[*6]。

それは、言い換えるなら、未来世代への責任が、未来世代の幸福を目的としたものではない、ということを意味する。未来世代が求めること、望むことを叶えてやることが、未来世代への責任ではない。ヨナスによれば、「後世の者たちが幸福になる権利ではなくて、むしろその義務、つまり真に人間として存在するという義務を気遣わなければならない」のであり、「だから私たちは、この義務を果たす能力、すなわち、この義務を自ら引き受ける能力が後世の者たちに備わるよう気遣わなければならない」[*7]。第一の命令が、つまり存在論的命令が要求するのは、未来世代が望むと望まざるとにかかわらず、未来世代が責任の主体として存在することである。この意味で未来世代への責任とは、より厳密に表現するなら、未来に責任を託す責任なのである。

こうした観点から、ヨナスは、第一の命令をカントの定言命法にならって次のように定式化する。すなわち「あなたの行為の影響が、地上における本当に人間らしい生き方の存続と両立するように、行為せよ」[*8]。「本当に人間らしい生き方」で存在する、ということは、責任の主体として存在する、ということに他ならない。私たちは、未来世代が責任能力を失わないように未来世代に配慮するべきであり、またそうした事態が起こりえる可能性を回避する責任を負っている。それがヨナスによって導き出される未来世代への責任なのである。

2　開かれた歴史への責任

ヨナスは科学技術文明における未来への脅威を語るとき、しばしばオルダス・ハクスリーの『すばらしい新世界』を引き合いに出す。一九三二年に執筆され、官僚的な全体主義とテクノロジーが密接に結びついた世界を描き出したこの作品は、ディストピアSF小説の古典的な傑作として知られている。

この作品世界において人々は生まれつき階級制度に服している。最下級の人々は意図的に知能や身体能力を低下させられており、退屈で単純な仕事に就くことを定められている。人々は不快な気分になったら「ソーマ」と呼ばれる合法薬物を服用できるため、社会に対して疑問を抱かず、多幸感に包まれている。子どもの出生は工場で行われ、その品質を含めて完全に人工的に管理されている。

その世界は完全に安定した社会として、文字通り（皮肉を込めて）「すばらしい新世界」として描かれる。そこでは、人類は絶滅していないし、絶滅を招き寄せる脅威も徹底的に排除されているし、人々は幸福に生きている。

そうした未来をもたらすことが、果たして未来世代への責任だろうか。直観的にはそう思えない。しかし、そう思えないのはなぜだろうか。

前節のヨナスのロジックに従って説明するなら次のようになる。なぜなら、そのとき人々はもはや責任の主体としては存在していないからだ。嫌なことがあったら薬物を服用して問題から逃避し、またそもそも社会に問題を感じないよう身体を管理された世界に、一体いかなる責任が成り立つというのか。たとえ人類が実在しているのだとしても、その世界からは責任の可能性は根絶やしにされているのである。

しかし、さらに次のように問い直すこともできるだろう。私たちは何をもって「責任能力がない」と考えるのだろうか。どのような社会状況に陥ったとき、人間は責任の主体である資格を失うのであろうか。あるいは、責任能力をもち、責任の主体であり続けるためには、人間はどのように存在するべきなのだろうか。

形而上学の開放性

第一の命令は、この世界から責任の可能性が失われないことへの責任である。人間は、この世界における唯一の責任の主体として、責任の可能性を担う存在である。だから人間はこの世界において存在しなければならず、未来世代が存在しなければならない。このとき未来世代はあくまでも責任の主体として存在するのでなければならない。したがってここでは、未来世代が「現実に存在すること（*Dasein*）」だけでなく、「どのように存在するか（*Sosein*）」[*9]も問われることになる。[*10]

責任の主体として存在する、ということは何を意味するのだろうか。第6章で論じられた通り、人間が唯一の責任の主体であるのは、人間だけが道徳的自由をもつからだ。したがって、未来世代への責任は、未来世代が道徳的自由をもつことへの責任として、言い換えるならその自由を奪われないことへの責任として、読み替えることができる。

しかし、読み替えてみたところで、依然として問題は変わっていない。人間の道徳的自由とは何だろうか。どのような事態に陥ったら、その自由は脅かされ、失われるのだろうか。

結論から言えば、ヨナスはこの問題に対して明示的な回答を示していない。しかしその手がかりは、本書が最初に考察した、哲学的人間学のうちに見出すことができる。

道徳的自由が人間だけに認められる理由は、その自由が人間だけがもつ超動物的な自由に根差している。その自由とはすなわち、第1章で論じられた、想像力に他ならない。道徳的自由は想像力を基礎にしている。そしてそれは、言い換えるなら、責任能力が想像力に根差している、ということでもある。

そうであるとしたら、責任能力が奪われないことへの責任とは、人間から想像力が奪われないことへの責任として理解することができる。留保しなければならないが、ヨナス自身がこうしたことを文献のなかで明言しているわけではなく、これはあくまでも筆者の解釈に留まる。しかし、このように解釈しなければ、『責任という原理』のいくつかの箇所はまったく理解不能になる。たとえばそれは次のような文章である。

> 人間が何であるべきか。その答えは変わりうるものだ。この常に開かれ続けている問いに関して、私たちは、この世界史的な現在の全体的危険のなかで、第一の命法、かの問いを常に既に基礎づけている命法、しかしこれまで一度も実際的なものになることのなかった命法へと投げ返されている。すなわち、人間は――言うまでもなく人間として――存在すべきである、という命法だ。〔中略〕問題なのは、特定の人間像を永続的なものと見なすことや、あるいはそうした人間像を提起することではない。そうではなく、第一に、可能性の地平を開いたままにすることである。その地平は、人間の場合には、種属それ自体の実在によってもたらされるのであり、そして――私たちが「神の似姿」の約束のために信じなければならないように――人間の本質に常に新しいチャンスを与えるだろう。[*11]

「人間が何であるべきか」。それは明らかに形而上学の課題である。しかし、この世界に唯一絶対の形而上学はない。だから「その答えは変わりうるものだ」。人間は、人間が何者としてこの世界に存在するのかについて、常に別の可能性に開かれている。しかし、科学技術文明はこの可能性を閉ざす力をもっている。どのようにしてだろうか。何が起きれば、科学技術文明は人間から別の形而上学を思い描く可能性を奪えるのだろうか。それは、想像力を失わせることによって、だ。それに対してヨナスは言う。「人間は――言うまでもなく人間として――存在するべきである」。この文脈において

「人間として」は、直前で形而上学が問題になっている以上、責任能力をもつ者としてだけではなく、想像力をもつ者として、ということを指している。そしてヨナスはそれを「第一の命法」と呼び替える。つまり、それを責任の可能性への責任に位置づけている。この表現は、責任能力が想像力と連関している、という前提を置かなければ説明できない。

責任の可能性への責任は、人間が想像力をもっていること、人間が別の形而上学へと開かれていることへの責任へと接続される。だからこそヨナスは、「問題なのは、特定の人間像を永続的なものと見なすことや、あるいはそうした人間像を提起すること」ではなく、「第一に、可能性の地平を開いたままにすること」である、と主張するのである。

私たちには未来世代と同意を交わすことができない。だから未来世代への責任は、現在世代の価値観を未来世代へと投影し、未来世代がもつ他者性を否定してしまう危険性にさらされている。そのとき私たちは、未来世代が私たちと同じ存在であることを前提とし、そしてそうであることを強制してしまう。しかし、ヨナスの立場に従うなら、それは未来世代への暴力に他ならない。未来世代は私たちとは違うものを信じ、違うものを愛し、違うものを大切に思うことができる。私たちとは別の形而上学を生きることができる。なぜなら、人間は想像力をもつからである。

未来世代への責任は、未来世代が私たちにとって他者であることを妨げるものであってはならない。そのようにして、第一の命法は、未来世代が私たちとは別の形而上学へと開かれていることへの責任として理解されなければならないのだ。

その時々に、別々の仕方で

未来世代への責任は、新しい形而上学の可能性を開き続けることへの責任でもある。第2章で述べられた通り、新しい形而上学が現れること、それによって既存の形而上学が刷新されることを、ヨナスは歴史の運動として捉えていた。そうである以上、未来世代への責任とは、同時に新しい歴史が可能であることへの責任として捉えることもできる。ヨナスはそれを端的に「歴史的責任」[*12]とも呼んでいる。

ヨナスにとって歴史とは、決して、何らかの究極的な目標へと向かう運動ではない。歴史において未来は決まっていない。ただ、現在とは異なる新しい形而上学が、予測不可能な形で現れることが、歴史を形作る運動なのである。だからこそ歴史は予測不可能である。そしてそうした歴史の予測不可能性は、人間の誕生の予測不可能性に根差している。

そうである以上、歴史が可能であることへの責任は、同時に、新しい人間が誕生できることへの責任でもある。次の文章は、第2章でも部分的に引用したものであるが、再び引こう。

> その時々に別々の仕方で本来的なものは、自分自身を証示することで生き残るか、あるいは無力に終わるのかの、いずれかでなければならない。したがって、人が受け入れなければならないのは（それは実際には難しくはないはずだが）、イザヤとソクラテス、ソポクレスとシェイクスピア、仏陀とアッシジのフランシス、レオナルドとレンブラント、ユークリッドとニュートン、彼らがどうしても「凌駕」されえない、ということだ。歴史を通じて発揮される彼らの輝きは、その輝き

の連鎖が途絶えることはない、という希望を与えてくれる。その希望のために行いうるのは、彼らを生んだ密かな大地を枯死させないよう予防することだけである。（その枯死は、技術と、テクノロジーによって導かれたユートピアとの様々な傾向によって、創造の大地を脅かしているのである）。[*13]

ここでヨナスは、歴史を形作ってきた過去の偉人たちの出現から、これからも「その輝きが途絶えることはない」という未来への信頼を導き出している。しかしその信頼はテクノロジーによって脅かされている。だからこそ、「彼らを生んだ密やかな大地を枯死させないように」、私たちは未来世代への責任を負わなければならない。

注意すべきなのは、ここで挙げられている何人もの偉人たちが、「その時々で別々の仕方で本来的なもの」と呼ばれていることだ。ソクラテスはニュートンよりも過去の人物である。しかしそれは、ソクラテスよりもニュートンが優れていたことを意味するわけではない。もちろん、だからといってその反対である、というわけでもない。両者を比較してどちらがより進歩しているかを判定することなど、不可能なのである。なぜなら、ソクラテスもニュートンも、それぞれ「本来的」である新しい形而上を描き出したのであり、そしてそれは人間が描き出しうる無限に多様な形而上学の一つの可能性であるからだ。[*14]

人間はこの世界を無限に多様な仕方で思い描くことができる。したがって形而上学には無限に多様な可能性が開かれている。だからこそ、どんなに時が経とうとも、ある時代に天才によって作り出された形而上学はその後も「凌駕」されえない。しかし、凌駕されえない、ということは、決してそれとは別の形而上学を思い描くことが不可能であることを意味しない。その可能性を開くことが、歴史への責任に他ならないのである。

このように考えるなら、冒頭で述べられたような、『すばらしい新世界』で語られる出生のシステムが到底受け入れられるものではないことも、説明できるようになる。その世界では、生まれてくる人間はテクノロジーによってあらかじめ選別され、操作され、体制にとって都合のよいように設計される。誕生は、あくまでも既存の体制を再生産するのであり、そこからは体制そのものを覆す可能性が排除されている。人々は新しい形而上学を思い描くことができないように管理されているし、したがってそれ以上歴史は運動しない。しかし、それは誕生性の否定であり、人間の自由の否定であり、したがって責任の可能性の否定に他ならないのである。[*15]

3　未来の予見

未来世代への責任は、決して、未来世代に対して私たちの価値観を押しつけるものではない。それは未来世代の他者性と両立するものでなくてはならない。未来世代が私たちとは違う存在であること、私たちの外側にいる存在であることを、私たちはあくまでも保証しなければならない。前節ではそれがヨナスの第一の命令の内実であることが明らかにされた。それは歴史への責任であり、未来世代の誕生性への責任でもある。

しかし、一方で、私たちは未来世代への責任を果たすために、未来世代をどのような脅威が襲うのかを、予測しなければならない。私たちが現在においてどのようなテクノロジーを社会実装するのかによって、未来世代がどのような影響を受け、そしてそれが未来世代に対して何を意味するのかを、予見できなければならない。そして、それが未来世代に対して破局をもたらすのなら、現在においてそのテクノロジーの社会実装を差し止めたり、またそのあり方を変えたりしなければならない。このように未来世代への責任は未来の予見をどうしても必要とする。

しかし、第4章で述べられた通り、テクノロジーが社会に及ぼす影響は原理的に予測不可能である。こうした予測不可能性を前提にするとき、未来世代への責任はどのように実践されるべきなのだろうか。

不吉な予言

テクノロジーが社会に及ぼす影響は予測不可能である。その予測不可能性は、さしあたり、テクノロジーの関係する因子が複雑に絡まり合っていることに由来する。しかし一方でそれは人間の誕生性の予測不可能性とも連関している。ヨナスによれば、「人間は本質的に究め難い存在であり、その究め難さが繰り返し私たちを驚かさずにはおかない」からこそ、「将来なされる発明をあらかじめ予言することは、すなわちそれをあらかじめ見越しておくことは不可能である」[*16]。たとえ社会・経済・生態系システムについて蓋然性の高い予測を立てたとしても、人間の行為によってすべてひっくり返ってしまうこともありえるのである。

デュピュイが強調するように、ここにはアポリアがある。未来世代への責任は、未来世代が私たちにとって予測不可能な存在であることへの責任でもある。その予測不可能性は、同時に、テクノロジーの未来もまた予測不可能なものにしてしまう。そうであるにもかかわらず、私たちは未来世代への責任を果たすために、何らかの仕方で未来を予見しなければならないのである。

少なくともここから導き出されるのは、私たちは未来を予見できない、ということを受け入れなければならないということだ。未来を予見できると主張した瞬間に、それは未来世代の予測不可能性を打ち消すことになるからである。ヨナスは言う。「知は、私たちの行為が持つ因果的な波及効果と同じ大きさでなければならない。しかし、同じ大きさになることはありえない、ということは事実である。つまり、予測する知は、私たちの行為に力を与えている技術的な知には及ばないのである」[17]。

ただしそこから導き出されるのは、未来の予見は常に不確実である、たとえそれがどんなに蓋然性が高くても原理的に不確実である、ということであって、予見すること自体に意味がない、ということではない。そしてそれが不確実である以上、予測される未来は複数のシナリオ、様々な可能性へと分岐することになる。そしてその場合、ヨナスによれば、「あらゆる選択肢が等しい重さをもつ」[18]。たとえばあるテクノロジーを社会実装する際に、それによってもたらされる未来の可能性は複数並列する。そこには、望ましい未来もあれば、望ましくない未来もある。そして実際に実現するシナリオを現在において確定することはできない。

未来の予見は、必然的に、複数に分岐する未来のシナリオから、どれか一つを現実に起こりうるものとして選択し、その未来に備えて行為する、というプロセスを経ることになる。問題なのは、そのときどのようなシナリオを選択することが倫理学的に望ましいのか、ということだ。

ヨナスによれば、それは最悪のシナリオである。予見が不確実であるということは、その予見が外れることを前提にしなければ、無責任である。最悪のシナリオを予見して行為した場合、たとえその予見が外れたとしても、結果的に現実は最悪のシナリオよりもましになる。しかし、最悪の未来よりましなシナリオを予見して行為し、その予見が外れた場合、結果的に最悪のシナリオが実現する事態に陥るかも知れない。そしてそれはやはり無責任であるから、許されないのである。したがってヨナスは未来倫理学にかなう未来の予見を次のように定式化する。「救いの予言よりも、不吉な予言にこそ耳を傾けよ」[*19]。

恐怖に基づく発見術

未来世代への責任は、複数の未来のシナリオのなかから最悪のものを選択し、その破局が実現しないように行為する、というプロセスで実践される。この実践を有効に働かせるためには、そもそも私たちが「不吉な予言」を語ることができ、破局に至る未来のシナリオを想像できなければならない。ヨナスはそうした破局を想像する技法を、ホッブズを参照しつつ、「恐怖に基づく発見術（Heuristik der Furcht）」と名づける。

> 羅針盤として何が役立つだろうか。予測される危険そのものだ！　未来から響くその警鐘のなかで、その危険の地球的な広がりと人間性の深淵が姿を現すなかで、倫理の諸原理は初めて発見可能になり、この諸原理から新しい力に対応する新しい義務が導出される。私はこれを「恐怖に基

づく発見術」と名づける。それは次のようなものだ。あらかじめ予見された人類の歪み（Verzerrung）が、はじめて、その歪みに対して守られるべき人間の概念を私たちに与える。ある事柄が賭けられているという事実を知ることによって、はじめて、賭けられているものが何であるかを、私たちは知る。[*20]

私たちはあくまでも最悪の未来を想像しなければならない。言い換えるなら、それは私たちを安心させたり、私たちに希望をもたせたりする未来のシナリオではなく、「恐怖」を与える未来のシナリオを積極的に「発見」しなければならない、ということである。そのために、「人類の歪み」を予測することが求められるのである。[*21]

興味深いのは、ここで語られる予測の順序である。ヨナスは、まず人間像の「歪み」、すなわち人間像が脅かされた状態がまず理解されることによって、そこから、守られるべき人間像が明らかになる、と主張している。

この順序は、普通に考えれば逆である。

たとえば日照権の侵害について考えてみよう。日照権とは、日本では一九七〇年代から訴えられてきた、太陽の光を浴びて生活する権利である。今日において、高層マンションによってすでにある住宅から太陽光が奪われることは、日照権の侵害であり、つまり人権侵害であると考えられている。それは、人間は太陽の光を浴びて生きる権利をもつという、一つの人間像が脅かされる事態であり、だからこそ回避されなければならない。

さて、この判断が成り立つのは、私たちがすでに「人間が太陽の光を浴びて生きる権利をもつ」という「守られるべき人間の概念」を知っているときだけである。だから、この人間像を自覚していない人々には、高層マンションの建築が人権侵害になる、と考えることは不可能である。低層の住宅しか存在しなかった時代の人々、たとえば一〇〇〇年前の人々には、高層建築物が人権侵害になるとは思われなかっただろうし、またそれを回避する行動もとられなかっただろう。

日照権の事例から分かるのは、私たちが社会課題について何らかの解決策を講じるのは、まず守られるべき人間像が先に知られていて、それからそのあとで、人間像が脅かされる状態が理解されるときである、ということだ。

そうである以上、現在の人間像に従って未来の破局を回避しようとする限り、私たちは、もしかしたら避けられたかもしれない破局を避けることができない。なぜなら、未来の人間像は現在の人間像とは異なるからであり、現在の人間像からすれば破局ではないような出来事が、未来の人間像においては破局として立ち現れるかも知れないからだ。日照権を例にとるなら、私たちは自らを一〇〇〇年前の社会に生きている人々の位置に置いて考えるべきである。そのとき私たちは、まだ人間の生活から太陽の光が奪われることを破局として認識していない。この認識を変えない限り、私たちにはそうした破局を避けることもまたできないのである。要するに、私たちはまだ未来において「守られるべき人間の概念」が何であるかを知らない、と考えなければならないのである。

では、「守られるべき人間の概念」を知るためにどうしたらよいのだろうか。ヨナスは発想を逆転させ、その人間像が脅かされた事態を予見することの必要性を強調する。もちろん、普通に考えてそれは不可能である。破局は人間像によって規定されているのだから、未知の人間像がどのように脅かされるのかもやはり同様に未知である、と考えざるをえない。

それに対して、この飛躍を成し遂げる力としてヨナスによって提起されるのが想像力だ。なぜなら想像力は、人間を現実の環境から解放し、いま目の前に存在しないもの、手で触れ、眼で見ることができないものを認識する能力だからである。

たとえばヨナスは前述の『すばらしい新世界』を例にとる。そこでは、人々は麻薬によっていかなる葛藤もない生活を送っている姿が描かれている。ヨナスによれば、ハクスリーはその物語によって「人間からあらゆる葛藤が免除されているということが、いかに戦慄すべき事態であるか、ということ」[*22]を表現している。現在の私たちは、葛藤が失われることが破局だとは考えていないし、それが破局と見なされるような人間像も理解していない。しかし、『すばらしい新世界』はそうした人間像の理解に先行して、その人間像が脅かされる事態を私たちに予見させる。そして、私たちはこの予見を手がかりにして、「守られるべき人間の概念」を理解するに至るのである。想像力はこうした仕方で未来の予見を可能にするのである。

このように眺めていくとき、ヨナスの未来倫理学は、想像力を鍵概念としてその体系性を維持していることが分かる。人間は想像力をもつという点であらゆる生物から区別される。人類がこの世界に存続すべきなのは、人間だけが責任能力をもつからであるが、それは人間の自由な想像力に根差している。まさにこの想像力が、未来を予見するために発揮されなければならず、そしてそれが未来世代への責任の実践に繋がっていくのである。

第8章　アウシュヴィッツ以降の神——神学

神さま、私はあなたを助けて、私の力がだんだん衰えていくのを止めようと思います。〔中略〕悲しいことに、あなたご自身が、私たちの状況や私たちの生命について、どうにかしてくださることはほとんどないようです。また私は、あなたにその責任があるとも思いません。あなたは私たちを助けてくださることはできませんが、私たちは最期の瞬間まであなたをお助けし、私たちの心のなかにあるあなたの住みたもう場所を守らねばならないのです。

エティ・ヒスレム『エロスと神と収容所』

晩年、ヨナスは次のように述べている。「哲学者であると同時に、ユダヤ人であること——ここには緊張がある」。「哲学者」は普遍的な問題を思考しなければならない。哲学的に何かを語るためには、自分の個人的な出自を一旦括弧に入れ、物事を客観的に考えることができなければならない。しかし、一方で、ヨナスは「ユダヤ人」でもあった。彼は二〇世紀がユダヤ人に課した過酷な運命を目の当たりにしていたし、その当事者でもあった。シオニズムのためにパレスチナで活動していたし、また母親をアウシュヴィッツで喪っていた。そのためヨナスは、哲学者として語るときと、ユダヤ人として語るときとで、意図的に語り方を区別していた。たとえば、哲学書としてあくまでも普遍的な妥当性を追究した『責任という原理』において、ユダヤ人としての彼の視点や考え方は意図的に封印されている。そこでは、ヨナスはあくまでも「哲学者」として語り、「ユダヤ人」としては沈黙を貫いている。こうしたヨナスの態度はレヴィナスのそれと対照的である。

しかし、「哲学者」と「ユダヤ人」の視点が交錯する論点もある。それが、神をめぐる問いである。ヨナスは、『生命の哲学』や『哲学的探究と形而上学的推測』において、アウシュヴィッツ以降に神について考えることはできるのか、という神学的な問いを提起した。この課題に取り組むとき、ヨナスはもはや自分自身の「ユダヤ人」としての視点を封印しようとはしない。そこにはアウシュヴィッツの当事者としてのヨナスの生々しい思索が繰り広げられることになる。

本章では、こうしたヨナスの神学を再構成し、未来世代への責任と神の問題の接点を模索していこう。

1　なぜ神話を語るのか

現在のポーランドに建設されたアウシュヴィッツ強制収容所には、三つの拠点がある。このうち第一強制収容所が一九四〇年に、第二強制収容所が一九四一年に、第三強制収容所が一九四二年に建設された。外周には電流の流れる有刺鉄線のフェンスが張り巡らされ、ユダヤ人だけでなく、障害者、路上生活者、政治思想犯なども収容された。

当初は強制労働のために用いられていたが、ナチスによるユダヤ人の迫害が過激化すると、収容者の殺害に毒ガスが用いられるようになった。大規模な火葬場が備え付けられ、脱衣所、ガス室、焼却炉が並列した。ガス室による殺戮は一九四四年一一月まで続いた。一九四五年一月にソ連軍がアウシュヴィッツ強制収容所を解放するまでに殺害されたユダヤ人の数は一〇〇万人を超えると言われている。

ヨナスは、一九四五年、ナチスドイツの降伏後にイギリス陸軍ユダヤ旅団としてドイツに駐屯した際に、母がアウシュヴィッツで殺害されたことを聞いた。そしてそれは彼の心に生涯消えることのない傷を残した。晩年、ヨナスはこう述懐している。


そう、それは暗黒の歴史だ。私の人生の大きな苦悩だ。私の母の運命――この傷は決して癒えなかった。私にはそれを乗り越えることが決してできなかった。私の子どもたちはそのことを知っている。酷かった。私に何かを思い出させるような会話になったり、映像が流れたりすると、あるときには、私は嵐のようにむせび泣いて崩れ落ちた。これはどうすることもできない。[*1]

こうした記憶が、アウシュヴィッツについて「哲学者」であることを彼に阻むことになった。そしてそれは彼の周囲の人々にとっても周知の事実だった。たとえば、ヨナスの親友であったハンナ・アーレントは、アウシュヴィッツに関する問題を「彼向きではない」といって遠ざけていたという。

このような背景があるからこそ、ヨナスの神学は、それを彼の哲学全体に位置づけることが難しいテーマである。そこで展開されるヨナスの思想には、彼の個人的な体験があまりにも強く反響している。しかし、むしろだからこそ、そこにはヨナスの哲学の核心が示されている、と見ることもできるのかもしれない。

彼にとって神の問題は何を意味していたのか。そしてそれはどのように語られるべきなのだろうか。

「神は沈黙した」

なぜ、アウシュヴィッツという出来事が、神をめぐる問題へと繋がっていくのだろうか。その主たる理由は、ユダヤ教における神の概念と、アウシュヴィッツにおけるユダヤ人の虐殺とが、特にその殺され方において衝突するという点にある。

ユダヤの神はこの世界の創造主として語られる。神は、旧約聖書において描かれている通り、人間と契約を交わし、人間とともに敵と戦い、世界の出来事に直接介入する存在である。ここにはユダヤ教の神とキリスト教の神の本質的な違いが示されている。ヨナスによれば、キリスト教における神が「来世」[*3]に位置づけられるのに対して、ユダヤ教の神は「此岸」[*2]に存在するのであり、「歴史の支配者」として信じられている。そうである以上、歴史において生起する出来事は、そのすべてが神によって許されたものである、と考えられる。神は、許しえない出来事であれば、それが歴史において生起することを妨げることができる。それが神のもつ全能の力に他ならない。

しかし、そうであるとしたら、なぜ歴史においてアウシュヴィッツという出来事は生じたのだろうか。もしも神が全能であり、歴史に介入する力をもつのだとしたら、神はアウシュヴィッツを、つまりナチスによるユダヤ人の大量殺戮を防ぐことができたはずである。しかし、そうはならなかった。「アウシュヴィッツが猛威をふるった数年間、神は沈黙した」[*4]。なぜなのだろうか。なぜ、神はアウシュヴィッツに捕らえられたユダヤ人を救わなかったのだろうか。

神が全能であるにもかかわらず、この世界に悪が存在するのは、なぜか。それは古くから神義論という名で議論されてきた問いである。そして、それに対する一つの典型的な回答は、神は人間に対して信仰心を試すために悪をなした、というものである。しかしヨナスは、それではアウシュヴィッツの悲劇を説明することはできない、と考える。なぜなら、ナチスにおいて、ユダヤ人はユダヤ教への信仰によって定義されたのではなく、ただ血縁者にユダヤ人がいるという理由によって、生物学的に定義されていたに過ぎないからである。

アウシュヴィッツで「ユダヤ人」として定義され、嬲《なぶ》り殺された人々のすべてが、ユダヤ教を信仰していたわけではない。そこには、ユダヤの神を信じてもいないのに、ただ血縁者にユダヤ人がいるという理由によって連行され、命を奪われた者もいた。殺された人々は信仰のために死んだのではない。そうである以上、そこではいかなる意味においても信仰は試されていない。そしてここにアウシュヴィッツのもつ悪の独自性がある。ヨナスは次のように述べる。

忠実ということもなければ、忠実でないということもない。信仰もなければ不信仰もない。罪も罰もない。試練もなければ証言もなく、救いの希望もない。強さもなければ弱さもなく、英雄的行為もなければ臆病な行為もない。反抗もなければ服従もない。そんなものはどれもその場を得なかった。そのどれもがアウシュヴィッツの与《あずか》り知らぬことだった。アウシュヴィッツが与り知るのは無だけであり、その無は未成年の子どもすら貪り、飲み込んだ。アウシュヴィッツが差し出したものは、ただ無へと向かう機会だけだった。[*5]

だからこそ、なぜ神がアウシュヴィッツの生起を許したのか、ということが、先鋭的に問い直されることになるのである。なぜ神は、アウシュヴィッツという、信仰そのものを嘲笑うかのような出来事を止めなかったのだろうか。私たちは、そうした不可解な神をどのように理解したらよいのだろうか。

この問いに対するもっとも単純明快な答えは、そんな神は最初から存在しなかったからだ、というものだ。すなわち神の存在を否定し、無神論を支持することである。

無神論は死の存在論と親和的である。この世界に神は存在しない。この世界に存在するのは死んだ物質だけである。死んだ物質には内在的な価値がなく、人間はそれをどう扱おうとも咎《とが》められない。人間を咎める神など存在しない。そこには一つの倫理的ニヒリズムが広がっている。実際に、アウシュヴィッツにおいて、人間はまるでただの物体のように殺された。人々は、まるでベルトコンベアーの上を材料が移動するように、脱衣所とガス室と焼却炉を流れていったのである。

しかし、本書において何度も論じられてきたように、死の存在論は一つの形而上学であり、決して唯一絶対のものではない。当然のことながら、無神論もまた唯一絶対の形而上学などではない。私たちには、それが成功するか否かは別にして、アウシュヴィッツ以降においても神が存在する可能性を思考することはできる。その可能性そのものは決して奪われていない。

こうした観点から、ヨナスは、アウシュヴィッツ以降においてもなお神が存在するとしたら、その神はどのように語られなければならないのか、という問題を提起する。それは、言い換えるなら、アウシュヴィッツ以降、神の概念はどのように修正されなければならないのか、という問いに他ならない。もはや神はアウシュヴィッツ以前と同じではありえない。しかし、いままでとは違った仕方で、神について思考することは許されるのである。

これがヨナスの神学の基本的な出発点である。

仮説としての神話

ヨナスはアウシュヴィッツ以降においても可能な神の概念を模索する。しかし彼は、そうした神が存在することの証明にまでは手を伸ばさない。この点に関してヨナスは、神の存在証明が人間の理性を超えた営みであるという、カントの批判を踏襲する。神が本当に存在するかどうかは分からない。しかし、もしも存在するとしたら、それはどのような神なのか。それを明らかにすることがヨナスの試みである。

それでは、そうした神の探究はどのようにして成し遂げられるのだろうか。ヨナスは意外な手法をとる。それは新しい神話を語るということである。すなわち、神がこの世界をどのようにして創造し、この神がこの世界とどのように関係し、そして人間がその世界のなかでどのように位置づけられるのかを、一つの物語として描き出すということである。アウシュヴィッツ以降、神の概念が修正されなければならない、ということは、神と世界の関係もまた修正されなければならない、ということだ。そうである以上、私たちはもはや神による宇宙創成説を素朴に受け入れることはできない。ヨナスは、アウシュヴィッツ以降の神の概念を、それがどのようにしてこの世界と関係しているのかという観点から、言語化しようとするのである。

ただし、一方でヨナスは、神話は普遍的な妥当性をもたないということを強調し、それがあくまでも「仮説（Hypothese）」であり、「推測（Vermutung）」に留まることを執拗に繰り返している。普遍的な妥当性をもたない、ということは、論理では説明できない、命題の形では言語化することができない、ということを意味している。だからこそヨナスは神話という物語の形式をとるのであり、この意味において、神話はそもそも言語化不可能なものを言語化させようとする試みに他ならない。

ここにヨナスの思想全体における神話思想の独自性がある。ヨナスは、他の問題圏においては普遍的な妥当性をもつ、つまり誰に対しても説得力をもつ理論を提示することを目指していた。しかし、神話思想においてそれは最初から目指されていない。そうではなく、普遍的な妥当性だけを目指すことで零《こぼ》れ落ちてしまう問題を、しかし人間が決して放棄してはならないと思える問いを、ヨナスは神話という形によって表現しようとするのである。

彼自身によって設定されるこの区分を恣意的に乗り越えることは許されない。たとえばヨナスの未来倫理学を、全体として神話的に解釈することは不可能だし、また彼の神話を、未来倫理学そのものと同一視することも不可能だ。後述するように、それでも未来倫理学と神話は互いに響き合うものとして解釈されるが、しかし、私たちはまずこの線引きを堅持しなければならない。[*6]

2　無力な神の神話

ナチスによるユダヤ人迫害の体験を綴った文学作品であり、ヴィクトール・E・フランクルの『夜と霧』や、アンネ・フランクの『アンネの日記』と並ぶ傑作として知られているものに、エティ・ヒスレムによる『エロスと神と収容所』がある。

ヒスレムは一九一四年に生まれたオランダ系ユダヤ人の女性である。第二次世界大戦の最中、一九四〇年にオランダを占領したナチスは、その地で徹底したユダヤ人狩りを行った。ヒスレムは、一九四二年にユダヤ人評議会の部局で職を得ることに成功するが、その後、自分の身近でユダヤ人狩りが始まると、自ら志願して強制収容所に赴いた。同年八月から翌年九月まで、彼女はウェステルボルク収容所に留まり、その病院で働いた。しかしその後、一九四三年九月七日にアウシュヴィッツ強制収容所に移管され、その三か月後に死亡した。

『エロスと神と収容所』は、一九四一年から一九四二年までに、彼女がノートに書き留めた日記を、彼女の死後に書籍化したものである。そこには恋愛への苦悩が赤裸々に綴られる一方で、迫り来るユダヤ人迫害の脅威と、それを契機として深められていく神秘的な宗教思想が語られる。そのなかのもっとも印象的な言葉の一つが、本章の冒頭に掲げた言葉だ。ヒスレムはそこで、神は「私」を助けてくれない、しかし神にそうすることができないのは神の「責任」ではない、そして、むしろいまや、

「私」が神を助けなければならない、と綴っている。

ヨナスは『哲学的探究と形而上学的推測』のなかで、このヒスレムの証言を、「現実に存在していた証人の自分の命をかけた告白」[*7]として紹介している。ヒスレムは、ナチスの脅威が目の前に迫り、恐るべき悪が世界にもたらされ始めている状況においても、神の存在を確信していた。それはアウシュヴィッツが神の概念を無効にするとは限らない、一つの証言だった。そしてヨナスは、このヒスレムの言葉のうちに、自身の神話思想との深い共鳴を見出すのである。

では、そのヨナスの神話思想はどのようなものなのだろうか。以下ではそれを再構成してみよう。

無力な神

ヨナスの神話は、神がどのようにしてこの世界を創造したのかを描き出す、一つの宇宙創成の物語として語られる。神はこの世界を創造した。しかしその世界ではアウシュヴィッツの悲劇が起きた。神がそうした世界を創造するとしたら、その神はいかなる存在なのだろうか。

ヨナスは伝統的なユダヤ教の神概念がもつ属性として、「全能」、「完全な善」、「理解可能性」を挙げる。[*8]全能は神のもつ絶対的な力を意味する。完全な善は、神が悪ではなく善を欲する存在であることを意味する。理解可能性は、人間が神を理解することができる、ということを意味する。しかしヨナスによれば、アウシュヴィッツという出来事を説明しようとするとき、この三つの属性が同時に成立することは不可能である。ヨナスは次のように述べる。

世界に悪が存在するということ、あるいは災禍が存在するということだけでも、私たちは神における理解可能性をその他の二つの属性のために犠牲にしなければならないだろう。神が絶対的に善であり、絶対的に全能であり、しかも神は世界を現にあるとおりに甘受している――これはまったく理解不能な神についてのみ言いうることである。[*9]

したがって、アウシュヴィッツ以降の神概念は、三つの属性のうちどれか一つを失ったものとしてしか考えることができない。その可能性はそれぞれ次のようなものである。

①完全な善ではない神。もしも神が全能であるのだとしたら、神はアウシュヴィッツが生起することを阻止できたはずである。しかしアウシュヴィッツは阻止されなかった。なぜだろうか。理由として考えられるのは、神がアウシュヴィッツの生起を欲したから、というものだ。しかし、アウシュヴィッツは明らかに悪なのだから、それは神が悪を欲したことを意味する。このとき、神からは完全な善という属性が失われることになる。これが一つ目の可能性である。

②理解不可能な神。別の考え方として、神が全能であり、善を欲しているにもかかわらず、アウシュヴィッツを阻止しなかった、と推論することもできる。このとき、神にとってアウシュヴィッツは善なるものであった、ということになる。しかしそれは人間にとってはまったく理解不可能な事態である。したがって、このように考えるなら、神は理解可能性という属性を失うことになる。これが二つ目の可能性だ。

③全能ではない神。最後の可能性は、神は完全な善であり、理解可能な存在であるにもかかわらず、全能ではなかったために、アウシュヴィッツを阻止することができなかった、というものである。この場合、神は人間と同様にアウシュヴィッツを悪と見なしており、そしてそうした悪が起きることを欲していなかったにもかかわらず、世界に対して介入する力がなかったために、アウシュヴィッツが起きてしまったということになる。この場合には神から全能という属性が放棄されることになる。

アウシュヴィッツ以降に神概念がありえるとしたら、この三つの属性、すなわち完全な善、理解可能性、全能のうち、どれかを喪失したものとしてしか考えることができない。では、どの属性を失った神がもっとも合理的だろうか。

ヨナスによれば、それは第三の可能性だけである。なぜなら、伝統的なユダヤ教の神概念において、完全な善と理解可能性はどうしても譲ることのできない属性であるからだ。ヨナスによれば、アウシュヴィッツ以降の神概念として許容可能なのは、「神が理解可能で善であり、それにもかかわらず、世界には災禍が存在する」[*10]ということであり、「ユダヤの遺産と連続性を有するあらゆる神学は、次のような原則を立てるべきである。すなわち、神自身によって認められた権利において実在するものと、神自身によって認められた、その権威によって働く力とによって、神の力は制限されていると見なされなるべきである、ということだ」[*11]。

全能を失った神、すなわち「無力な神」という概念は、常識的な神の概念から大きく逸脱したものだろう。しかし、ヨナスはそれだけがアウシュヴィッツ以降において可能な神の概念であると考える。確かに神はアウシュヴィッツの生起を止めなかった。しかし、「神は〔介入しないということを〕欲したからではなくて、〔介入することが〕できなかったから介入しなかった」[*12]。無力な神の概念はそのようにしてアウシュヴィッツという出来事と両立するのであり、言い換えるなら、その出来事によって打ち消されることを回避できるのだ。

　しかし、それは別のさらなる問いを生み出していく。なぜ、無力な神はこの世界を創造することができたのだろうか。無力な神はこの世界と、あるいは人間とどう関係しているのだろうか。それを説明するために、ヨナスは次のような神話を描き出すのである。

宇宙創成の物語

　神は世界に対して無力である。しかしその神がこの世界を創造した。この、一見矛盾しているように思える命題が両立するためには、世界の創造はどのように解釈されるべきだろうか。これに対してヨナスは次のような解決策を「推測」として提案する。すなわちそれは、神はこの世界を創造することによって無力になった、というものだ。ヨナスは次のように述べる。

> 始まりにおいて、私たちには知りようもない選択によって、存在の根拠である神的なもの（göttliche Grund des Seins）は、生成という偶然と冒険と無限の多様性に身を委ねることを決定した。しかも、それは全面的になされた。すなわち、空間と時間の冒険へ入り込んだとき、神性は何一つ自分の

要素を残しておかなかった。[13]

少し細かく解釈していこう。神はあるときこの世界を創造することを「選択」した。それによってこの世界が誕生した。問題はそのあとだ。神によって創造された世界は、「生成という偶然と冒険と無限の多様性」の場であり、神はそこに自らの「身を委ねた」。すなわち神には世界をコントロールする力はなく、それに対して世界は自分を支配する原理を有していた、ということである。神はこの世界を創造したが、しかし創造された世界は、まるで独り歩きするかのように、独自の仕方で生成していく。その生成に対して神はただ「身を委ねる」だけであり、一切干渉することができない。神は、この世界に「何一つ自分の要素を残しておかなかった」のであり、そうした仕方で世界に対して働きかける力をすべて放棄したのである。[14]

ただしそれは神が死んだことを意味するわけではない。神はこの世界に身を委ねているのであり、あくまでもこの世界に内在している。ヨナスは、そのように神を内在させながら、独自の生成を遂げる世界を「神の像」とも呼んでいる。神は世界がこれからどうなっていくかを知らないし、何が起きてもそれに干渉できない。しかし、その世界はやはり神が作り出したものなのだから、そうした出来事は神の像を刻んでいくことになるのである。[15]

神話は続く。

途方もない時間のなかで、様々な星が現れては消えていく。そのなかであるとき偶然に地球が誕生し、そしてそこに生命が出現する。それは、それまで単調であった宇宙に新しい可能性を切り開くものであり、神はそうした奇跡のような生命の誕生を肯定した。生命は長い時間をかけて進化し、多様な生物種が、この世界に多様な可能性を試していった。ヨナスによれば、「進化がもたらす種の区別はすべて、元来の可能性に感覚と行為の様々な可能性を付け加え、それによって、神的な根拠が行う自己経験を豊かにする」[*16]。こうした神話の形象のうちには、ヨナスがユダヤ教から継承してきた、創造説と生命の神聖さという観念が色濃く反映されている、と言える。[*17]

しかし、そうした生命の進化はあるとき一線を超える。それが人間の誕生である。ヨナスはその意味を次のように述べる。

神の像は、物質的万有によってためらいがちに開始され、人間以前の生命が示す、最初は広く、のちにはだんだん狭くなっていく螺旋状の姿で、長らく、未決定なままで形作られていた。その神の像は、この最後の転換によって、また劇的な運動の加速によって、人間による不確かな管理のもとへ移行する。その結果、神の像は、人間が自分と世界に関して行うことによって――救われる形で、もしくは台無しにされる形で――実現されることになる。[*18]

なぜ人間の出現によって神の像がその「不確かな管理」のもとに置かれるのだろうか。それは人間が、この世界において初めて現れた、善と悪の可能性に開かれた存在であるからだ。人間は、一方においてはこの世界で善良な行為をすることもできるが、他方において恐るべき悪を引き起こすこともできる。そしてそれは神の像に深く刻み込まれる。すなわち人間は、神の像を「救われる形で、もしくは台無しにされる形で」決定する力をもっているのである。

アウシュヴィッツはそうした悪の一つである。神がその生起を妨げなかったのは、神が世界の創造によってすべての力を失い、人間の行為に委ねられていたからに他ならない。

これがヨナスによる神話の基本的なストーリーである。[*19]

行為の不死性

ヨナスはこの神話から、この世界における人間の独特な責任を導き出す。

前述の通り、人間の行為がこの世界において神の像を形作る。神の像は、人間が善をなすか、悪をなすかによって、その形を変えていく。そして、神の像に一度引かれてしまった描線は、二度と消すことができない。ヨナスは次のように述べる。


私たちは作り上げることも壊すこともできる。治すことも傷つけることもできる。神性を養うことも放棄することもできる。それを完成させることも歪めることもできる。一方の刻印による傷跡は他方の刻印による輝きと同じだけ後世に残る。したがって、私たちの行為の不死性(Unsterblichkeit der Taten)は虚勢に満ちた自惚《うぬぼ》れの理由にはならない。むしろ私たちには、私たちの行為の大多数がいかなる傷跡も残さないように、と望む理由の方がたっぷりとあるだろう。しかし、それは認められない。私たちの行為は実際に描線を引いたのであり、それは残るのである。[*20]

たとえばアウシュヴィッツについて考えてみよう。それは起きた。そこでは一〇〇万人以上の人々が殺された。それが神の像を傷つける悪であることは疑う余地がない。しかし、同時に人間はそれを忘れていく。時間が経てば実際にアウシュヴィッツを体験した人間もいなくなる。もちろんアウシュヴィッツの悲劇は永遠に記憶されるべきである。しかし、論理的な可能性だけを考えるなら、だんだんとアウシュヴィッツが歴史に埋もれていき、やがて誰もその出来事を覚えていなくなる、そうした日が訪れうることは否定できない。

しかし、人間がそれを忘却するからといって、神の像が傷つけられたことが回復されるわけではない。一度傷つけられた神の像は二度と元に戻らない。たとえ世界からアウシュヴィッツの痕跡がすべてなくなってしまったとしても、それは神の像に刻み込まれた描線として、この世界に残り続けるのである。

ヨナスはそれを「行為の不死性」と呼んでいる。地上において、私たちの行為は時間の経過とともに失われていく。しかし、その行為が神の像に残す痕跡は、決して失われない。だからこそ人間は、地上における個々の出来事だけではなく、神の像に対しても責任を負っているのである。神話から導き出されてくるこうした二重の責任について、ヨナスは次のように述べている。

したがって、紆余曲折を経た私たちの考察の終点において、かすかな光のもとで、私たちは人間の二種類の責任を区別することができるだろう。一つは、地上の因果性の尺度に基づく責任であって、それによれば、人間の行為は近い未来ないし遠い未来に影響を及ぼしつつ、最終的にはその未来のうちに消えていく。それに加えて、もう一つの責任は、人間の行為が永遠の領域に参入するという尺度に基づく責任であって、この領域においては人間の行為は決して消え去りはしない。[*21]

ここでヨナスは二つの責任を区別している。一つは、「地上の因果性の尺度に基づく責任」である。それは、ある特定の時間において生じる責任である。しかし時間は過ぎ去るのであり、それによって責任もまたこの世界から消えていく。人々の記憶は失われ、この世界に残された痕跡も漂白されていく。しかし、それに対して「人間の行為が永遠の領域に参入するという尺度に基づく責任」もまた存在する。それは、前述のような、神の像に対する責任に他ならない。[*22]

本書はこの二つの責任を、それぞれ時間的な責任と神学的な責任と呼ぶことにしよう。重要なのは、この二つの責任が重なり合っているということである。たとえば、アウシュヴィッツに対して責任を負う者は、時間的な責任とともに神学的な責任を負っている。アウシュヴィッツは二〇世紀の出来事である。したがってアウシュヴィッツをめぐる時間的な責任は、二〇世紀においてしか生じない。一三世紀においても、三五世紀においても、アウシュヴィッツを阻止する責任は生じない。

しかし、神学的な責任はそうした時代を超えてすべての世代の人類に波及する。それは神の像全体を、すなわちこの世界全体の意味を、超時間的に意味づけるからである。アウシュヴィッツが起きた世界と、アウシュヴィッツが起きなかった世界は、どの時代においても同じではない。そしてその違いは、アウシュヴィッツという悪が神の像に描線として刻み込まれるか否かにかかっているのである。

こうした責任の二重性は、私たちが何のために責任を課せられているか、ということをも二重化する。アウシュヴィッツをめぐって、時間的な責任としては、私たちはそこで暴力に曝された人々に対して責任を負っている。それに対して、神学的な責任としては、私たちは神の像に対して責任を負っているのである。ヨナスは次のように述べる。

> いまや、人間の方が神に与えなければならない。人間がこのことをなしうるのは、神がこの世界を生成させたのを悔いなくてはならないようなことが起こらないように、せめてそう頻繁には起こらないように、人間がその生の途上において、しかも人間自身のためにではなしに、気をつけることによってのみである。[*23]

ここにはヨナスの神話の際立った独創性が示されている。神は人間を救う存在ではない。そうではなく、反対に、私たちが神を救わなければならないのだ。それは、前述のようなヒスレムの宗教観と共鳴するものであると同時に、ユダヤ教に対するヨナスのアンビバレントな態度を反映するものでもある。前述の通り、ヨナスはユダヤ教から創造説や生命の神聖さという観念を継承しているが、その一方で、救済や贖罪の観念は拒絶しているからである。

神は私たちを救わない。人間が罪を犯しても、悪をなしても、神はそれを裁かない。神は無力だからだ。そうした神の無力さのうちにこそ、この世界に対する人間の責任が成立するのである。[*24]

3　神と記憶

二〇二〇年、アウシュヴィッツ博物館は「#NoDenyingIt」というハッシュタグとともに、一本の動画を拡散した。その動画は、アウシュヴィッツをはじめとする強制収容所からの生存者たちが、フェイスブックのCEOであるマーク・ザッカーバーグに対して、ホロコーストを否認する投稿を削除するように訴えかけるものである。生存者たちは、目の前で家族や幼い子どもたちが殺害された悲痛な経験を語り、「ホロコーストを否認してはいけない、それは本当に起きたことなのだ」と繰り返す。

この動画の背景には、それまでフェイスブックにおいてホロコースト否認論の投稿が容認されていた、という事情がある。二〇一八年のインタビューにおいて、ザッカーバーグはフェイスブックが多様な意見に開かれていることを重視し、ホロコースト否認論であってもそれをプラットフォーム側が削除するべきではない、と語っている。彼は、自分自身がユダヤ人であることにも言及し、自らはホロコーストが事実であると考えているが、そうした事実認識よりもプラットフォームが自由であることが優先されるべきである、という立場を示していた。[*25]

しかしそうした態度はSNS上にヘイトスピーチを拡散させるものであり、若者に誤った認識を与えるものとして、たびたび批判されることになった。前述の動画もまたそうした批判の一つである。これを受けて、二〇二〇年一〇月、フェイスブックは方針を転換し、ホロコースト否認論の投稿を禁止し、これを削除する方針を明示するに至った。[*26]

責任と記憶は深く結びついている。私たちがアウシュヴィッツに責任を負うのだとしたら、それはアウシュヴィッツの記憶なしには不可能である。しかし人間は、善いか悪いかは別にして、忘却する生き物でもある。忘却は人間を再び無責任へと押し流してしまう。そしてそれは、再び別の形で「アウシュヴィッツ」をこの世界に引き起こしてしまうかも知れない。

ヨナスは神話思想において人間の行為の不死性を説いていた。それは、こうした責任と記憶の問題系において何を意味しているのだろうか。

記憶する神

ホロコースト否認論は歴史修正主義の一つである。ヨナスは歴史修正主義を全体主義の脅威の一つとして解釈する。全体主義の国家において、その国家の教条と整合しない事実は、それがたとえ歴史的に実証されている事柄であっても、史料の改ざんなどによって、初めからなかったことにされる。ヨナスは同時代の経験に基づいて次のように述べている。

スターリンのソ連では、その〔歴史的事実をなかったことにするという〕試みが、いわば、私たちの目前で全体主義的な権力によって行われた。近年の歴史のすべてが改変され、反証が抹消され、記録が一掃される、等々。トロツキーは殺されたのみならず、そのうえ何よりも彼のイメージが殺された。赤軍の創設者から、革命の裏切り者となったのである。当時、こういう疑問が出たものだ（私はいまでも、ハンナ・アーレントとそれについていかなる会話を交わしたかを覚えている）。「もし、そんなことがすっかりやり遂げられるとしたら」と。資料の改ざんが完遂してしまえば、それについてもはやあとから問い直すことはできなくなるだろう。歴史的な真理の規準に従えば、改ざんされたものこそが「歴史」となってしまうだろう。こういうことが万一にもあるならば、歴史における「真理」とはそもそもどういうことだろうか。問題にされていることが、過ぎ去ったこと、まさに無であるとすれば、それでもなお、真理概念はここで意味をもつのだろうか。[*27]

こうした歴史修正主義に抵抗するためには、過去に起きた出来事が、本当に起きたということを証明しなければならない。それが「歴史における『真理』」である。しかし、私たちはどのようにして、過去に起きた出来事が真理であることを証明できるのだろうか。

当然のことながら、過去は現在においては存在しない。私たちは、過去がどうであったのかを、実際にこの目で眺めて確証することができない。そうした過去に関して、その真理と誤謬を区別することは、本当に可能なのだろうか。

ヨナスはこの問題が一つの論理的な難題を抱えていることを洞察する。私たちは、一方において、過去を動かすことのできないものとして捉えている。すなわち、「過去のすべてが取り消しのきかないものであり、永遠に変わらず固定されている」。だからこそ、その過去がどうであったか、ということは確定可能であり、その過去に真理性を問うことができる。しかし、その一方で、過去はもはや存在しない。「過去は過ぎ去り、無のなかに沈んでいき、無と化した」のであって、私たちは、まるで実験材料を目の前に広げるようにして、過去の出来事を検証することはできない。もちろん歴史的な史料によって過去について探究することはできる。しかし、結局のところ、史料は現在において存在するのであって、過去そのものではないのである。そして、前述の通り、史料は現在の意図に即して改ざんされうるものであり、史料だけでは過去を確定することはできない。

こうした過去の確定不可能性が歴史修正主義を育む土壌である。それが改ざんされた可能性が残されている限り、史料は原理的に過去の真理性を保証するものではない。だからこそ、たとえ真実を伝えていると認められている史料であっても、それを意図的に信じないという態度を取ることが可能になる。そのようにして、ホロコースト否認論もまた亡霊のように繰り返し立ち現れるのである。

これに対してヨナスは、過去に真理性が可能であるためには、史料が残されているということではなく、「過去としての過去の現前、つまりは、それがかつてあったことと矛盾せず、しかも時間を幻想にしてしまわないような現前がなくてはならない」[*28]と主張する。すなわち、過去は決して過ぎ去って無に消えるのではなく、現在において何らかの形で現前していると考えることができなければならない、ということだ。ただしそれは「過去としての」現前であって、歴史的な史料という形で現前することではない。史料は現在としての現前であるからである。

このことを平たく言えば、次のようになる。過去は現在においても存在する。もちろんそれは過ぎ去っている。私たちにはそれを知覚することはできない。けれど、一度起こったことは、確かにいまここにも存在している。そうでなければ、ある出来事が過去において本当に起きたと言うことはできなくなる。過去はなくなっていない。それはいまここにあると考えることができなければならない。

ヨナスは、この奇妙でありながらも、論理的にはそれ以外にありえないと思える要請を、前節で検討した神話思想に基づいて、次のように説明する。

「過ぎ去ったことの永遠の現前」はどこにありうるのだろうか。あらゆる出来事が自ずと書き込まれるような永遠の記憶について語りたくなる――一種の自動的に発展していく世界年代記(Weltchronik)である。けれども、記憶それ自体は決して遂行的な概念ではない。記憶は精神を有する主体のなかに場を占めなくてはならない。しかも、私たちが要請する公準の超越論的な目的からして、それは完璧で遺漏のない普遍的な記憶であり、したがって、普遍的で完璧な精神である。[*29]

前述の通り、神はこの世界に対して無力である。世界を創造したのち、神はただその世界に対して身を委ねることしかできない。では、身を委ねるとはどういうことか。ここでヨナスは、それが「記憶」であると述べている。すなわち、神はこの世界に対して何もできないが、しかし、世界に起きる出来事を永遠に記憶し続けるのである。そしてそれは、言い換えるなら、世界という神の像にその記憶が書き込まれていくということである。その限りにおいて、それは「一種の自動的に発展していく世界年代記」のようなものでもある。

その記憶は「完璧で遺漏のない普遍的な記憶」である。たとえばアウシュヴィッツのような際立った出来事だけが記憶されるのではない。私たちが日々を過ごすなかで行ったこと、誰からも見られていないようなこと、ほんのささやかなことも、神は記憶している。そして、当然のことながら、いまでは人々が忘れてしまったことも記憶されている。私たちの歴史の教科書には書かれていない無数の虐殺も、神は記憶している。そうした「永遠の記憶」をもつ神が、現在においても存在しているからこそ、そうした出来事は過去において本当に起こったことである、と考えることができるのである。

もちろんそれは、私たちが神と交流して、神の記憶から本当の過去が何であったのかを知りうる、ということを意味するわけではない。私たちにとって過去は確定不可能であり続ける。しかし、少なくとも、過去に対して真理と誤謬が区別されるために、言い換えるなら、本当の過去と偽られた過去が区別されるために、こうした神の永遠の記憶が、一つの公準として要請される、とヨナスは考えるのである。

責任と記憶

一度起きたことはなかったことにはならない。過去は、それを記憶する神を介して、現在においても現前する。たとえ人々が過去を忘れ去ったとしても、過去の出来事は、それが本当に起きたものであるという性格を、決して失わない。

こうした神の記憶をめぐる仮説は、前節で述べられた、人間の行為の不死性と重なり合うものである。人間の行為は神の像に描線を刻み付ける。人間は、善をなすことで、あるいは悪をなすことによって、この世界に決して消えない痕跡を残す。そうした人間の行為の性格が行為の不死性に他ならない。だからこそ人間は神の像に対して神学的な責任を負う。しかし、では、なぜ人間が神の像に刻み付けた描線は消えないのだろうか。なぜ、人間の行為は不死性を帯びるのだろうか。それは、神が人間の行為を記憶しているからであり、記憶する神は現在において永遠に現前しているからである。そしてそれは同時に、人間の引き起こした悪によって犠牲になった人々もまた、この世界の痕跡となって刻み込まれ、神によって永遠に記憶されるということを意味する。悪によって命を奪われた人々は、そうした仕方で、この世界において不死になる。ヨナスは、ブルトマンに宛てた手紙のなかで、自身の神話について次のように語っている。

私は、永遠への参与について、「不死性」への参与について語りました。(私の母のように)殺された人々が、こうした参与に与《あずか》るためには、次のように考えることが必要です。すなわち、殺された人々を苦しめ続けた不正行為は、超越的なものの錯乱として、いま現に存在するすべてのものの上に、影を投げかけているのです。そしてこの不正行為は、私たちに向かって、いま生きている者たちに向かって、これを修復する努力を要求しています。この高次の義務は私たちにこそあり、私たちは殺された者たちのために、神性と未来の世界とに対して義務を負っているのです。そんな負担を引き受けることのなかった世代よりも、はるかに重い義務です。しかし、それによって殺された人々の苦しみが有意味な出来事になるわけではありません。その義務を引き受けることのうちに、残された人々に対するいかなる慰めもありません。犯罪は、償いを要求することによっても、それどころかもしかしたら償いをさせることによっても、決して有意味なことにはならないのですから。[*30]

神と不死性の問題系を考えるとき、ヨナスの念頭には、常にアウシュヴィッツで殺害された母の存在があった。そこで「殺された人々」は、たとえ後世において忘れられてしまっても、「超越的なものの錯乱として、いま現に存在するすべてのものの上に、影を投げかけている」のである。たとえどれほどホロコースト否認論が繰り返されても、そこで人々が殺されたことはなかったことにはならない。たとえ人間がそれを記憶しなくなっても、神がそれを記憶し、そして神は現在に現前し続けるからである。

悪は神の像を傷つける。だからこそ私たちはその傷を修復しなければならない。アウシュヴィッツという「不正行為は、私たちに向かって、いま生きている者たちに向かって、これを修復する努力を要求して」いる。しかしそれは、アウシュヴィッツで殺された人々を救済することではないし、「殺された人々の苦しみが有意味な出来事になる」わけでもない。それは神学的な責任であって、時間的な責任ではないからだ。私たちにはもうアウシュヴィッツで殺された人々を助けることはできない。しかし同じ過ちを繰り返さないようにすることはできる。アウシュヴィッツに関して私たちに課せられている責任は、未来において同じような悪を引き起こさないこと、これ以上神の像を傷つけないことでしかない。

ここにおいて、記憶の問題は未来への責任と密接に連関することになる。私たちは未来世代への責任を担わなければならない。その責任は、私たちの行為が、決してなかったことにはならないこと、この世界に永遠に記憶されるということを前提としている。しかし人間は忘却する生き物である。だからこそ、私たちの行為を記憶する神が要請される。責任は記憶を前提とする。しかしそれは人間の忘却を否定するものではない。未来世代は私たちのことを覚えていないかもしれない。私たちの行為は、それが善行であれ、悪行であれ、忘れ去れてしまうかもしれない。それでも私たちは自らの行為が記憶されると考えなければならない。

ホロコースト否認論を目の当たりにするとき、あるいは全体主義における歴史修正主義を目の当たりにするとき、私たちはしばしば記憶への信頼を失いかける。自分が何をしようとも、それは未来においては忘れ去られ、それどころか都合よく書き換えられさえする、という不信に陥る。あるいはその不信感は的外れではないのかもしれない。しかし、そうした記憶への不信が蔓延するとき、私たちに責任ある行為は不可能になるだろう。どうせなかったことになってしまうなら、誰が責任を引き受けるだろうか。そうした不信感から未来世代への責任を守るためには、人々から記憶されるのとは別の仕方で、記憶への信頼を回復しなければならない。ヨナスはそれを、神という超越的な存在の記憶のうちに求めようとするのだ。

おわりに――やがて来たる子どもたちのために

最初に述べた通り、ヨナスの未来倫理学は次の規範に集約されている。

あなたの行為の影響が、地上における本当に人間らしい生き方の永続と両立するように、行為せよ。[*1]

本書は冒頭において次のような問いを掲げた。すなわち、「本当の人間らしさ」の保護を訴えるヨナスの思想は、価値多元的な現代社会では成り立たないのではないか、というものだ。最後にこの問いに答えよう。

人間らしさとは何であるか、ということは、それが語られる歴史的な文脈によって異なる。したがって、歴史の違いの数だけ人間らしさにも多様性がある。それに対して、ヨナスの未来倫理学が「本当の人間らしさ」を決定するものであるとしたら、それはそうした多様性を否定する暴力に転嫁するのではないか。

これに対してヨナスは次のように回答するだろう。確かに人間らしさは歴史的に形成されるものであり、そこには多様性がある。しかし、その多様性は一つの共通の能力を前提にしている。それが、想像力である。人間は、自分の置かれている現実を俯瞰し、いま目の前にはないもの、ここには存在しないものを反省できるのであり、だからこそ、人間らしさについても思考できる。ヨナスの考える「本当の人間らしさ」が指しているのは、むしろそうした想像力に支えられた人間性に他ならない。それは、人間像の歴史的な多様性を否定するのではなく、むしろその可能性の条件なのである。

どんな人間も想像力をもつ。だからこそ人間は多様な人間像を作り出すことができる。ヨナスにとって人間らしさは、たった一つに固定される排他的なものではなく、常に別の可能性をもつもの、新しい可能性に開かれたものなのである。

ヨナスは想像力をめぐる議論を哲学的人間学に基づいて説明する。しかし、それが未来倫理学とどのように関係しているかは、明確には説明されていない。それに対して本書は、哲学的人間学における想像力が、未来倫理学における責任能力と連関していると解釈することで、両者の関係を整合的に説明できることを示した。

責任能力とは何か。それは、目の前に傷ついた他者が存在し、そしてその他者を守ることができるのが「私」だけであるとき、「私」がこの他者を気遣い、手を差し伸べる義務である。それは契約に基づく義務ではない。私たちは、たとえ法律で定められていなくても、それを誰かから頼まれていなくても、傷ついた他者の前では責任を感じる。そうした責任を引き受けることは、もしかしたら面倒なことかもしれないし、場合によって「私」に損害を生みさえするかも知れない。それでもその他者を配慮しなければならない、と感じることができる能力が、責任能力に他ならない。

ヨナスは、責任能力のうちに発揮される、こうした私的利害を乗り越える力を、道徳的な自由とも呼ぶ。そしてそうした自由をもつのは人間だけである。本書はこの道徳的自由が想像力に根差したものであると解釈した。私たちが自分の私的利害を超えられるのは、私たちが自分の置かれた現実に囚《とら》われない存在であるから、つまり想像力をもつからである。

後述するようにこの解釈に問題がないわけではない。しかし、それによって彼の未来倫理学はよりクリアに理解できるようになる。

ヨナスは未来世代への責任を形而上学的演繹によって基礎づける。手短に要約すればそれは次のようなものだ。この世界に責任の可能性が存在することが、第一の責任である。責任はその対象と主体が揃って初めて成立するが、対象を担うことができるのがあらゆる生命であるのに対して、主体を担うことができるのは人類だけである。人類が絶滅すれば責任の可能性も奪われる。したがって、第一の責任はこの世界に人類が存在することへの責任であり、その責任が果たされるために、未来世代の存続への責任が要請される。

この基礎づけのポイントは、人類があくまでも責任の主体として、つまり責任能力を失われないような仕方で、存続しなければならないということだ。したがって、未来世代から責任能力が奪われること、その道徳的自由が奪われることもまた、未来世代への責任として避けられなければならない。

責任能力は想像力と結びついている。したがってこの第一の責任は、未来世代から想像力が奪われないことへの責任でもある。想像力が失われてしまったら、責任能力もまた失われるからだ。一方で、想像力は新しい人間像や形而上学を思考する能力でもある。したがって第一の責任は、責任の可能性が存続することだけではなく、新しい人間像や形而上学が可能であり続けることへの責任をも含んでいる。

ヨナスは『責任という原理』において、歴史が新しい可能性に開かれていることへの責任を訴え、ここからテクノロジーによる全体主義的なディストピアを批判している。しかし、なぜそうした責任が要請されるのかを、形而上学的演繹から直接的に説明することはできない。それは、哲学的人間学を経由し、想像力と責任能力の連関を前提にすることによって、初めて説明可能になる。それが本書の提示した解釈である。

未来世代は、すなわち、やがて来たる子どもたちは、私たちが信じてきたものをことごとく覆すことができる。私たちとは違う光のもとで世界を眺めることができる。硬直化した常識を穿《うが》ち、そこに新しい風を吹き込むことができる。そのようにして歴史は運動していく。どんなにこの世界が閉鎖性と排他性に陥っても、何度でも新しさが息を吹き返す。そしてその世界で覆い隠され、声を奪われている傷ついた他者に、手を差し伸べることができる。それがヨナスの考える「本当に人間らしい生き方」である。そして、そうしたことが可能であるための条件を守ることが、未来世代への責任に他ならないのだ。

しかし、こうしたヨナスの発想にはいくつかの問題がある。

第一に、想像力が人間の本質である、と考えること自体が、一つの形而上学に過ぎないのではないか、という疑問が生じうる。ヨナスは多様な形而上学が可能であることの条件を、想像力のうちに求めていた。しかしそのように考えること自体もまた、やはり一つの形而上学であると言わざるをえない。この意味において、ヨナスの哲学的人間学は、形而上学の成り立ちを説明する形而上学という性格をもっている。しかしそれでは、人間の本質が想像力であるという、あらゆる形而上学の根底に置かれたヨナスの形而上学の妥当性はどこにあるのだろうか。

ヨナスはそれを、あらゆる動物のなかで人間だけが像を描くことができる、という点に見出しているが、こうした経験的所見からこのような形而上学を推論するには、飛躍があると言わざるをえない。要するにヨナスの哲学的人間学は、なぜ人間の本質が想像力なのか、という問いに対して十分な根拠をもって回答することができないのだ。

第二に、これは本書の解釈が抱える問題であるが、責任能力が想像力と連関するのだとしたら、責任における他者の他者性は尊重されると本当に言えるのだろうか。ヨナスは責任の対象の条件を生命のうちに見出し、その「呼び声」によって触発されることで、他者への責任が喚起されると説明していた。責任の主体と対象の間には力の格差がある。「私」が他者に責任を負うとき、「私」は他者よりも強い力をもっている。しかしそれは、他者を支配したり、他者を自分の一部にしたりすることを意味するわけではない。むしろ、そうした同化を拒絶するものとして他者を承認するということが、責任には含まれている。その一方で、想像力は事物を表象する能力である。表象するということは、自分の視点から、自分に見えるような仕方で、事物を再現することだ。責任能力が想像力に根差しているのなら、他者への責任は「私」による他者の表象によってもたらされる、ということになる。しかし、他者の他者性は、他者が「私」の表象では捉えつくせない存在であること、「私」から決して見えることのない表象不可能な領域を持つものとしてしか、語りえないのではないか。それでも責任能力が想像力と連関するなら、そこではもっと繊細な他者論が展開されなければならないはずだ。しかし、そうした議論をヨナスのうちに見出すことはできない。

そして第三に――おそらくこれがヨナスの未来倫理学の直面するもっとも厄介な問題である――未来世代への責任が、この世界に人間が存在することへの責任として基礎づけられる以上、それは生殖への責任を含む。もちろん、ヨナスはすべての人間が生殖するべきである、と考えているわけではない。形而上学的演繹に従うなら、この世界に一人でも責任の主体が存在するなら、それで論理的な一貫性は守られる。ヨナスが生殖に関する責任として念頭に置いていたのは、むしろ、統治機構がテクノロジーによって生殖を管理し、権力の維持のために生殖が停止されてしまうという事態であり、そうした事態は道徳的に許されないということである。

しかし、生まれてくる子どもの視点に立つなら、子どもは未来世代への責任のために出生させられる、ということになる。その上その責任は、あくまでも子どもが責任の主体であることを、つまり自由であることを義務づけるのであって、その子どもの幸福を目指すものではない。生まれてくる子どもは、未来世代への責任が果たされるために、本来なら生まれてこないこともできたかもしれないのに、強制的にこの世界に生まれさせられ、その結果として不幸な人生を歩むことになるかもしれない。それは未来世代への暴力なのではないだろうか。実際にヨナスもまた「人間存在を生み出すこと」が常に「罪（Schuld）」[*2]を抱えるものであることを認めている。[*3]

この世界に生まれてきた子どもたちは、もしかしたら、生まれてこない方がよかったと思うかもしれない。それがヨナスへの一つの批判になるのは確かだろう。ただしそれは、そうした子どもの苦悩に対して親が責任を引き受けなければならない、ということではない。なぜならその子どもが誰であるかを決定する力はないからである。ヨナスは次のように述べる。

「なぜ私をこの世界に生んだのか」と、非難を込めてであろうと別様であろうと、子どもが親に尋ねることは本来できない。なぜなら、この「私」のもつ個別性に対して、親は何らの影響力ももたなかったからである。[*4]

ヨナスによれば人間の出生は予測不可能である。人間はこれまで生まれてきたどんな人間とも違うのであり、一人一人の誕生は常に新しい出来事、前例のない出来事である。それは親にとっても変わらない。親は、子どもを産むことはできても、産まれてくる子どもが誰であるかを決定できないし、また予測することもできない。親にとって子どもは家族でありながら他者であり、だからこそ、責任の対象になるのである。

ヨナスは、責任概念を分析する際、その一つの原型として子どもへの責任を挙げていた。もちろん未来世代への責任は子どもの責任から導き出されるわけではない。それはあくまでも別の論理的な操作によって、つまり形而上学的演繹によって説明される。それでも未来世代への責任がやはり子どもへの責任と密接に連関していることは明らかだ。なぜならそれは子どもを出生させる責任を含むからである。ヨナスはその関係について次のように述べる。

> 誕生したすべての子どもたちによって、人類は可死性に直面しながらも新しく何かを始める。そして、その限りにおいて、ここには人類の存続への責任にも関わり合いがある。しかしこれは、〔子どもという〕いま観察されたあまりにも具体的で原初的な現象に対しては抽象的すぎるものである。その抽象的な責任のもとでは〔中略〕、（私たちの考えるところでは）確かに〔誰でもいいからとにかく〕「一人の」子どもを産むことの義務は成り立つ。しかし、この個別の子どもを産むことの義務はまったく成立しえない。何故なら子どもの個別性はまったく予見不可能であるからだ。しかしこの個別性が、その絶対的に偶然的な唯一性において、〔子どもへの〕責任に値するものとなるのである。[*5]〔後略〕

ヨナスの主張は次のように整理される。未来世代への責任は子どもを出生させることへの責任を含む。したがって、「子どもがどこかで一人生まれる」ことは、「人類の存続への責任」に応えるものである。しかしそれはもちろん「抽象的な責任」に過ぎない。未来世代への責任とは責任の主体が存在することへの責任であり、それが責任の主体でありさえすれば、生まれてくるのは誰であっても構わない。つまり、生まれてきた子どもが具体的に誰であるかは問題にならない。

しかし、言うまでもなく、生まれてくる子どもは具体的な存在である。その子は他のどんな子どもとも交換することのできない、たった一人の、かけがえのない存在である。ともに責任の主体でありうる二人の子どもであっても、それぞれの親からしてみれば、その二人は決して同じではない、交換不可能な存在である。ヨナスはそうした子どもの交換不可能性を「絶対的に偶然的な唯一性」と呼ぶ。

ヨナスによれば、個別性は、「その絶対的に偶然的な唯一性において、〔子どもへの〕責任に値するものとなる」。未来世代への責任において、責任の主体は誰であっても構わない。しかし、目の前の子どもに対する責任に応えるとき、その子どもが誰であってもいいはずがない。目の前にいる子どもを見殺しにしたあとで、別の子どもを助けたとしても、それによって見殺しにされた子どもへの責任が相殺されたことにはならない。その意味において、ある子どもへの責任は、その子どもの交換不可能性に基づいて生起するのである。

親には子どもが誰であるかを決めることができない。その子どもがその子どもである責任は誰にもない。しかし、だからこそ、親はその子どもを守る責任を引き受ける。なぜならその子どもはこの世界にたった一人しか存在しないからだ。

ヨナスはそのように考えていたに違いない。

子どもの出生が偶然性を帯びる、ということは、ヨナスの歴史思想とも整合する。ヨナスは歴史を新しい個人の出生によって進展する予測不可能な運動として捉えていた。そして未来世代への責任は、未来の歴史が多様な可能性に開かれていること、そこに予測不可能な新たな運動が始まる条件を守ることだった。そうした歴史の運動は新たな子どもの出生によって担われているのだ。

子どもの出生の偶然性が、未来を予測不可能にする。恐らくそれは親であれば誰でも経験することだろう。いま、親の目の前にいる子どもは、親の言動の一つ一つに多大な影響を受ける。その上、その影響がすぐに現われるとは限らない。それは、一〇年後、五〇年後になって初めてその姿を現すかもしれない。しかもその影響が親の思っているような仕方で現れることなどほとんどないだろう。子どもは親の思いもよらない形で親から影響を受ける。しかし、そのようにして子どもと関わることが親の責任なのだ。

この意味において、親が担う子どもへの責任は、常に同時に、子どもの未来への責任である。親はいまこの瞬間の子どもへの責任に応答していても、それはその子どもの未来にも影響を与える。ヨナスはここに責任が帯びる独特な時間性の変容を洞察する。ヨナスによれば、子どもへの責任に応答するとき、「私たちはその度ごとにすでに未来の一部として現に存在するのであり、そして未来の一部は私たちとともに現に存在する」[*6]。すなわち子どもへの責任は、私たちを不可避にその子どもの未来へと直面させるのであり、それによって現在のうちに未来を現前させるのである。そのとき「未来は、すでに私たちと共に持続しながら現に存在し、私たちとともに既に生きていて、ゆっくりと成長するのである」[*7]。そしてヨナスは、こうした感覚が未来世代への責任を確信するために欠かすことができない、と主張する。

子どもは現在に未来を現前させる。私たちは、ヨナスの神話思想のなかで、これとよく似た考え方に出会っていた。ヨナスによれば、人間の行為が不死性をもつのだとしたら、たとえそれが人々から忘れ去られていても、過去は現在において現前する。おそらく同じことが未来にも当てはまるのだろう。私たちが子どもに対してすることは、たとえ子どもがそのことを忘れたとしても、その子どもの未来に影響を与える。その影響はなかったことにはならない。そうしたものとして、未来は現在のうちに居合わせているのである。

アウシュヴィッツにおいて殺された人々の記憶が、忘れられた過去を現前させるように、泣き叫ぶ子どもの傷つきやすさは、予測不可能な未来を現前させる。未来は私たちとともにある。やがて来たる子どもたちは、いま、ここにいる。私たちがその顔を見ることも、出会うことさえもできない子どもたちが、この現在において、私たちの力に委ねられている。もしかしたら私たちはその子どもたちを幸福にはできないかもしれない。その子どもたちは深い苦悩とともに生きるかもしれない。しかし私たちは、子どもたちがこの世界に新たな可能性をもたらし、自由な責任の主体として存在できるように、気遣わなければならない。その先の未来が開かれ続けていることを、さらなる新しい未来が続いていくことを託さなければならない。

私たちは未来世代への責任をそのように考えるべきである。

それがヨナスの未来倫理学のメッセージであるように思える。

註

はじめに

＊1　未来世代に対する現在世代の道徳的責任を主題とする領域には、その文脈に応じていくつかの異なる呼称がある。本書が採用する「未来倫理学（Zukunftsethik）」は主にドイツを中心として用いられている概念であり、たとえば *Handbuch Umweltethik*（2016）ではそれが環境倫理学の主要概念として挙げられている（Unnerstall 2016, S. 152）。一方、英米圏ではこうした領域は「inter-generational justice」と呼ばれることが多く、日本では加藤尚武によって頻用された「世代間倫理」という呼称が浸透している。

＊2　ヨナスは一九〇三年にドイツのメンヒェングラートバッハという町に生まれた。一九二一年にフライブルク大学に入学し、そこで私講師だったハイデガーと出会った。ハイデガーが移籍すると、一九二四年、そのあとを追うようにしてヨナスもマールブルク大学に転入した。ヨナスはハイデガーに師事した他、ブルトマンのゼミにも参加し、そこで当時一八歳だったアーレントと出会う。ハイデガーとブルトマンの指導のもとで博士論文を書き上げたのち、一九三三年、ナチスの政権掌握とともにイギリスへ亡命、さらに当時のパレスチナに渡ってシオニズム活動に従事する。第二次世界大戦がはじまると、イギリス陸軍のユダヤ旅団の一員として参戦し、イタリア戦線で戦闘に加わった。戦後、カナダを経由してニューヨークに渡り、ニュースクール大学の教授に着任し、その後の研究拠点とする。一九九三年二月にニューヨークの自室で死去。なお、ヨナスの生涯については品川（二〇〇九）および戸谷・百木（二〇二〇）を参照のこと。

＊3　『責任という原理』を公刊した当時、ヨナスはアメリカに在住しており、それまでは同地でのほとんどの執筆を英語で行っていたが、同書については母語であるドイツ語で執筆した。そうした事情も相まって、同書はアメリカよりもむしろドイツにおいて大きな影響力をもった。ヘスレによれば、ドイツにおけるヨナスの積極的な受容は特異な現象である。当時のドイツの哲学界では、ハイデガーがナチスドイツへと加担したことへの反省から、ハイデガー的―ドイツ哲学的な方法・態度の排除が進んでいた。たとえば、当時のドイツ語圏の哲学者として活躍していたハーバーマスやアーペルらの討議倫理の哲学者たちは、英米圏の言語哲学や社会科学の知見を積極的に受容することで、ハイデガー的―ドイツ的な哲学からの脱却を試みていたと解釈することができる。そうしたなかで『責任という原理』は、ハイデガーからの明らかな影響を保持しているにもかかわらず、ドイツで大きな注目を集めることに成功したのである。ヘスレはこうした観点からヨナスを「最後のドイツ哲学者」として評価しながらも（Hösle 2003, S. 52）、その彼がドイツに決して帰還することなく、アメリカで没したことのうちに、伝統的なドイツ哲学の皮肉な運命を見て取っている（Hösle 2013, S. 305）。

＊4　カーツワイル（二〇一六）を参照のこと。

＊5　こうした思想は一般にトランスヒューマニズムとも呼ばれる。また、二〇一〇年代頃から「ダークな思想」として注目を集め始めた加速主義は、シンギュラリティの実現を目指すために資本主義のプロセスを加速させ、その自己崩壊を促すことで、資本主義とは異なる新たな秩序の獲得を目指している。加速主義とシンギュラリティの関係については千葉他（二〇一九）を参照のこと。

＊6　ハラリ（二〇一八）を参照のこと。

＊7　PV, S. 36／二二頁

＊8　vgl, Apel 1990, Apel 1994, Apel 1999

＊9　vgl, Kuhlmann 1994, Werner 1994, Gronke 2008

＊10　vgl, Böhler 2004, Böhler 2013

＊11　品川（二〇〇七）を参照のこと。

＊12　vgl, Jakob 1996

＊13　cf, Wolin 2001

＊14　vgl, Harms 2003

＊15　戸谷・百木（二〇二〇）を参照のこと。

＊16　vgl, Hösle 2013

＊17　vgl, Müller 2008, cf, Levy 2002

＊18　cf, Wiese 2007

＊19　vgl, Hösle 1994, Köchy 2013, cf, Vogel 1995

＊20　vgl, Hirsch-Hadorn 2000a, Wiese 2003, Wiese 2008a

＊21　cf, Frogneux 2007

＊22　vgl, Nielsen-Sikora 2017

第1章

＊1　哲学的人間学は、一九六一年に *Zeitschrift für Philosophische Forschung* 誌上で発表された論文「Homo pictor und die differentia des Menschen」において初めて論じられ、その後『生命の哲学』の英語版第七章およびドイツ語版第九章に収録される。その後もヨナスは哲学的人間学を論じ続け、『哲学的探究と形而上学的推測』の第二章などでも、詳細な議論が展開されている。

＊2　「人間の本質とは何かという問いは、人間をそれ以外の生命存在、つまり動物から区別するものは何かという問いとして立てることができる。人間を〔動物から〕区別するもの、すなわち人間の種差（differentia specifica）は何かという問いは、その区別を明瞭かつ説得的に表す特徴は何かという問いとして立てることができる」（PL, S. 267／二八五頁。強調は原文）。

＊3　PL, S. 267／二八五頁

＊4　ヨナスがこの思考実験を「理想的な厳格さをもった条件」（PL, S. 267／二八五頁）と見なしているのは、あえて宇宙人について思考することによって、現在の地球上における人間の身体的な外見——両足で立ち、手足と指があり、服を着ているなど——に囚われることなく、人間の条件を検討することができるからである。

＊5　PL, S. 269／二八八頁

＊6　哲学的人間学における言語の位置づけは必ずしも明瞭ではない。たとえばヨナスは『生命の哲学』において次のように述べている。「私たちがここで確認しておきたいと思う解釈上の一定の長所は、たとえば語るというあり方と比較した場合にそうだが、像を描くというあり方のもつ相対的な単純さにある。語るということはおそらく人間にとっていっそう本質的でいっそう中心的な現象だろうが、またその多層性のゆえに捉えることがいっそう困難な現象でもあって、いずれにせよ解釈するうえで哲学的にはるかに扱いが難しく、異論の余地をもつ」（PL, S. 268／二八七頁。強調は原文）。ここでは「像を描く」能力の優位性はその「相対的な単純さ」のうちに見出されている。

　しかし、これに対して同書の議論が進んでいくと、図像能力の優位性はそれだけではなく、存在論的に言語に先行するものとして位置づけられることになる。「事物に対する知性の一致に先行する事物に対する想像力の一致が理論的な真理の最初の定式である。これは言葉が記述する真理の先駆者であり、言葉の記述する真理は一方、科学的な真理の先駆者である」(PL, S. 286／三〇九頁。強調は原文)。

その一方で、『哲学的探究と形而上学的推測』に収められた論文「流転と永続——歴史の理解可能性の根拠について」においては、むしろ人間の本質にとって言語が根源的であると述べられる。「人間とは、第一に、かつ、根本的に、言語的な存在である。私たちはこれが一つのアプリオリであることを知っている。常に、どんな先史時代においても、歴史的あるいは前歴史的に、人間が存在していた場所では、人間は相互に語り合っていた。言語の哲学はあらゆる哲学的人間学の中心に位置しなければならない」(PUmV, S. 72)。

このように、人間の諸能力における言語の位置づけはヨナスの著作を通して一貫しているとは言えない。

＊7　PL, S. 269／二八八—二八九頁

＊8　ヨナスは像概念の諸性格を次のように分析している。第一に、像はその像のモデルとなった事物との「識別可能な類似性」(PL, S. 270／二八九頁) をもつ。

第二に、像とは「意図的に作り出されたもの」(PL, S. 270／二八九頁)、すなわち人工物である。自然に生じた事物は、たとえどれほど他の事物に類似しているのだとしても、その事物の像ではない。

第三に、像の類似性は不完全でなければならない。もしも像が、そのモデルとなった事物を完全な類似性において再現するなら、それは「事物それ自体を複製すること、すなわち、同種の事物の新しい個体を生み出すことになるだろう」(PL, S. 270／二九〇頁)。像が像として観察されるのは、それが事物と類似した再現でありながら、しかし事物の複製ではないことを識別される程度に、類似が不完全であるときに限られる。ヨナスは像一般がもつこうした性格を像の「存在論的不完全性」(PL, S. 271／二九一頁) と呼ぶ。

第四に、そのように類似の不完全性が前提にされるからこそ、像のモデルとなった事物から任意の部分を省略することができ、表現において「『代表的』な特徴、あるいは『目立った』特徴、あるいは『重要な』特徴が選び出される」(PL, S. 271／二九一頁)、ということが可能になる。したがって、像を描くということは原理的に選択による省略を伴う。

第五に、像は、そのモデルとなった事物の元来の姿か

ら「変形」（PL, S. 272／二九三頁）されても描かれうる。「この変形は、強調のために要素を少し置き換えることからもっとも極端なカリカチュアにいたるまで、また、当該の対象をさりげなく調和させることから規範的な記号へと完全に同一化するところまで、あらゆる段階にわたって行われる」（PL, S. 272／二九三頁）。したがって、像は省略という消極的な編集だけでなく、変形という積極的な編集をも伴いうる。

第六に、こうした諸性格をもつ像は、常に視覚的な形態をもつのであり、「識別可能な視覚的ゲシュタルト」（PL, S. 273／二九四頁）として描かれる。ある特定の「像」として識別されるのはゲシュタルトであり、それらは「距離によって大きさが変化しても、光の条件によって色合いや明暗が変化しても影響されないし、細部にいたるまで完全に再現するかどうかとも無関係でありうる」（PL, S. 273／二九四頁）。

第七に、像はそれ自体では「非活動的で静止している」（PL, S. 274／二九五頁）。たとえ運動している事物を描いたとしても、描かれた像そのものは、運動していない。それは「危険をもたらさずに危険なものを、害することなしに有害なものを、満たすことなしに望まれているものを」（PL, S. 274／二九五頁）描くことを可能にする。

最後に、像は常に次のような三重の概念契機によって構成されている。すなわち、「基体」、「像」、「像の対象」（PL, S. 275-276／二九七頁）である。「基体」とは、像の物質的な素材であり、たとえば紙やインクや木材などである。「像の対象」とは、その像のモデルとなった事物に他ならない。「像」はこれらから明確に区別される。ヨナスは像概念を構成するこの三重の概念区分を「存在論的差異」（PL, S. 276／二九八頁）と呼ぶ。このうち、「像」と「像の対象」との区別は、前述の類似の不完全性を可能にする条件であり、省略や変形を可能にする条件である。同時に、この区別を前提にすることによって、一方において、一つのモデルから様々な像を描き出すことが可能になり、他方において、一つの像から様々な事物を再現することが可能になる。ヨナスによれば、「植物学の本に登場するヨーロッパ・アカマツの像は、あれこれの特定のマツの樹を表現したものではなく、その特定の種の任意の実例である」（PL, S. 275／二九八頁）。このように「像」は、それが「像の対象」から存在論的に区別されることによって、「一般性」（PL, S. 277／二九八頁）を獲得する。

＊9　PL, S. 270／二八九頁

＊10　PL, S. 271／二九一頁

＊11　PL, S. 286／三〇九頁。強調は原文

＊12　ヨナスは想像力を「もとの対象の実際の現前から完全に切り離して、この像を扱う」（PL, S. 284／三〇七頁）能力として定義する。想像力は像を作り出す能力であるだけではなく、像を理解する能力でもある。「像の製作ないしは理解を可能にする根本条件は、製作と理解のどちらにおいても異ならない」（PL, S. 278／二九九頁）。むしろヨナスによれば、「像を作るということは、何かを像として知覚する能力を前提にしている」（PL, S. 278／二九九頁）のであり、像の理解可能性は製作可能性の条件に他ならない。像を理解できるということは、像を像として理解することができる、ということであり、像概念一般がもつ前述の存在論的差異を識別できる、ということである。たとえば洞窟の壁に描かれた雄牛の像は、「基体」すなわち物質としては岩石であるが、「像の対象」は雄牛である。その像を理解できる者は、現前している岩石を眺めながら、そこに現前していない雄牛を理解できる。ヨナスによれば、「ここで主観の側で働いている原理は、形相と質料による志向的な区分」であり、「この区分によって、物理的に不在であるものが像として浮かび上がり、物理的に現前しているものが姿を隠すということが、同時に可能になる」（PL, S. 280／三〇一頁）。ヨナスによれば、そうした「志向的な区分」を実現する能力こそ、想像力に他ならない。

なおヨナスは、「想像力」と訳しうる概念として、「Einbildungskraft」と「Imagination」を用いているが、両者は厳密に区別されているわけではないため、本書では同じものを指す概念として、ともに「想像力」と訳す。

＊13　ベーラーはヨナスの哲学的人間学を繰り返し批判している。ベーラーによれば、「ヨナスはカント的な理性の遺産に誠実にとどまり続け、それによって彼はデカルトおよびカントの近代的な主観哲学の根本的傾向を引き受けている」（Böhler 1994, S. 56）。その理由は、ヨナスが人間と動物を隔てる境界を、主体による対象の客体化として作用する想像力のうちに洞察しているからだ。想像力は、「多かれ少なかれ距離を取りながら世界と関係し、そして、状況を超えた象徴的なものの普遍性を獲得する」（Böhler 2008, S. 170. 強調は原文）ものであり、あくまでも対象を客体化する主体と客体化される対象という関係のみが想定されている。その限りにおいて、それは「主体—客体関係」を前提にしている。ベーラーによれば、こうしたヨナスの哲学的人間学には「間主観的なコミュニケーション」への視点が欠落している。たと

えばヨナスは、自らの人間観を「画家」を意味する「ホモ・ピクトル」（描く者）と呼ぶが、画家は単に主体―客体関係において対象を描くだけではなく、「言語による他者との（可能的な）コミュニケーションの主体―主体関係をも前提としているのであり、それによって画家は、簡潔にして含蓄に富む意味あいのもとで自らが描くものをそもそも『見ること』ができ、つまり、理解することができるのである」。言い換えるなら、想像力は「むしろ意思疎通と語りのコミュニケーション的自由」を意味しており、それによって「主体―客体関係を初めて可能にするものである」（Böhler 2013, S. 123）。ある像がある特定の意味を表すものとして理解されるためには、誰もがその像をその意味において理解するという間主観的な了解を前提にしなければならない。そうした了解がなければ、そもそも像は意味を担うことができない。したがってヨナスの哲学的人間学は間主観性の契機を必要とするにもかかわらず、それが欠けている点に、ベーラーはヨナスの論証の不十分さを指摘するのである。

　ベーラーから寄せられるこうした批判に対して本書は部分的にのみ同意する。同意すべき点としては、ヨナスの哲学的人間学が不可避に間主観的なコミュニケーションを要請する、ということであり、同意できない点は、ヨナスの哲学的人間学にそうした視点が欠落し、ヨナスが主体―客体関係だけに立脚している、と考えられていることである。本論で述べられる通り、ヨナスは想像力をめぐる分析から人間像の概念を導き出しており、人間像は人々の対話によって社会的に構成される、と述べられる。こうした人間像概念のうちに間主観的なコミュニケーションの契機を読み取ることは可能であろう。

＊14　PL, S. 307–308／三三五頁

＊15　PL, S. 307／三三四―三三五頁。強調は原文

＊16　PL, S. 307／三三五頁

＊17　PL, S. 308／三三五頁

＊18　PL, S. 308／三三五頁

＊19　PL, S. 308／三三六頁

＊20　ファオは人間像が再形成されるプロセスについてヨナスを批判している。ファオによれば、ヨナスはそうした人間像に関して、「個人は、『一般的な範型に完全に適応するなら〔中略〕それに吸収される』か、あるいは『異端として屈服させられるなら〔中略〕自らの孤独へと引き戻される』か、そのいずれかである」と述べている。これに対して、ファオは「ヨナスがはとんど注意を払っていない」「第三の選択肢」として、「個人が同様に自らに見える世界のために戦い、自らの対抗者にそれを

説得すること」を挙げている。言い換えるなら、それは、自らが帰属している人間像と「自らに見える世界」との違和感を解消するために、他者を説得し、人間像を改変していくという選択肢である。もちろん、「ヨナスはこうした可能性を認めてはいる——しかし、法としてではなく、稀有な例外としてである」。ここでファオが批判しているのは、そうした再形成の可能性がただ「稀有な例外として」しか論じられておらず、すべての人間に開かれた選択肢ではない、ということだ。人間像の再形成をめぐるヨナスの議論は、「人間は、自らが選んだ人間像を保証するために、こうした仕方で英雄的に存在しなければならないのだろうか、それは民主主義的な社会においてむしろ法であるべきではないのか」という疑問を喚起させる。「結局のところしばしば見解の多様性は、双方の立場によって承認されるような、許容されうる妥協へと落ち着くのである。また、個人は、ヨナスが受け入れていると思われる通り、実際には世界の残余に対して一人で生きているのだろうか？　華々しい英雄性なしに、自らに見える世界を共に支持するような、考えを同じくする人々が見出されることは、滅多にないことなのだろうか？　ヨナスは『完全な適合』と『異端としての屈服』の疑わしい二者択一を平均的な人間に対して暗示しているが、調停され、多くの人々の合意に基づく立場に対しては、いかなる場も用意されていない」(Pfau 2014, S. 164-166)。

なお、こうしたヨナスの倫理思想における民主主義の軽視への批判は、先行研究において幾度も繰り返されてきたものでもある (vgl, Popper 1987, Jakob 1996, Böhler 2004, Gadamer 2004)。

＊21　PUmV, S. 45

＊22　PUmV, S. 45

＊23　PUmV, S. 45-46

＊24　PUmV, S. 46

＊25　先行研究において、ヨナスの哲学全体における形而上学概念の位置づけは必ずしも明確に論じられてこなかった。たとえば品川は「形而上学という語はヨナスの文献のなかで二通りに使われている」と解釈し、その用法として、第一に「存在者についての複数ある見解」、第二にヨナスが自らの倫理思想において展開する「存在と当為とを結びつけた形而上学」を挙げている（品川二〇〇七：一一〇頁）。しかし、両者の用法をそのうちに帰属させうる形而上学の統合的な意味は示されていない。本書はその意味を哲学的人間学から読み解くものである。

＊26　シュミットが指摘するように、ヨナスの形而上学概念は、すでに確立された思想の体系である以上に、むしろ人間の自由な思考によって新たに形成されうるものである（Schmidt 2013, S. 165）。

第2章

＊1　E, S. 129–130／一〇一頁

＊2　ブーレッツ（二〇一三：二五五頁）

＊3　PL, S. 309／三三一–三三八頁

＊4　PL, S. 309–310／三三八頁

＊5　一九五九年にエルンスト・ブロッホの主要著作の一つとして公刊された『希望の原理』は、ヨナスの『責任という原理』と内容的に密接に関係している。まず、『責任という原理（Das Prinzip Verantwortung）』という書名は、『希望の原理（Das Prinzip Hoffnung）』へのオマージュである。さらにブロッホは、『希望の原理』において、未来に対峙する人間の基本的情動として「恐怖（Furcht）」と「希望（Hoffnung）」を挙げ、恐怖よりも希望を学ぶ必要があることから、議論を開始している（Bloch 1959）。これに対してヨナスは、科学技術文明を頼って未来に期待を寄せるよりも、むしろ恐怖を学び直すことによって未来世代への責任が担われなければならないと主張する。たとえばそうした方法論として『責任という原理』のなかで展開されるのが「恐怖に基づく発見術（Heuristik der Furcht）」である。また、『責任という原理』の第五章および第六章では、マルクス主義およびブロッホの思想が主題的に取り上げられ、それに対する徹底的な批判が繰り返される。

このように、ヨナスの『責任という原理』はブロッホの『希望の原理』への批判的克服の書物として構成されている。ただし、先行研究において、そこで展開されているヨナスのブロッホ解釈には多くの点で疑問が寄せられている。たとえば小田は、「『責任の原理』で延々一〇〇頁近くにわたって繰り広げられるヨナスのブロッホ批判は、ブロッホの問題設定に対する無理解のため、きわめて非生産的なものに終始している」と主張し、さらに「正直なところ私には、ヨナスが『希望の原理』を拾い読みして気に入らない文章を見つけては罵倒しているという印象を拭えない」とまで述べている（小田二〇〇一：四七頁）。本書では、ヨナスのブロッホ解釈の妥当性の検証に立ち入ることはせず、あくまでもヨナスの思想の再構成という観点から、ブロッホに言及するに留めたい。

＊6　PV, S. 376／三六九頁

＊7　PV, S. 377／三七〇頁

＊8　またヨナスは次のようにも説明している。「この存在論の簡潔明瞭な方式は次の通りである。『SはまだPではない』（主語はまだ述語ではない）。この方式でP存在は、Sが到達できるだけではなく、さらに到達する『べき』でもあるような、そうしたものである。こうして初めてSが現実にSである。SがPではない限り、Sはまだ全然それ自身ではない（それはSではない）」（PV, S. 376／三七〇頁。強調は原文）。

＊9　PV, S. 45／三〇頁

＊10　PV, S. 45／三〇頁

＊11　PV, S. 381／三七五頁。強調は原文

＊12　ヨナスは、人間が歴史をどのように理解できるのか、という解釈学的な問いを、論文「流転と永続――歴史の理解可能性の根拠について」のなかで展開している。この論文は、一九六九年九月一日にボンで行われた国際会議の基調講演において初めて発表され、その後、一九七〇年に単著として出版されると同時に、同年にハイデガーの八〇歳を記念する論集にも採録される。一九七四年に公刊された『哲学的エッセイ』の第一二章として英語訳されたバージョンが収録され、さらに時を置いたのち、一九九二年に公刊された『哲学的探究と形而上学的推測』の第三章としてドイツ語版が再録される。本書では原則として『哲学的探究と形而上学的推測』に収録されたテクストを参照している。

この論文の内容は、その副題が示す通り、「歴史の理解可能性の根拠」を明らかにすることであり、中期ヨナスのテクストのなかで唯一、解釈学の一般理論がテーマとなっている。そのなかでヨナスは、過去の解釈を人間の普遍的な本質によって説明する立場を本質主義と呼び、それに対して人間の一回性を強調することで、過去の解釈をあくまでも他者による他者の理解として説明する立場を実存主義と呼ぶことで、そのいずれでもない歴史の理解可能性の方途を模索する。

この論文を主題的に検討した先行研究としてはLevy（2002）、Müller（2008）、Nielsen-Sikora（2017）などが挙げられるが、依然として十分な研究の蓄積があるとは言えず、特に未来倫理学との連続性という観点において、多くの可能性を秘めたテクストである。

＊13　PV, S. 387／三八一頁。強調は原文

＊14　ヨナスは同じ観点から旧石器時代の遊牧民の卓越性にも言及している。「旧石器時代の人間、例の有名な『原始遊牧民』――それが誰であったのかは永遠に分か

らないままだ――は、彼らの生存を保つための厳しい要求に対処しなければならなかった。彼らの対処の仕方が子どもじみていたのだとしたら、彼らは滅び去ってしまい、われわれは今日地上に存在してはいなかったろう。諸民族の神話は決して子どもじみたお話ではない。彼らの儀礼は決して戯言ではない。彼らの呪術は決して素朴なものではなく、未知のものへ恐れは決して未熟ではない。社会関係のタブーの秩序（親族体系、部外結婚制等）は決して単純で一様な代物ではない。そして、彼らの技術は、そのどんな発達段階においても、常に天才的なものであることを忘れてはならない」（PV, S. 200–201／一九〇―一九一頁。強調は原文）。

＊15　PV, S. 383／三七七頁。強調は原文

＊16　ヨナスは歴史を理解することの価値を、歴史を通じて発揮される人間の本来性の多様性を看取できる点に見出している。「歴史は私たちに、人間が何でありえるか、ということを教えてくれる。歴史は、人間を守るすべてのもの、そして人間を傷つけるすべてのものの、つまりそうした人間の諸可能性の広がりを、私たちに教えてくれる。なぜなら人間の歴史において――その高みにおいて、その深みにおいて、その偉大さにおいて、その哀れさにおいて、その崇高さにおいて、その馬鹿馬鹿しさにおいて――『人間』はすでに示されているからだ。そして、待望されるべき、あるいは作り出されるべき、あるいは実現されるべき、あるいはそれどころか強制されるべき『本来的』かつ『真の』人間というあらゆるユートピア的な夢――それは、私たちをただ不幸へと導きうるような、政治的―人類学的な最後の時代という夢だ――には、次のような異論が寄せられる。すなわち『人間』は、不可避でありかつ凌駕できないようなすべての段階において、常にすでに存在している、ということである」（PUmV, S. 135-136. 強調は原文）。

＊17　PV, S. 200／一九〇頁

＊18　PV, S. 201／一九一頁

＊19　ヘーゲルは『歴史哲学講義』において、歴史家が自らの体験した出来事について叙述する「根本的歴史」、現在を超越しながらも依然として特殊な歴史状況のなかに留まる「反省的歴史」から区別して、理性を歴史の実体として捉え、歴史を普遍的な原理としての理性の運動の帰結として理解しようとする立場を、「哲学的歴史」あるいは「歴史哲学」と呼ぶ。歴史哲学の課題は、特殊な人間の行為を背後に普遍的な原理としての理性の働きを認識することであり、その際、人間が恣意的に行為しながらも結果として理性を実現していく過程は「理性の

詭計」として性格づけられている（vgl, Hegel 1837）。

＊20　EV, S. 80

＊21　EV, S. 80

＊22　PUmV, S. 95–96

＊23　アーレントは主著『人間の条件』において、人間の根本的な条件として複数性を挙げる。アーレントによれば、複数性とは「地球上に生き世界に住むのが一人の人間ではなく、複数の人間であるという事実」であり、また「私たちが人間であるという点では同一でありながら、誰一人として、過去に生きた他人、現に生きている他人、将来生きているだろう他人と、けっして同一ではない」（Arendt 1958, p. 15／二〇頁）というものである。人間がこうした複数性をもつということ、言い換えるなら、すべての人間がそれぞれ異なっており、唯一の存在であるということは、人間が前例のないものとしてこの世界に誕生するということ、その意味において誕生は新しい始まりであるということを意味する。それが、人間の誕生性に他ならない。

アーレントによれば、「人間は、その誕生によって、『始まり』、新来者、創始者となるがゆえに、創始を引き受け、かつ活動へと促され」（Arendt 1958, p. 166／二八八頁）る。アーレントは、こうした誕生性のうちに、またそれによってもたらされる人間の複数性のうちに、あらゆる人間を画一化する全体主義への抵抗を見出そうとした。人間が前例のない新しい個人として生まれてくる、ということは、どのような人間が生まれてくるかが事前に予測できない、ということである。その意味において人間の誕生は、常に周囲の予想を裏切るものであり、それまでありえそうもなかったことを引き起こすことを可能にする。こうした観点から、アーレントは人間の誕生を「奇跡」にも喩《たと》えている。

＊24　MOS, S. 137／八八頁

＊25　歴史の偶然性について、ヨナスはキリストの誕生を参照しながら次のように述べている。「私は個人的な思い出を報告する必要がある。私がベツレヘムの生誕礼拝堂に立ったとき、次のような思いが突然に私を打ちのめした。すなわち、かの〔キリストの〕誕生のときに対して、いかなる知も、想像力も、また史学的なメカニズムに関するもっとも透徹した知識でさえも、〔中略〕このあと数千年間にわたって引き起こされるだろう出来事を、予見することなどできなかったし、また同様にこの〔キリストという〕個人の誕生さえも予言することができなかった、ということだ。キリスト教的な解釈の外側で、世俗的な見地に立つのなら、かの〔キリストとい

う」個人が誕生したということ、そしてその生命が幼年期の病気あるいは幼児殺しによってずっと早く絶たれなかったこと、そしてさらに、純粋な事実の必要条件として肯定的かつ否定的に作用するすべてのもの――こうしたことは、それはその後の世界を決定することになった、もっとも恐るべき偶然である」(MOS, S. 137-138／八九頁)。

＊26　EV, S. 80

第3章

＊1　PL, S. 25／一二頁
＊2　PL, S. 29／一八頁
＊3　PL, S. 26-27／一五頁
＊4　PL, S. 33／二三頁。強調は原文
＊5　PL, S. 33-34／二三頁
＊6　PL, S. 34／二四頁
＊7　PL, S. 31／二一頁
＊8　PL, S. 28／一六頁
＊9　PL, S. 28／一七頁。強調は原文
＊10　もっとも、ヨナスが生物学に対する批判を構想していたのは、第二次世界大戦中から一九六〇年代にかけてである。そのためヨナスが念頭に置いている生物学は分子生物学が勃興する以前のものである。
＊11　PL, S. 30-31／二〇頁。強調は原文
＊12　ただし、死の存在論としての唯物論的一元論と、太古の生命論的一元論との間では、生命として理解される対象の範囲が異なる。生命論的一元論のもとで生命として理解されていたのが存在全体であったのに対して、死の存在論において、生命は「有機体(Organismus)」に限定される。この意味において、ヨナスが有機体という概念を用いるとき、それは特に現代における狭義の生命現象を指示している。また、太古から現代におけるこの生命の意味の変化は、存在全体における生命の地位の変化をも意味している。太古において、生命は存在全体と連続するものとして解釈されていたが、現代において、生命は「始まりと終わりに画されて、ひとえにいま・ここに存在している」ものとして解釈される。それは生命が常に個々の生命であり、それぞれ個々の生命が存在全体から断絶している、ということを意味する。ヨナスは次のように述べる。「生命の固有なもの、もっぱら生命にのみ属しているものへの眼差しがより注意深いものになったのは、その眼差しがアニミズム的な拡散と二元論的な領域から退くことで自分を狭く限定したからであり、

したがって、生命の条件となっている地上の環境において、存在における生命の場が有機体という特殊例へと収縮したからである。生命を可能にするこの環境条件は、生命にとって異質な万有と生命に無関心な物質法則がもたらす、それ自体ではありえそうにもない偶然である。個々の生命はただ束の間の差異として死から騙し取られ、奪い取られ、最終的には無条件に死の手に帰する。このような死の存在論を背景にしてはじめて、近代的な生命理論は理解可能なのである」（PL, S. 35／二五頁）。死の存在論が試みるのは、引用における「それ自体ではありえそうにもない偶然」としての生命を、「生命にとって異質な万有と生命に無関心な物質法則」によって説明することに他ならない。

＊13　PL, S. 221-222／二三六頁

＊14　PL, S. 221／二三五―二三六頁

＊15　MOS, S. 47／二八頁

＊16　MOS, S. 48／二九頁。強調は原文

＊17　MOS, S. 60／四〇頁

＊18　以上の随伴現象説をめぐる問題は、現代の心の哲学における還元主義の立場に相当するものである。なお、心の哲学におけるヨナスの随伴現象説批判の位置づけとしては、宇佐美・滝口（二〇〇〇）が詳しい。

＊19　MOS, S. 41／二三頁

＊20　MOS, S. 41-42／二三頁。強調は原文

＊21　MOS, S. 42／二四頁。強調は原文

＊22　MOS, S. 42／二四頁。強調は原文

＊23　MOS, S. 62-63／四二―四三頁。強調は原文。なお、『主観性の復権』において、ヨナスは唯物論的一元論で語られる精神の無力化について、随伴現象説とともに両立不可能説（Unvereinbar-Argument）を挙げている。ヨナスによればそれは「心的なものから物理的なものへの作用は、物理的な決定が物理的なものの内部で完結しているということと両立不可能である」（MOS, S. 22／一〇頁。強調は原文）という理論である。

＊24　PL, S. 231／二四七頁

＊25　ただし、ヨナスが随伴現象説を「論理的な不条理」と見なすのは、物理法則には還元されえない自由な思考こそが真理を決定する、という真理の定義に依拠し、かつ、そうした思考が現実に存在することを前提にしているからである。しかし、随伴現象説を支持する者が、そうした真理の定義に与せず、また自由な思考がそもそも存在しない、という立場をとるならば、ヨナスが指摘する随伴現象説の論理的な問題は最初から生じない。これに対してヨナスは、「科学的な企てそれ自体が生命の

活動であって、研究者が生命を有する存在であり、研究者は生命の根源的な経験によって生命には『何かまだ別のもの』がある、ということを忘れることから守られている」（PL, S. 164／一六五頁）ことを、自らの批判が妥当性をもつ条件としている。しかし、この条件に従わなければならない必然性はない。

＊26　『主観性の復権』における随伴現象説へのヨナスの批判は、「内在的な批判」と「帰結に基づく批判」の二つに分かれる。内在的な批判として語られるのは、なぜこの世界にいかなる影響も及ぼすことのできない心的現象が生じるのかが説明できない、ということであり、帰結に基づく批判として語られるのが、本節で語られている自己矛盾である。特に帰結に基づく批判は、随伴現象説を語る行為が、随伴現象説として語られる内容と矛盾するという意味で、遂行論的自己矛盾の指摘の形をとっている。『生命の哲学』および『責任という原理』では、随伴現象説への批判として語られるのは基本的に帰結に基づく批判のみであり、これに加えて内在的な批判を詳細に論じている点に、『主観性の復権』の特徴がある。

なお、ヨナスは同書において、随伴現象説への批判を通じて唯物論的一元論を相対化し、物理的現象と心的現象の相互関係を説明しうる独自の学説を構想しようとするが、それは同書のなかで十分に理論化されているとはいえない（宇佐美・滝口 二〇〇〇：一一二〇頁）。

＊27　PL, S. 349／三八一―三八二頁

＊28　PL, S. 351／三八四頁

＊29　PL, S. 371／四〇九頁

＊30　『生命の哲学』においてニヒリズムの問題は第一一章「グノーシス主義、実存主義、ニヒリズム」のなかで中心的に論じられる。この章では、現代社会を覆う気分を解き明かすために、今日の哲学を代弁する実存主義に内在するニヒリズムが、グノーシス主義における世界への敵対感情と重ね合わせながら論じられる。この章で「実存主義」として論じられるのは原則としてハイデガーの『存在と時間』である。このテクストは、それまでグノーシス主義の研究者であったヨナスが、その視点を保持しながら現代社会の問題へと取り組むことになる、その転換点として位置づけられている。

同時に興味深いのは、この転換が両者の関係の方法的な反転によって導き出されている、ということだ。すなわちヨナスは、それ以前はハイデガーの哲学によってグノーシス主義を解釈していたのに対して、このテクストにおいてはグノーシス主義によってハイデガーの哲学を

解釈する、という方法を取っているのである。ヨナスは次のようにも言う。「解釈の仕方が反転し、相互的となる――錠が鍵となり、鍵が錠となるのである」（PL, S. 347／三八〇頁）。

古代グノーシス主義を「鍵」とするヨナスによる実存主義の解釈はおおよそ次のようなものである。グノーシス主義において、世界は人間にとって敵対的な場として語られる。それは、自然が人間にとって本来帰属するのではない場所であり、両者が不和であるということを意味する。こうした人間と自然の不和は、人間が世界へと「投げ入れられている」（PL, S. 371／四〇九頁）という典型的な表現のうちにも示されている。一方でこの表現は『存在と時間』の主要な概念である「被投性（Geworfenheit）」と重なり合うものである。実際に、現代においても人間は自然に対して不和に陥っている。ただしその不和は、古代グノーシス主義における敵対関係とは異なり、人間に対する自然の無関心という形で示されている。それを裏づけるのが、『存在と時間』における自然概念の扱いである。ヨナスによれば、同書においてハイデガーは「世界（Welt）」と「自然（Natur）」を区別しており、現存在がそこにおいて存在するところのもの、「それゆえ配慮する実存の投企に関係づけられて」いるものが世界であるのに対し、自然は理論的態度にとっての観察対象であり、それは「無差別的な客体へと中立化され」た、「眼前的な（vorhanden）」事物に過ぎない。そして、眼前性が「実存論的な側面において頽落であるもの」である以上、自然と関わり合うことは人間にとって非本来的な態度であり、そうである以上人間にとって自然は非本来的なものを意味する。ヨナスはここに「実存主義者による自然からの価値剝奪」を洞察し、そしてそれが「グノーシス主義の自然蔑視」と通じるものでありながら、同時にそこには「近代の自然科学による自然からの心的なものの廃棄が明らかに反映している」（PL, S. 369／四〇七頁）と解釈する。

＊31　PL, S. 372／四一〇頁

第4章

＊1　ヨナスの技術論が最初に中心的に論じられるのは、一九六六年に公刊された英語版の『生命の哲学』においてであり、その後『哲学的エッセイ』、『責任という原理』においても継続的に論じられ続けた。しかし、技術をめぐるヨナスの思想がもっとも主題的に論じられているのは『技術、医学、倫理』においてである。これらの

一連の著作において、ヨナスの論旨に大きな変化はなく、言及している論点に多少の異同はあるものの、基本的に主張は一貫している。本章では主として『責任という原理』と『技術、医学、倫理』を中心に扱うが、晩年のインタビューである『認識と責任』も参照する。

＊2 TME, S. 27. 強調は原文

＊3 『生命の哲学』において、こうした科学と技術の円環関係を明らかにするために、ヨナスは近代以前と以降における知の定義の変化を、アリストテレスおよびそれを参照するアクィナスとベーコンとを対比することで考察している。ヨナスによれば、アリストテレスおよびトマスは「理論」と「技術」を概念的に区別し、理論的な学問が「不変なる永遠の事物、つまり存在の第一原因、存在の叡智的形相に関わる」ものであるのに対して、技術は「変わりうるものを計画的に変更する知」を意味していた（PL, S. 314／三四二頁）。このとき、理論は技術の使い方を指示するものではなく、また技術が理論を触発することもない。

それに対してベーコンは、知の目的を「人間の困窮」（PL, S. 315／三四三頁）の克服として解釈し、そのために理論と技術が相互に連関する体系を構想した。自然現象の法則の解明を目指す理論は、それが不変のものを対象とする点ではアリストテレスとトマスの考えと変わらないが、しかし技術へと応用され、人間の困窮状態を改善するものとして位置づけられる。そのようにして理論と技術は密接に連携するのであり、「知は力なり」という彼のスローガンが示す通り、「理論自体が発明の技術となる」（PL, S. 315／三四三頁）のである。ベーコンはここに現代社会における科学と技術の相互連関の起源を洞察する。また『責任という原理』では、「知を自然制服へと向けること、そして自然征服を人間の運命の改善へとつなげること」を「ベーコンの計画」と呼び、それが現代の科学技術文明の根幹を支えている、と述べられている（PV, S. 251／二四八頁）。

＊4 TME, S. 19

＊5 TME, S. 24

＊6 TME, S. 24. 強調は原文

＊7 TME, S. 25. 強調は原文

＊8 TME, S. 20

＊9 TME, S. 20

＊10 PL, S. 337-338／三七一―三七二頁

＊11 「短期的な予知に備わる確実性は、それなしではいかなる技術の営みもまったく機能しえないものである。そうした確実性は長期的な予知にはいつまでも拒否され

るものである。その理由をここで詳論する必要はない。社会内の、また生物圏内の影響関係の総体は、きわめて複雑で、あらゆる計量の試みを（電子計算をも）嘲弄するほどのものであること、人間は本質的に究め難い存在であり、その究め難さは繰り返しわれわれを驚かさずにはおかないこと、将来なされる発明をあらかじめ予言するのは、すなわちそれをあらかじめ見越しておくのは不可能であること、以上のことを指摘するにとどめたい」(PV, S. 66／五三頁)。

＊12　「現代科学技術の巨大な企ては辛抱強くもないし、ゆっくりともしていない。この巨大な企ては、全体としても、また個々のプロジェクトでも、自然が展開する多くの小さな歩みを、少数の巨大な歩みとへと集約する。これによって、現代の科学技術は、手探りで進む自然に備わる生命の安全保障という長所を放棄してしまう。〔中略〕大目標への到達時間が短縮されることによって、どうしても避け難い、もう些細であるとは言えない誤りを修正する期間もなくなってしまう」(PV, S. 70-71／五七頁)。

＊13　「科学技術による世界の改変は、累積的に自己繁殖する。世界の改変に貢献する行為であればどんな行為でも、その条件はたえず新しいものにとって代わられる。そして、まったく前例のない状況を次々と生み出していく。こうした状況では、経験の教えは無力である。それどころか、累積そのものによって、累積の始まる前の状況が見る影もなく変わってしまうだけではない。累積そのものが、累積の系列全体の基本となる条件を、すなわち累積そのものの前提を飲み込んでしまうかもしれない」(PV, S. 27／一五―一六頁)。

＊14　たとえば、自動車による環境破壊のことを考えると分かりやすい。自動車が社会に浸透する以前、人類はまだ地球温暖化の脅威を知らなかったし、自動車がなくても社会生活を営むことができた。発明された当初の自動車は、それがなくても生活ができるが、あると便利なテクノロジーに過ぎなかった。しかし、それが社会に浸透していくと、自動車により適する形で社会がデザインされていくようになる。自動車で走ることを前提として道路が整備され、都市が開発され、住宅が設計されるようになる。それによって自動車の普及は加速し、二酸化炭素の排出量が累積的に増加し、地球温暖化が進行する。そしてあるとき、人類は自動車が環境破壊の原因であることに気づく。しかし、そのときにはすでに簡単に自動車を手放すことはできなくなっている。なぜなら、もはや社会にとって自動車は、かつてのようにそれがなくて

も成り立つものではなく、それなしには成り立たないものになっているからだ。だから私たちは自動車を放棄するのではなくて、二酸化炭素を排出しない別のシステムの自動車を開発せざるをえなくなるのである。

＊15　TME, S. 45. 強調は原文

＊16　直前の引用で述べられている通り、テクノロジーによって脅かされるのは人間だけではなく生命一般であり、またその生存環境としての自然である。ヨナスによれば、科学技術文明において自然はもはや人間の力によって操作・変更・破壊されうるものになり、そのようにして「自然の傷つきやすさ」（PV, S. 26／一四頁）が暴露されてしまった。「人間以外の自然の状態が、すなわち生物圏全体やその部分が、私たちの力に服している以上、人間に信託された財産となったのではないか」（PV, S. 29／一六頁）。また、ここでいう「自然」には、人間の外的環境としての自然だけではなく、人間の内的環境としての自然も含まれる。そうした内的自然を操作する技術として、ヨナスは寿命の撤廃を挙げている。「今日、細胞生物学の確実な進歩によって、生化学的な老化プロセスの進行を抑え、人間の生命のスパンを延長し、もしかすると際限なく延ばすという実際的な見通しが示されている。死は、生物の自然本性に属する必然性という現象ではもうない。むしろそれは、回避可能な現象、いずれにせよ原理的には扱いやすく長期にわたって延期できる有機体の機能不全という現象となった」（PV, S. 48／三三頁）。

同様のテクノロジーとして、マインド・コントロール、スマートドラッグ、遺伝子操作なども挙げられている。

＊17　TME, S. 43

＊18　TME, S. 49. 強調は原文

＊19　EV, S. 107

＊20　『認識と責任』においてヨナスは核兵器をテクノロジーの脅威の核心に据えるアンダースとの関心の違いを次のように説明している。「私はギュンター・アンダースを学生時代にギュンター・シュテルンとして知り、仲良くなり、それ以降も親交をもっていた。彼は原子爆弾に衝撃を受け、そしてここに存する破局的な脅威が彼自身の哲学的営為の転回点だった。そのときから、彼はこうしたテーマに専念し、心を奪われてしまったのである。私にとっては、原子爆弾による破局的な脅威は、それほどまでに心を揺さぶられるものではまったくなかった」（EV, S. 107）。ヨナスは核兵器が本質的な脅威ではない理由を次のように説明している。「私はもちろん、モスクワやワシントンで同時に、あるいは偶然にでも、

いくつかのボタンが押されることで突然の大量殺戮が起きるという、恐るべき危機に鈍感ではなかった。しかし、そのような可能性の恐怖は権力者を躊躇させることにもなると思う。核兵器を使用する強制力はないし、核兵器が突然自動的に作動するなどという必然性もない。そして、核兵器を保持する必要すらない。そして、それどころか、核兵器をすべて廃棄するという国際的な合意さえ、考えることができる」(EV, S. 108)。なお、ヨナスとアンダースの技術論の比較としては、戸谷(二〇一八b)、戸谷(二〇二〇)を参照のこと。
＊21　EV, S. 109
＊22　PV, S. 22／一一頁
＊23　PV, S. 47／三二頁
＊24　PV, S. 15／五頁
＊25　PV, S. 84／六九頁
＊26　PV, S. 92／七八頁
＊27　PV, S. 92／七八頁
＊28　PV, S. 92／七八頁
＊29　TME, S. 82
＊30　ヨナスは次のようにも述べる。「先行するいかなるものも、その後行のものを望んでいない――その後行のものもとによって先行のものが目標に至るのだとしても、である。そうではなく、後行のものはただ無関心な必然性という偶然によってのみ、まさにそうした性質をもった先行条件から帰結するのである。決定的なのは、それがどこからもたらされるか、ということだけであり、つまり後ろから押す力〔vis a tergo〕であって、決してどこへもたらされるかということではない。自然法則は、形式的な進行の法則として、その支配のもとで内容的に何がもたらされるのか、ということについて、いかなる関係ももたない」(TME, S. 82)。
＊31　死の存在論において、存在するものは何であっても没価値的である。人間もまたその例外ではない。確かにこの世界に人間は存在する。しかしそれは、ただ自然法則の成り行きによって、たまたま人間がこの世界に存在するに至っただけのことであり、人間の存在が自然に内在する目標であったりするわけではない。人間は、自然に必要とされて存在しているのではないし、存在すべき理由があって存在するのでもない。その限りにおいて、人間がこの世界に存在することには意味がないし、自然は人間がこの世界に存在することを望んでなどいない。こうした人間の没価値性は、第3章において論じられたような、死の存在論において人間が陥らざるをえないニヒリズムと通底するものである。

＊32　PV, S. 92／七八頁。強調は原文

＊33　PV, S. 92／七八頁

＊34　PV, S. 93／七八―七九頁

＊35　PL, S. 330／三六二頁

＊36　ハーバーマスによれば、近代以降、理性が手続き的な合理性へと変容したことによって、哲学的探究が全体的で完結した世界像としての形而上学を提示できなくなった。ハーバーマスはそうした現代社会の状況を「ポスト形而上学の時代」として性格づけている（vgl. Habermas 2013）。またローティは、ある特定の実在的な実体を想定し、その実体を正しく写し取ったものが真理である、という実在論的な発想を「形而上学」と呼び、特にそれが非歴史的な真理に依拠する普遍主義である点を批判する（cf. Rorty 1989）。ヨナスの哲学的生命論に従うなら、このように形而上学が無力化される事態そのものが、死の存在論の帰結である、ということになるだろう。

＊37　この意味において、ヨナスのテクノロジー批判は、単にテクノロジーの個別の使用方法を批判するものではなく、その背後に潜む形而上学を批判するものである。テクノロジーの問題の根源を形而上学のうちに見出す、という点で、ヨナスの立場は後期ハイデガーの技術論によく似ている。ヤーコブが指摘する通り、「ヨナスは〔科学技術文明において〕こうした帰結をもたらす、〔人類の〕起源から現代へいたる形而上学の根本概念と、その背後に沈殿している伏蔵された根本的動機や答えのない根本的問いを徹底的に究明することを試みているのであり、そのようにしてまた、未来に対する形而上学の新しい方向性のための拠り所を見出すことを試みている」（Jakob 1996, S. 279）。また、同様の解釈を示す盛永によれば、ヨナスによる科学技術への批判の焦点は「新しく獲得された技術の単なる誤用に基づいているのではない」のであって、それはむしろ、「その形而上学的基礎が問われないままにされること」に存している（盛永二〇〇一：二一頁）。こうした観点において、両者はともにヨナスの科学技術文明への批判と後期ハイデガーの技術論との親和性を指摘している。

＊38　ここで言う克服とは、死の存在論が決して唯一の形而上学ではない、ということを証明することを意味する。言い換えるなら、それは決して、死の存在論に代わる普遍的な形而上学を打ち立て、死の存在論を無効化するということを意味するわけではない。むしろ、死の存在論の他に、私たちにとって納得のいく別の形而上学の可能性を示すことができれば、それをもって死の存在論

の一元的支配を克服したことになる、と考えられる。

＊39　PV, S. 94-95／八〇頁。強調は原文

＊40　ウォーリンはヨナスの技術論について次のように批判している。「迫りくる生態学的カタストロフに対するヨナスの予言は、経験に基づいてなされているわけではない。驚くべきことは、彼は環境破壊の規模や深刻さに関するしかるべき科学的な議論をまったく考慮に入れていないのである。それどころか、彼の記述は超越論的演繹の性格を帯びている。彼の所見では、実証されたり立証されたりするのではなく、ただ想定されているだけである。彼の指導教官であるハイデガー――奇妙にもその名前は『責任という原理』にはどこにも見出されないが――と同様に、現代のテクノロジーとその影響力についてのヨナスの議論は、あるア・プリオリな基礎に基づいて進行する。地球の荒廃は、いわばテクノロジーという概念そのものに本来含まれているのである。その点にはいささかの曖昧さの余地も、それに代わる見解についての微妙な議論の余地もほとんどない。彼の筆致は一貫して予言者めいている。遂行論的な観点からするなら、そのような断言的な仮定は、対話や討論を促進する代わりに、全面的な服従を強いるものである」(Wolin 2001, pp. 123-124)。

しかしこの批判は必ずしも公正であるとは言えない。というのも、ヨナス自身も科学技術文明に何らの積極性も見出さなかったり、領域横断的な活動を否定したりしていたわけではないからだ。『生命の哲学』においてヨナスは、科学技術による破局の回避は科学技術によってのみ可能であると明示している。また、晩年に公刊された『哲学――世紀末における回顧と展望』では、哲学が自然科学と密接な連携を取ることの必要性が指摘されている。

第5章

＊1　WpE, S. 20-21. 強調は原文

＊2　PL, S. 15／一頁

＊3　PL, S. 17／四頁

＊4　PL, S. 17／五頁

＊5　PL, S. 155／一五四頁。強調は原文

＊6　先行研究においてヒルシュ＝ハドルンは、有機体の認識の条件として認識する者自身が有機体であることを挙げながら、ここで唐突に用いられる「Interpolation」が「まったく主題化されていない」と指摘している(Hirsh-Hadorn 2000a, S. 153)。この概念には大きく分け

て日常用語としての意味と数学用語としての意味がある。日常用語としては、「(原典に) 語句を書き加えること」や「改竄」を意味するが、数学用語としては「補間法」と訳され、「数直線上の区間の有限個の分点 a1, … ,an における関数値 b1, … ,bn から、分点以外のそれらの区間内の点 x に対する関数の近似値を求める算法」を意味している（岡部編 一九九九：一一一頁）。すなわちそれは、まだ未確定の「点 x」の数値を、他の分点との関係から算出する方法に他ならない。ヨナスがこの表現によって生命の認識を表現するとき、以上の二つの意味が同時に反響している。すなわち生命の認識は、その生命の「形態上の事実」を認識するだけでは成立せず、それを「絶え間のない活動」へと読み替えること、言い換えるなら、そうした「書き込み」を行うことで成立する、と考えられている。

＊7 「私たちの自己経験による証言は、生命に関する経験上の知見の不可欠の一部をなしており、存在に関心を寄せる私たちは、その知見を利用することができる。擬人論という落とし穴を避けるために、この証言を批判的に扱わねばならないのは当然だが、その証言は利用されねばならないし、また常に利用されているのである――たとえ生物学者や行動学者たちがそれに反して何を主張しようと。さもなければ、生物学者や行動主義者たちには彼らの周りにある生命の存在がそもそも見逃されてしまうだろう」(PL, S. 170／一七二―一七三頁)。

＊8 PL, S. 10／v頁

＊9 「書き込み」概念は、先行研究においてヨナスの哲学的生命論の評価をめぐってもっとも見解が対立する点である。リンドバーグは、この方法論が内在的な制約を抱えていると指摘し、「ヨナスの主張が、ヨナス自身を生命についての真の現象学から締め出している」(Lindberg 2005, p. 185) と批判する。リンドバーグによれば、「書き込み」が、「私」にとって立ち現れる「私」の生命を認識する手続きに過ぎないのであれば、それは方法論として妥当である。言い換えるなら、この方法論によって理解されうる生命とは、「私」自身の生命だけに限定されるのであって、他者の生命は含まれない。しかしヨナスはこの限界を超えて「私」以外の生命一般にまで適用範囲を拡大させている。リンドバーグはここにヨナスの方法的な越権を指摘する。生命を問う者が「もし別の存在者の経験を検討するなら、私たちにとってはそれ自体現れない何かと直面することを避けられない」(Lindberg 2005, p. 186)。すなわち、ヨナスの方法論を厳密に維持するなら、ここから明らかになるのは「私」の

生命の経験に基づく類推であって、「別の存在者の経験」そのものについては、いかなる客観的な判定をも下すことはできない。これに対してヨナスは人間である「私」の自己経験から、その他の生命の存在様態を説明する、という手続きを取っている。しかしそれは、生命の準拠点を人間に設定し、人間の経験からその他の生命の経験を減算的に把握するというアプローチとしても解釈されうる。リンドバーグはこのアプローチを「欠如化（たとえば、動物は想像力をもたずに感覚をもち、植物は感覚をもたずに新陳代謝の能力をもつ、など）」として性格づけ、その背景に人間を頂点とする「存在者の位階秩序」が前提とされていることを指摘する。リンドバーグによれば、「科学認識論の観点からすれば、こうした展開は擁護されえない。私たち自身の類推によって他の生物の経験を想像することと、私たち自らを頂点とする存在者の位階の確立は、空想に依拠した人間中心主義的な態度である」（Lindberg 2005, p. 178. 強調は原文）。

　こうした批判は一定の説得力があることは否めないが、それがヨナスの意図を十分に捉えたものであるかについては疑問の余地がある。確かにヨナスの方法論では、他の生命に関する客観的な判定を下すことはできない。しかし、むしろヨナスが試みようとしたことは、そうした客観的な判定が可能であるための、前理論的な条件を解明することである。ブルーネはこうした観点からヨナスの方法論を積極的に評価している。生命の認識は常に、ある環境のなかにおいて、その環境から独立した個体として、対象となる生命を認識することを意味している。ブルーネによれば、この種の認識はそもそも生命が「内側と外側の本質的な境界」を有することを前提とするのであり、それは「観察者が観察対象を環境のなかで特異な（singulär）客体として構成する」ための条件である。「こうした『内面』は、ヨナスによれば書き込みを通じて、自己経験によって接近可能な人間の内面を、動物へと類推するとき接近可能になるべきものである」。言い換えるなら、「私」の「自己経験によって接近可能な内面」を「書き込む」ことによって、つまりそれを「観察対象」に「類推」することによって、「私」は「観察対象をその環境のなかで特異な客体として構成」し、人間以外の生物の内面へと「接近可能」になる、というのだ。

　ブルーネが強調するのは、こうした方法論が生命の科学的認識の方法論的な前提である、ということである。たとえ、死の存在論に従う唯物論的な科学者であったとしても、「自分自身を、身体的であると同時に内面性を備え付けられた存在として、試験の構成と実験の遂行へと導入しなければならない」(Brune 2008, S. 99)。ブルーネによれば、科学者の自由な研究活動はそれ自体が科学者自身の身体性に根差しているのであり、科学者はそうした自らの身体性に基づいて、研究対象を選定し、研究方法を構築しているのである。ただし、もちろんそれらは前理論的な認識以上のものではなく、「この手続きはその観察する眼差しには隠されたままであり続ける」。研究対象に関する科学的認識は「さらに精確な観察言語とさらに巧妙な試験の構成」によって説明されなければならない。しかし、だからといって「書き込み」による前理論的な認識を捨象することはできない。その限りにおいてブルーネは次のようにヨナスを擁護している。すなわち「『書き込み』の可能性は、ヨナスの解釈する視座の無矛盾性、統一性、納得性を裏づけることができるのであり、場合によってはより広範な議論を裏づけることができる」(Brune 2008, S. 100)、ということだ。

また、リンドバーグからの批判をめぐって改めて留意されるべき点は、ヨナスの「書き込み」概念が、「私」の自己経験を不動の出発点として、これを他の生命へと一方的に応用していく、という線形のアプローチをとるものではない、ということだ。確かに、生命一般の分析は「私」の自己経験を根拠とした「書き込み」によって可能になるが、その分析の成果は、翻って「私」の自己経験を解明することに寄与する。したがって、「書き込み」に基づく生命の現象学的記述は循環的な構造をもっている。

ヒルシュ＝ハドルンによれば、「生命は擬人化によって分析され、擬人化の根拠が生命によって分析されるが、ここには循環がある。しかしそれは、ヨナスにとっては、解釈学的循環であり、必要なことであった」(Hirsh-Hadorn 2000a, S. 152)。すなわち、ヒルシュ＝ハドルンによれば、哲学的生命論の目的として掲げられた生命の存在論的解釈とは、一種の「解釈学的循環」に入り込みながら、漠然とした曖昧な生命の前理論的な認識を彫琢していく、という方法論を取っているのだ。その意味において、「書き込み」に基づく現象学的記述を単なる線形の「類推」として捉えることは誤った解釈である。

＊10 PL, S. 145／一四二頁

＊11 PL, S. 152／一五〇頁

＊12 PL, S. 158／一五七頁

＊13 Pl, S. 158／一五七―一五八頁

＊14 PL, S. 150／一四八頁。強調は原文。なお、「窮乏する自由」に関する分析としては戸谷(二〇一二)を参照のこと。

＊15　ヨナスの哲学的生命論においてひときわその独自性を示しているのは、有機体の代謝活動によって基礎づけられる自由概念である。ヒルシュ＝ハドルンによれば、その背後にはアリストテレス、プロティノス、ハイデガーなど、ヨナスがそれまで学んできた哲学者からの影響が色濃く反映されている（Hirsh-Hadorn 2000b, S. 225）。その一方で、ベルタランフィの一般システム理論などの当時の最先端の自然科学の知見も応用されており、そうした複雑なコンテクストのなかでヨナスの自由概念は形成されている。

　ヨナスの自由概念において独特であるのは、それが議論の出発点において人間の思考の自由を前提としており、そののちに有機体へと拡張されるという仕方で議論が展開されていることだ。本書の第3章で述べた通り、ヨナスは死の存在論の問題として、そこでは死の存在論に立つ唯物論者自身の思考の自由が否定される、という不条理を指摘している。ヘスレはここにアーペルによる超越論的語用論との類似性を指摘する。ヘスレによれば、ヨナスによる死の存在論への批判が意味しているのは、「論証それ自体が目的論的な構造をもつ」ということであり、それは「私たちがその構造を疑うことを試みるとき、常にすでに前提にされているものである。なぜなら、目的を疑う論証は、それ自身が何かを目的としているからだ――つまりその論証は、目的が実在せずどのような場合にも特別な価値をもちえないことを示す、という目的をもっているのである」（Hösle 1994, S. 121）。その上でヘスレはこうした論証を超越論的語用論と同様の論法をとるものとして解釈している。グロンケもまた、目的保持性の弁駁的な基礎づけに注目し、ヨナスが「物理主義的―一元論的な評価に対する批判において、コミュニケーション的―討議的な自由の概念に拠りどころを求めている」（Gronke 2008, S. 288. 強調は原文）と指摘している。

　ただし、ヨナスがこうした人間の思考の自由を有機体一般にまで拡張することによって、ヨナスの超越論的語用論との明確な隔たりも示されている。ベーラーによれば、思考における人間の自由は「遭遇した選択肢を記憶する能力、理由づける能力、修正する能力を前提とする」（Böhler 2008, S. 169）。代謝がたとえ「窮乏する自由」という性格をもつのだとしても、それはそれ自体でこれらの諸能力をもつわけではない。そうである以上、ヨナスは次元の異なる二つの自由のあり方を混同しており、その意味において「カテゴリーミステイクを犯している」。ベーラーによれば、「ヨナスは、代謝の基礎的なレベルと、自己関心の反省的水準を、不用意に組み合わせて片付けてしまっている」(Böhler 2008, S. 167) のであって、「もしヨナスが選択の自由という概念をすでに代謝と関係させているのなら、ヨナスは選択の自由という概念を不合理に用いている」し、またその際「ヨナスはその言語的かつコミュニケーション的—討議的意味を無視している」。もちろん、第3章で述べた通り、ヨナスは人間と同程度の精神をすべての生命に認めているのではなく、その自由のあり方には生物種の程度に応じた高低の段階が認められる。しかし、そうであったとしても、「有機的な代謝から物質を選び出すこと〔選択意志〕への質的飛躍」(Böhler 2008, S. 169) は十分に再構成されていないのではないか、とベーラーは指摘している。

＊16 「『自己』という概念の導入は、生命のもっとも原初的な事例を記述する場合にも不可避だが、それが示しているのは、生命それ自身とともに内的同一性が世界へ現れたということであり、したがって、それとともに、残余の現実に対して生命が孤立した、ということである」(PL, S. 155／一五四頁)。

＊17 PL, S. 155-156／一五五頁

＊18 PL, S. 159／一五八頁

＊19 PL, S. 160／一六〇頁

＊20 PL, S. 152／一四九頁

＊21 PL, S. 162／一六三頁

＊22 PL, S. 163／一六四頁

＊23 PL, S. 163／一六四頁

＊24 ただしヨナスは、あらゆる生命が同じ程度に自由である、と考えているわけではない。むしろ生命の自由は、窮乏する自由を基礎としながら、種の進化に応じてその姿を段階的に発展させていく。そうした自由の発展形態のうち、もっとも高度なものとして位置づけられるのが、人間の想像力である。「人間が自分のうちに見出す大いなる矛盾——自由と必然、自律と依存、自我と世界、関係と個別化、創造性と可死性——は、もっとも原始的な生命形態のうちにすでに萌芽的な原型を有しているのであって、それぞれの生命形態は存在と非存在の危うい均衡を保ちつつ、常にすでに『超越』の内的な地平を自らのうちに含んでいる。私たちはあらゆる生命に共通している超越というこの主題を、有機体の能力と機能が上昇していく順序に応じて、生命の発展のうちに追跡することになる。それは、物質交代、運動と欲望、感覚と知覚、想像力と技術と概念的理解を通じての発展であり、自由と危険が増大していく段階系列であって、それは人間において頂点に達する。人間はもはや自分が形而

上学的に孤立したものと見なさなくなるとき、おそらく自らの独自性を新たに理解することができるだろう」(PL, S. 10／.iv頁)。このようにしてヨナスの哲学的人間学は哲学的生命論のうちに位置づけられている。

＊25 PL, S. 20-21／九―一〇頁

＊26 ヨナスは生命の死を代謝の停止として定義する。「システムがいま現にある物質総計の同一性と実際に一つになる場合――すなわち、システムの個々の内容が、二つの『時間の断面』において合致し、そのあいだの様々な時間の断面においても同一のままである場合――には、そのシステムは生きるのをやめている。つまり、死んでいる」(PL, S. 145／一四二頁)。

＊27 PL, S. 19／七頁

＊28 ここで語られる「実存」や「現存在」という概念は、ヨナスがハイデガーの『存在と時間』から用いたものである。ハイデガーはこれらの概念をあくまでも人間に対してしか使用しなかったのに対して、ヨナスはあらゆる生命を現存在として、そしてその存在を実存として解釈する。そのように、人間にしか適用されなかった概念を生命一般へと適用することによって、ヨナスは人間と自然を連続的に捉えようとするのである。

＊29 PL, S. 20／一〇頁

＊30 「人間の振る舞いに対して人間の外部にある意義が要求されることはないとしても、もはや神の権威に基礎を置くのではない倫理学は、主観主義や他の形態の相対主義の犠牲になるべきではないのならば、事物の本性のうちに発見しうる原理に基礎を置くのでなければならない。したがって、この存在論的な探究がどれほど人間から離れ、存在と生命の一般論に私たちを導くことになったとしても、この探究は実際に倫理学から離れたのではなく、倫理学の根拠づけの可能性を探し求めていたのである」(PL, S. 403／四四八頁)。

第6章

＊1 PV, S. 178／一六八頁

＊2 PV, S. 174／一六四頁

＊3 PV, S. 174／一六四頁

＊4 PV, S. 172／一六二頁

＊5 PV, S. 178／一六八頁

＊6 PV, S. 174／一六四―一六五頁。強調は原文

＊7 PV, S. 178／一六八頁

＊8 PV, S. 174／一六四頁

＊9 PV, S. 174／一六四―一六五頁

＊10　IR, p. 95. なお、『責任という原理』は一九七九年にドイツ語版が公刊されたのち、一九八四年にヨナス自身の手によって翻訳された英語版が公刊されるが、引用の文章は英語版において新たに追記された文章である。

＊11　PV, S. 172／一六二頁

＊12　PV, S. 391／三八六頁。強調は原文

＊13　TME, S. 76–77

＊14　cf. Ricouer 1995

＊15　PV, S. 176／一六七頁

＊16　PV, S. 154／一四三頁

＊17　ヨナスは善（Gut）の概念と当為（Sollen）の関係を次のように説明している。「善、価値あるものが自分自身によって存在し、何らかの欲望や欲求または選択によってはじめて存在するのではないのだとしたら、その概念に従って、善、価値あるものの可能性は実現への要求を含んでいる。またこの可能性は、その要求を聴き取ることができ、行為へと移すことのできる意志が存在する場合に、一つの当為になる」（PV, S. 153／一四一頁）。引用において、ヨナスは「価値」および「善」を併記し、両者を総称して価値概念と呼んでいる。しかし、同じ文献の別の箇所で両者は厳密に区分されてもいる。ヨナスによれば、「善」という概念は「価値という概念と同一ではない」のであり、両者の区分は「価値の客観的身分と主観的身分の違い（短く言えば、価値それ自体と誰かによる価値評価との違い）を特徴づける」ものである（PV, S. 149／一三五頁）。すなわち「善」とは、特定の主観的な価値評価に依存することなく、それ自体で価値があることを意味する概念であり、これに対して、「善」から区分される限りにおいての「価値」、すなわち狭義の「価値」は、特定の主観的な価値評価によって成立する概念である。言い換えるなら、狭義の価値が誰かにとって望ましくなければ成り立たないのに対して、善は、誰にとっても望ましくなかったとしても成り立つ。また、誰かにとって価値があることが、別の誰かにとって価値がないことも起こりえるのであり、その限りにおいて狭義の価値が相対的な概念であるのに対して、善はそれ自体で成立するために、そうした相対性をもたない、絶対的な概念である。ヨナスは次のようにも述べている。「言葉のうえでは、『善』とは、『価値』に対して、それ自体で存在するという大きな尊厳をもっている。『善』を私たちは、私たちの願望や思惑に左右されない何ものかとして了解する傾向にある。これに対して『価値』のほうは、『誰かにとって』、『どの程度の』という問いかけと容易に結びつきうる」（PV, S. 160／一四九頁）。た

だし、この区分は必ずしも厳密に守られているわけではなく、しばしばヨナスは両者を曖昧な形で用いている。

なお吉本はこうしたヨナスの善の概念を「存在の重み」として解釈している。「存在すること自体に備わる重みが、ヨーナスにおいては『価値の中の価値』と呼ばれ、あるいは『無』に優越するものと呼ばれているのである。重さをもつ『存在』と重さをもたない『無』とは、『重さ』を尺度として比較することはできない。したがって、存在は無よりも（相対的に）重いのではない。存在はその重みにおいて、無に対して（価値や目的を備える存在が無に対してそうであったように）『無限に優越』しているのである」（吉本 二〇一四：六三頁）。

＊18　PV, S. 237／二二四頁

＊19　厳密に言えば、ヨナスの推論は次のような過程を辿る。その存在が善である存在者は、自分の存在が現実化することを要請する存在者である。それは自分自身の存在を目的として存在しているということを意味する。したがってその存在が善である存在者は目的保持性を備えた存在者である。それでは、目的保持性を備えた存在者とは具体的には何だろうか。ヨナスによれば、それは生命以外にはありえない。したがってその存在が善であるような存在者は生命であり、責任の対象は生命に限定されるのである。

＊20　PUmV, S. 132. 強調は原文

＊21　PV, S. 155／一四三頁。強調は原文

＊22　PV, S. 236／二二四頁。子どもへの責任の議論はヨナスの存在論の明証性を保証しているものとして機能している、という解釈は、いくつかの先行研究においても示唆されてきた。ヘスレによれば、ヨナスの存在論において「当為は実現されなければならず、当為は存在を求める」のであり、そうした存在論の構造をもっとも明証的に確信させる存在者こそ、「乳飲み子」に他ならない（Hösle 1994, S. 120）。また品川は、子どもへの責任をめぐるヨナスの議論を「責任の感受が事実として存在していることを保証しようとしている」と解釈している（品川 二〇〇七：一〇〇頁）。

＊23　PV, S. 235／二二三頁。この箇所について、兼松は次のように述べている。「ところで、この乳飲み子を前にして何をすればよいかは『見ればわかるだろう（Sieh hin und du weiss）』（PV, S. 235）とヨナスは言う。乳飲み子を助けるのに、倫理的な屁理屈はいらない、ということである」（兼松 二〇一一a：一五七頁）。

＊24　PV, S. 235／二二三頁

＊25　ヘスレは、「乳飲み子への責任」をめぐる直観主

義的な論証を、限定的に支持する立場を取っている。ヘスレによれば、「ヨナスが無力な子どもを〔責任の〕根拠としているということは、たびたびにわたって哲学的に不適切なものとして非難されてきた」。その上でヘスレは、「実際に、ヨナスが論証と感情を混同しているということは、認めざるをえない」と留保しながらも、責任概念を考える上で「乳飲み子への責任」という原型が強い説得力をもつことを認める。「乳飲み子への責任」において示される「道徳的な感情は、具体的な道徳的生活に対するその極大の意義に関しては、疑いの余地のないものである」。その限りにおいて、ヨナスの責任概念で示される直観主義的な理論構成の意義を指摘している。

一方で、ヘスレは直観的な明証性がそのまま責任の基礎づけを果たすとは考えていない。「たとえ、過剰なまでに主知主義的な時代のなかで道徳的感情の不可欠性をあくまでも主張したということが、ヨナスによる有意義な功績であるのだとしても、『責任という原理』には道徳的感情について何らかの仕上げられた理論が要求されている」(Hösle 1994, S. 122)。

ベーラーはこの点をより強く批判している。ベーラーによれば、「見れば分かる」という乳飲み子に対する責任の直観は、責任を動機づけることがあるのだとしても、「義務、配慮、将来への備えに対するどのような妥当性の根拠をも」(Böhler 2004, S. 154) 基礎づけることにはならない。

＊26　PV, S. 242／二三〇頁。強調は原文

＊27　PV, S. 241／二二九頁

＊28　ヴェルナーは「乳飲み子」をめぐる分析からヨナスを「前科学的な世界への接近の仕方を考察した哲学者」として解釈し、レヴィナス、ブーバーとの類似性を指摘している (vgl. Werner 2008, S. 131)。ただし、ヨナス自身は、現象学に立脚して倫理学を構築したレヴィナスに対して、賛辞を送りつつも、あくまでも存在論から倫理学を基礎づける自らの立場との相違を強調している (cf. DgPr, p. 21)。

＊29　PV, S. 166／一五六。強調は原文

＊30　また、品川が述べるように、ヨナスはここで「形容詞を中性名詞化して『他者』を表現している」ため、「責任の対象は人間に限定されない」。こうした観点から、品川は責任の対象の三つの条件として、「時間とともに消滅しかねない存在者」であること、「その存在者が存続するか消滅するかは私の力にかかっているということ」と並んで、それが「私以外の存在者である」ことを挙げている (品川 二〇〇七：三七―三八頁)。

＊31　PV, S. 198／一八八頁
＊32　PV, S. 198／一八八頁
＊33　IR, P. 90
＊34　PUmV, S. 131
＊35　PV, S. 164／一五四頁。強調は原文
＊36　こうした「呼び声」への受容性について、ヨナスは乳飲み子への責任の場面を用いながら次のように説明している。「〔乳飲み子を前にするとき、科学者にとって〕現実に客観的にそこに現存するのは細胞の集合体である。細胞は分子の集合体であり、分子には物理化学的な相互作用がある。相互作用それ自体は、分子の存続の諸条件の一つとして認識される。しかし、この存続が存在すべきであるということ、そのために誰かが何かをしなければならないということは、発見内容には属さず、いかなる仕方においても『認められる』ものではない。それは当然のことである。しかし、ここで認められているのは乳飲み子だろうか。いや、数学的な物理学者の分析的眼差しは、乳飲み子をまったく視野に入れていない。乳飲み子の現実のほんの表面的な輪郭だけを視野に入れているのであって、その他の現実性を意図的に遮蔽しているのである。当然のことながらもっとも明らかに目に見えるものも、それに対して目に見えるものが存在するような、看る眼（Sehvermögen）を用いることをなお要求する。私たちがいう『見れば分かる』ということは、この看る眼へ向けられているのである」（PV, S. 236／二二三—二二四頁。強調は原文）。
　乳飲み子を科学的に認識しようとすれば、乳飲み子は単なる細胞の集合体として、死んだ物質の塊として認識される。そして、そうした「数学的な物理学者の分析的眼差し」をとるとき、乳飲み子に対する配慮は認められない。しかし、そうした認識が捉えているのは死んだ物質に過ぎないのであって、それは「乳飲み子をまったく視野に入れていない」。それに対して、私たちが乳飲み子を死んだ物質としてではなく、あくまでも乳飲み子として認識できるためには、「分析的眼差し」とは異なる認識が行われなければならない。その認識の仕方を、ヨナスはここで「看る眼」による認識と呼んでいる。それが意味しているのは、責任能力を行使するような形で生命を認識する、その認識方法に他ならない。「看る眼」の認識論的な機能を主題的に検討した研究としては戸谷（二〇一四）を参照のこと。
＊37　「私が配慮すべきものは、私にとって配慮する価値があるものと、ただちに一致するわけではない。しかし、実際に私が配慮すべきものは、私にとっても配慮に

値するものになるはずであり、だからこそ私によって目的とされるはずである」(PV, S. 161／一五〇頁。強調は原文)。

＊38　PV, S. 398／二三一頁

＊39　第1章で述べられた通り、ヨナスにおいて人間の自由は第一に想像力であり、特にそこから導き出される反省能力である。そうである以上、人間だけがもつとされる道徳的自由もまた、この反省能力と何らかの形で連関しているに違いない。しかしその連関関係は必ずしも十分に説明されているわけではない。例外として、『哲学的探究と形而上学的推測』のなかでは、両者の関係が次のように述べられている。「価値を理解することは、認識からさらに進んで、認識されたものが私に対して差し出す要求を承認するということである。〔中略〕――したがって、『である』から『べし』へ、見てとられた質から価値の命令の聴き取りへと踏み出すことである。価値の理解によって、先に挙げたすべての自由に加えてもう一つ、人間の道徳的な自由が付け加わる。道徳的な自由はあらゆる自由のなかでもっとも超越的であり、かつまた、もっとも危険である。なぜなら、それはまた断念する自由、無感覚でいることを選ぶ自由、それどころか(私たちがすでに学んでいるように)見かけはこのうえない善であるかのように飾られた、根本的な悪の方へと誤った選択をする自由ですらあるからだ。善悪を知ること、そのための識別能力はまた、善にも悪にも向かう能力である」(PUmV, S. 224. 強調は原文)。

この引用において、ヨナスが述べる「先に挙げたすべての自由」とは、思考する自由、像を描く自由、超感性的なものを表象する自由を指しており、これらは総括されて「思惟の三つの自由」と述べられる(PUmV, S. 225)。道徳的自由は、この思惟の自由とともに、人間の様々な自由の一角をなしている。しかし、ヨナスによれば、これらの自由のあり方を統御する自由が、「反省」に他ならない。「このような可能性の場である道徳的自由を全体として把握するためには、知的な自由のもう一つの側面を付け加えなくてはならない。そこでは思惟の三つの自由が一緒に働いている。それはすなわち、自分を自分自身に差し向ける能力、自分自身とその主観、つまり自己を主題化する能力――したがって、反省する自由である」(PUmV, S. 225)。しかし、こうした一連の説明は道徳的自由と反省的自由の概念的な連関を十分に有機的に説明できているとは言えない。

また人間だけが道徳的自由をもつということは、人間があらゆる生物種に対して道徳的に優れている、ということを意味するわけではない。前述の通り、反道徳的であるということは、責任能力をもつ存在にしか認められない。だからこそ、あらゆる生物種のなかで、人間だけが邪悪な存在にもなりえる。人間が責任の主体であるということは、人間だけが善と悪の可能性に開かれている、ということを意味する。ヨナスはこの両義性について次のようにも述べている。「盲目的に働く〔生命の〕肯定は、それを洞察することのできる人間の自由において、義務づける力を獲得する。この自由は、自然の目的作用の最高の成果なのだが、いまではこの作用を引き続き執行していく者だけでなく、いまや、知識から引き出された力によって自然を破壊する者にもなりえる。人間は、肯定を自らの意欲のなかに引き受け、非存在に対する『否』を課題として自らの能力に課さなければならない」(PV, S. 157／一四六頁)。

また、ここで言われる「洞察」能力としての自由を責任能力として捉える研究としては、Koschut (1989) を参照のこと。責任原理における自由概念を主題としては戸谷（二〇一七a）を参照のこと。

＊40　PUmV, S. 137. 強調は原文

第7章

＊1　もちろんそれは、フィンランドという国家が特に不安定であるということを意味するわけではない。しかし、フィンランドが現在のような形で国家として成立したのはおよそ二世紀前である。それに対して、ここで問題になっている未来の範囲は一〇〇〇世紀先にまで及ぶ。

＊2　PV, S. 186／一七六頁。強調は原文。引用中で、責任の可能性が「超越的」と性格づけられている理由について、ヨナス自身は明確な説明を与えていないが、さしあたり次の二通りの解釈が可能である。第一に、責任能力は、それが個別的な責任の可能性の条件であるという意味で、「超越的」である。また第二に、こうした責任能力は、人間以外の生物種がもたないものであり、動物性を超えているという意味でも、「超越的」である。

＊3　PUmV, S. 137-138. 強調は原文

＊4　PUmV, S. 138

＊5　PV, S. 91／七六頁。強調は原文。人間の理念という概念について、ビルンバッヒァーはその内実が明示されていないとして批判している (vgl. Birnbacher 1983)。これに対して本書の解釈に従うなら、それは責任能力を

もつものとして存在する、という理念として説明されうる。

＊6　なお、形而上学的演繹の再構成については、尾形（一九九九）、戸谷（二〇一五c）を参照のこと。

＊7　PV, S. 89／七四頁

＊8　PV, S. 36／二二頁

＊9　PV, S. 86／七一頁。強調は原文

＊10　この点に関して、ヨナスが「どのように存在するのか」、つまり人類の存続の質をも視野に含めていたことは、しばしば忘れられる事実である。たとえば討議倫理の標榜者として知られ、その後のドイツにおけるヨナス研究に先鞭をつけたことでも知られているアーペルは、次のようにヨナスを批判している。

「たとえ、『議論のための議論のために』ヨナスの形而上学的な前提を容認するのだとしても、私見によれば、次のようなことは原理的な根拠によって不可能である。すなわち、その形而上学から――人類の存続の条件の（萎縮することのない！）保護への義務を超えて――、未来の人類の実在を考慮しつつ、すべての人間的実在の生が有する対等な権利を尊重することという義務を、同時に演繹することである。ヨナスの第一の命法からは、『定言命法』の新しいバージョンの演繹へ向けた試みが示されている。その限りにおいて、私には、ヨナスが自らの前提条件のもとでカントの正義の普遍化原則に対して満足のいく代案を導出することができているとは、到底思えない。ヨナスによって提案された定式――そして、私は進化に関する存在論的な理論から、これ以外の定式が導出されうるとは思えない――が指示することができるのは、ただ次のことだけだ。すなわち、生命一般は、ただし特に人間の生命は、存続していくべきだろう、ということである。しかしこれは、人種差別的な問題解決（たとえば、第三世界の民族を貧困化させて搾取することによる解決）までもが〔義務の〕要求を満たすと見なされる、ということを、排除するものではないのである」（Apel 1994, S. 389. 強調は原文）。

　アーペルによれば、ヨナスの責任原理は「対等な権利を尊重すること」すなわち「正義の普遍化原則」を含むものではない。そのため、「対等な権利」を踏みにじるような仕方で、たとえば「人種差別的な問題解決」によって、人類の存続を実現することも、ヨナスの責任原理に従う限り、責任を果たすこととして許容されてしまう。すなわちそれによって、未来への責任を引き受けることが、かえってこの世界に「第三世界の民族」の搾取を助長させ、人間同士の間の不平等を拡大させる可能性があ

る、ということだ。少なくともヨナスの責任原理にはその可能性を否定することができない。しかし、それが伝統的な倫理に対する、つまりカントの倫理学に対する現代的な「代案」を称するのなら、それは到底納得に足るものではない。これがアーペルによる批判である。ただしこの批判に対しては、彼が第一の命令において人類の存続への質に対しても責任を要求しているという点を参照することで、ある程度応答することができるだろう。

こうしたアーペルによるヨナス批判は、その後のヨナス研究の方向性を決定的にする次のような課題を残すことになった。すなわちそれは、ヨナスの未来倫理学とアーペルの未来倫理学をいかに統合するのか、すなわちヨナスが掲げる責任と、アーペルが掲げる正義をどのように統合するのか、という課題である。この統合をもっとも自覚的に遂行したのがベーラーである。ベーラーは、責任原理の理論的な弱点を、その前提となる形而上学に対して懐疑的な者を説得させるだけの基礎づけがなされていない、という点に見出す。これに対して、ヨナスの形而上学的演繹を討議倫理の理論によって補完することが、ベーラーの試みである。その補完は、第一に、「責任能力をコミュニケーションの自由に根差したものとして再構成すること」、第二に、「懐疑的な者との対話によるテストを試みること」(Böhler 2004, S. 125)によって達成される。そうした再構成によって、ヨナスの未来倫理学は、単にその論理的な説得力を強化できるだけでなく、正義の原理と両立可能なものになる。ベーラーは次のように述べる。

「ヨナスの責任倫理の弱点は、語用論的な再構成をしなかった、ということだ。討議的な妥当性要求、正義の原理によって、非対称的な責任倫理は相互的なものになる。ヨナスの責任倫理は、討議倫理によって補完されることで、はじめて責任概念を明らかにする。討議倫理とヨナスは必然的に連帯するべきである」(Böhler 2004, S. 121)。

ベーラーが述べる通り、責任原理の討議倫理的な再構成は、責任原理からその「非対称的」な性格を打ち消し、非対称性を潜在的な相互性によって基礎づけるものである。それは、責任原理を正義の原理へと還元するアプローチとして解釈されうる。なお、ベーラーによるヨナス研究の妥当性については戸谷(二〇一五a)を参照のこと。

これに対して品川は、責任原理と正義の原理の間に相補完的な関係を見出す。品川によれば、「人間同士の間で正義を確立、存続するためには、未来世代や自然といった、現在、確立されている正義の外部にいる存在者に配慮しなくてはならない」。そうである以上、対等な関係性に立脚する正義は、その内在的な要請として、正義とは異質な原理による補完を必要としている。そうした機能を担う原理こそ責任原理に他ならない。したがって品川は、「責任原理はすでに尊重すべき存在者と認められている範疇の外部へ目を向ける点で、既存の正義とは異質な原理だが、それは既存の正義を否定するというよりむしろ、既存の正義による保護から外れた外部にたいしても不当であるまいとする態度の表れなのである」と主張し、「この意味で、責任原理は正義と境を接している」（品川二〇〇七：二三頁）と述べている。こうした品川の解釈は、第6章で述べられた、責任の対象が帯びる他者性のうちに、責任原理の特徴とその意義を読み込むものとして捉えられよう。

ヘスレもまた、討議倫理に対するヨナスの独自性を強調している。ヘスレによれば、「民主主義の平等主義的な契機は、非対称的な関係性を暗に含んでいる」。たとえばそうした存在として、選挙権の与えられていない子どもを挙げることができるし、ヨナスが想定しているような、まだ存在していない未来世代を挙げることもできる。そうである以上、「あらゆる指導者は、あらゆる民主主義的な指導者であっても、必然的に非対称性の契機を前提にしている」（Hösle 1994, S. 122）。こうした観点から、ヘスレは民主主義社会において不可避的に前提とされる、非対称的な関係性を補完する倫理学として、責任原理の有用性を指摘する。

＊11　PV, S. 249-250／二四七─二四八頁。強調は原文

＊12　PV, S. 392／三八七頁

＊13　PV, S. 387／三八一頁。強調は原文

＊14　ヨナスが形而上学に認める原理的な開放性、ないし複数性は先行研究において十分に意識されてこなかった。たとえば品川は、「彼の自然哲学、存在論、形而上学は、自然のなかに人間にしかるべき地位をあてがう意図、すなわち、各自にそれにふさわしいものをあてがう正義（ただし、この場合には、宇宙的正義）を主張する意図をもっている」（品川二〇〇七：一三八頁）ため、そこには次のような危険性が潜んでいると指摘している。「物質、生き物、人間がその形而上学のなかで宇宙のなかにそれぞれが占めるべき地位を占めたとしても、それは責任の対象たる要件の『私と異なるもの』をその異他性においてではなく、私と同類の、したがって同一の基準にのっとる、責任ならざる分配的正義の適用可能な存在者に変容してしまうことにほかならない。〔中略〕こうして責任原理には、一方では、基礎づけの次元では正

義と異質な原理という性格を帯びており、他方では、コミュニケーション共同体のなかにとりこまれ、他の規範と並列的に働いてしまうという可能性をもっている」(品川二〇〇七：一三八頁)。

品川によれば、責任原理が前提とする「自然哲学、存在論、形而上学」は「自然のなかに人間のしかるべき地位」を規定しようとするものである。そうである以上、責任原理の枠組みにおいて、責任の対象は「『私と異なるもの』をその異他性においてではなく、私と同類の、したがって同一の基準」によって規定されることになる。確かに責任の対象は、責任の主体と相互的な意思疎通ができないかもしれないし、その意味において責任の主体にとって他者性を有しているのかもしれない。しかし、責任の対象と主体はともかく同一の形而上学のもとに秩序づけられている。その一点だけに注目するなら責任の主体にとって対象は他者ではない。品川はここに「コミュニケーション共同体のなかにとりこまれ、他の規範と並列的に働いてしまうという可能性」を洞察するのである。

確かに、形而上学はある存在の位階秩序のなかに存在者を同定し、その異他性を消去することになるかもしれない。その位階秩序を「コミュニケーション共同体」とまで呼べるかは定かではないが、責任の対象の他者性を訴えるヨナスの責任概念と、その前提にある自然哲学が衝突を起こしている、という点は、見逃すことができないのは事実だろう。しかし、その一方でヨナスの自然哲学は決して唯一絶対の形而上学ではない。むしろ、第1章において述べられた通り、人間は想像力によってこの世界を別の形而上学によって眺める自由を常にもつ。その自由を保つことが未来世代への責任に他ならないのだ。そうである以上、一度硬直化した形而上学的な位階秩序は常に変更されうるし、その位階秩序においては異他的なもの、その秩序にとって新しいものの誕生に開かれている。

ただしそれは別の問題を喚起する。未来倫理学が根差している形而上学が相対的なものである、ということを未来倫理学自体が内包しているのだとしたら、第6章で検討されたヨナスの責任概念の構図そのものが、その根拠を宙吊りにされることになる。それに対してヨナスが首尾一貫した答えを提示できるかは定かではない。

＊15　ヨナスによれば、『すばらしい新世界』に描かれている「消極的なユートピア」において、人間からは「不幸を感じる能力、俯瞰する能力、別のものを求める能力が失われている」(EV, S. 130)。だからこそ、その

世界に生きている人々は、そうした社会秩序が当然のものであり、そこにはいかなる道徳的な問題もない、と考えている。たとえ最下層の人々が、血液にアルコールを入れられ、単純で苦痛の多い仕事を強制されているのだとしても、誰もそうした人々を解放しようとは思わない。そこでは、責任が不可能になっている。だからこそ第一の命令はこうした未来が実現することを阻止するよう語りかけるのである。

＊16　PV, S. 66／五三頁

＊17　PV, S. 28／一六頁。強調は原文

＊18　PV, S. 76／六一頁

＊19　PV, S. 70／五六頁。強調は原文

＊20　PV, S. 7-8／iii—iv頁。強調は原文

＊21　同時にヨナスは「恐怖に基づく発見術」の心理的な有効性をも主張している。人間の善の可能性には様々な可能性がある。この世界には多様な価値観があるのであって、何が人間にとっての善さであるかについて、普遍的なコンセンサスを得ることは難しい。それに対して、悪に関して、つまり何を避けるべきであるかについて人間はより合意しやすい。だからこそ、未来を予見する際にも、未来世代にとって何が悪であるのか、つまり人間像の「歪み」が何を意味するのかを知ることは、未来世代にとって何が善であるかを知るよりも、はるかに容易である。

＊22　EV, S. 130

第8章

＊1　E, S. 139／一〇八—一〇九頁

＊2　PUmV, S. 193／八頁

＊3　PUmV, S. 193／九頁。強調は原文

＊4　PUmV, S. 204／二四—二五頁

＊5　PUmV, S. 192／七頁

＊6　ヨナスの神学をヨナスの哲学全体のなかでどのように位置づけるのか、またそれが未来倫理学とどのように連関しているのか、ということは、先行研究において大きく意見が対立する点である。

ミュラーは、神話があくまでも「推測」に留まることに注意を促し、「ヨナスによってあくまでも個人的なものとして特徴づけられた神話は、すべての人々を動員する論点にはなりえない」と主張する。ミュラーによれば、神話によって表現された思想は、「神話がある新しい形而上学へと翻訳されることの不可能性を指示する」（Müller 2008, S. 182-183）ものであり、その限りにおい

て首尾一貫した形而上学にはなりえない。またボンガートは、「『アウシュヴィッツ以降の神概念』は、〔中略〕少なくともその広がりに関しては、ヨナスの作り出したもののうち、一つの些細な部分である」のであって、「神と人間の関係を考えるためのどのような可能性を開くのか、という問題設定のもとでのみ考察されるべきである」(Bongardt 2008, S. 174)、と主張する。これらの先行研究は、神話の思想をヨナスの倫理思想におけるいわば「孤島」のように解釈し、他の思想との連関に一定に距離を設けるものとして理解できる。

これに対して、ヨナスの神学と未来倫理学を連続的に解釈する立場もある。兼松は、ヨナスの神話に現れる無力な神という概念と、責任原理における乳飲み子との間に類比的な関係を見る。兼松によれば、「乳飲み子とは、創造の際、自らの力を使い果たし、放棄し、人間の自由を認めつつも、人間からの応答を静かに待っている神的存在」であり、「乳飲み子に対する責任は、その都度、我々によって無力な神に対する信仰としても再発見されなければならないのである」(兼松 二〇一〇：六五頁)。ただしこの解釈には異論の余地がある。というのも、責任原理において乳飲み子は責任の原初的な対象であるが、神話において神が責任の対象であると明示されているわけではないからだ。

一方で、むしろ責任原理を神話によって基礎づけられたものと見なそうとする、より大胆な解釈を示す研究者もいる。そうした解釈の根拠としてしばしば取り上げられるのが、『責任という原理』において現れる「宇宙的な責任」という概念である。ヒルシュ＝ハドルンは、ここに、ヨナスの神話における宇宙創成の物語との接点を見出し、「『生命の哲学』で用いられた神学的責任論は『責任という原理』では失われ、『宇宙的責任』という用語が用いられるに留まる」(Hirsh-Hadorn 2000a, S. 180)と解釈する。すなわちここでは、『生命の哲学』において描かれた神話が未来への責任を導き出した後、神話の部分が脱落し、未来への責任が核心として残った、と解釈されているのだ。それでもヒルシュ＝ハドルンは、責任原理を完成させるために神話は不可欠であり、「宇宙論的な神概念はヨナスによる倫理学の存在論的基礎づけを果たすことになる」(Hirsh-Hadorn 2000a, S. 134)と主張する。こうしたヒルシュ＝ハドルンの解釈には一定の説得力が認められる。なぜなら、実際にヨナスは、『哲学的探究と形而上学的推測』のなかで、神話における倫理的帰結としての責任を、「宇宙的な義務」と呼んでいるからである(PUmV, S. 247)。

同様の立場を取る研究者としてヴィーゼを挙げることもできる。ヴィーゼによれば、「正しく評価をするために重要なことは、ヨナスは自らの宇宙創成論的な思弁をそれ自体のために生み出したのではなく、明確に倫理学的な目的のために作り出した、ということだ。したがって、宇宙創成論的な思弁は常に責任の哲学と同時に眺められるに値する」（Wiese 2003, S. 214）。これらの解釈は、ヨナスの倫理思想を体系的に解釈する上で、ともに未来への責任を要請する責任原理と神話を統合的に考えることができる点で、魅力的であるように思える。しかし、前述の通り、ヨナスは未来倫理学に対しては普遍的な妥当性を追究しているのに対して、神学に対してはそもそもそうした志向を最初から放棄している。したがってこれらの解釈は正しいヨナスの理解であるとは言えないだろう。

＊7　PUmV, S. 248／一〇六―一〇七頁

＊8　PUmV, S. 203／二二頁

＊9　PUmV, S. 230／二二頁

＊10　PUmV, S. 204／二四頁

＊11　PUmV, S. 204／二四頁

＊12　PUmV, S. 204／二五頁

＊13　PL, S. 390／四三三頁

＊14　ヨナスがこうした神の自己放棄の概念を着想した源の一つが、ゲルショム・ショーレムによるユダヤ神秘主義思想であり、特にルリアのカバラをめぐる研究である。「ここで思い出されるのは、ユダヤの伝承は神の至高性について、公式の教えがそう見えるほどには、一枚岩ではないということだ。現代では、ゲルショム・ショーレムが新たに光を当てたカバラの強力な底流は、神が世界を生成すると同時に引き入れられて辿ることになる運命について知っている。そこでは、極めてオリジナルな、しかも正統からはかなりかけはなれた思弁が展開されていて、そのなかに立ち混じれば、私の思弁はまったく孤立しているというわけではないだろう。たとえば私の神話は、根底的には、ルリアのカバラのなかの宇宙論の中心概念であるツィムツム（Zimzum）の考えに過ぎない。ツィムツムとは、収縮、退却、自己制限を意味する。世界が存在する余地を作るために、元初の無限なるものは、自分自身のなかに収斂し、自分の外部に、空虚、無を生起せしめ、そのなかに、また、そこから自分が世界を創造できるようにしたのである」（PUmV, S. 206／二七頁。強調は原文）。ここでヨナスは、一六世紀に活躍したイサク・ルリアのカバラにおける「ツィムツム」を自らの神話思想と重ね合わせている。しかし、ヨナス

のツィムツム概念の理解はショーレムのそれと一致するわけではない。ヴィーゼによれば、ショーレムはツィムツムを「神が人間の世界の事象から離れることを含むものとして解釈していない」のであり、むしろ「神の摂理への希望と世界の永遠の再創造と再生への希望を述べるものと見なしている」。本文で後述するように、ヨナスは無力な神に対して人間が責任を引き受けると考えているが、「ショーレムはこれをルリアのカバラの破壊であると感じただろう」（Wiese 2008b, p. 176）。

＊15　クラヴィアは、神が自己放棄によって時間のなかに侵入した、というヨナスの学説に、次のような論理的な矛盾を指摘している。まず、神はそうした自己放棄を決断する以前には、時間のなかに存在していなかった、つまり「非時間的なもの」であった。それに対して、自己放棄の決断は神を非時間的なものから時間的なものへと変えるのであり、その意味でそれは変化である。しかし、そもそも変化は時間を前提にしなければ起こりえないのだから、非時間的なものから時間的なものへの変化は、非時間的なものがすでに時間的なものでなければ不可能である、というものだ（cf. Clavier 2011, p. 311）。

＊16　PL, S. 392／四三六頁

＊17　Wiese 2008b, p. 172

＊18　PL, S. 393／四三七頁

＊19　こうしたヨナスの神話思想のキリスト教神学における受容については Döhn（2019）を参照のこと。

＊20　PL, S. 394／四三九頁

＊21　PL, S. 396-397／四四三頁

＊22　なお、ヨナスの師であるブルトマンはこの箇所について書簡のなかでヨナスを次のように批判している。第一に、ヨナスが神話の帰結として導き出す責任において、「超越と内在の関係が弁証法的なものとして特徴づけられなければならないのではないか」（ZNE, S. 65）。ヨナスは「地上の因果性の尺度に基づく責任」と「人間の行為が永遠の領域に参入するという尺度に基づく責任」とを区別している。しかし、両者はあたかも並列しているかのように論じられ、その関係が統一性のもとで、弁証法的には述べられていない。

　また、第二に、この責任が「誰に対する責任なのか」が明らかでないことを、ブルトマンは指摘し、責任概念をめぐるヨナスの語彙の曖昧さを批判する。「あなたがするように、神に向かって（gegenüber）あるいは神を前にして（*vor*）、神に対して（*für*）責任がある、と言うことは許されるのでしょうか？」（ZNE, S. 65. 強調は原文）。これらについてヨナスの整理は十分ではなく、その結果、

責任の真意が捉えにくくなっている。

第三に、ヨナスの神話は、それが宇宙創成の物語であり、生物種の連続的な進化を描くものである限りにおいて、宇宙を「外側から眺めたもの」であり、「固有の実存了解の表現ではない」（ZNE, S. 67）。したがってその神話は、行為の不死性を論じるものでありながら、単に「美学的な視点に留まる」のであり、「そのたびごとに私が死ぬことによって、そのたびごとの私の死によって立てられる問いに対して、何らの答えも与えない」（ZNE, S. 66-67. 強調は原文）。これらの批判のうちに、特に責任概念の区分に関しては、その後に形成されるヨナスの責任原理の理論に少なからぬ影響を与えたと考えられる。なお、ヨナスとブルトマンの書簡の解釈としては、Jansohn（2005）、品川（二〇一四）、兼松（二〇一一b）を参照のこと。

＊23　PUmV, S. 207／二八頁

＊24　クラヴィアは、ヨナスの神話が無力な神から責任を免れさせる構造をもつと解釈し、そのように神を免責する発想を批判する。確かに神は世界の行く末に介入することができないが、しかし世界の行く末に介入できない存在になることを選んだのは神なのだから、どのような行く末になってもその原因は神にある、と考えることができるからだ。「神が介入できない、という事実は、神の責任を消去するに足るものではない。なぜなら神は、事物と人格が存在し続けるべきであるということ、そしてそれらによって操作するべきであること、あるいはそうであるべきではないということを自由に決定することができた。神が、もはや何にも介入できなくなるということを選んだ、ということを考えてみよう。このケースにおいて、神は、あまりにも多く酒を飲み、その結果としてもはや何にも責任を感じることができなくなることを、選んだ男のようなものになるだろう」（Clavier 2011, pp. 312-313）。

＊25　Swisher, 2019, 〈https://www.vox.com/2018/7/18/17575156/mark-zuckerberg-interview-facebook-recode-kara-swisher：二〇二一年二月二〇日閲覧〉

＊26　BBC, 2020, 〈https://www.bbc.com/news/technology-54509975：二〇二一年二月二〇日閲覧〉

＊27　PUmV, S. 182／四五頁

＊28　PUmV, S. 186／五〇頁。強調は原文

＊29　PUmV, S. 186／五〇―五一頁。強調は原文

＊30　ZNE, S. 72

おわりに

＊1　PV, S. 36／二二頁

＊2　PV, S. 241／二三〇頁

＊3　こうした批判は、ベネターに代表される反出生主義（Antinatalism）からも寄せられうるものである（cf. Benatar 2006）。特に日本において、ヨナスの未来倫理学はしばしば反出生主義と対比されてきた。紙幅の制約から本書では主題化することができないが、両者を対比する研究としては、森岡（二〇一三）、森岡（二〇二〇）、吉本（二〇一四）、戸谷（二〇一九b）を参照のこと。

＊4　PV, S. 405／二三九、強調は原文。このあとの文章は次のように続く。「『なぜ一人の子どもをこの世に生んだのか』という問いなら可能である。これ対する答えは、こうである。そういう罪を犯したのは、それが義務だったからだが、この義務はまだ存在していなかったお前に対しての義務ではなく（そんな義務はない）、人間全体に対する義務である」。

＊5　PV, S. 241／二二九―二三〇頁。強調は原文

＊6　TME, S. 294

＊7　TME, S. 294–295

あとがき

本書は私が二〇一九年に博士論文として提出した「ハンス・ヨナスにおける倫理思想の体系について――形而上学の概念を手がかりに」を基礎にしている。ただし論文の文章をそのまま使用している箇所はなく、ほとんど全編を一から書き直した。もちろん核となる研究成果は博士論文を踏襲しているし、その学術的水準を維持するよう努めている。だが、より広範な読者に届くように表現を平易にしたり、具体的な例を交えた説明も増やしたりしている。

末筆ながら、本書の成立に際してご尽力を賜った幾人かの方々にお礼を申し上げたい。

博士論文の執筆にあたっては、指導教員を務めていただいた須藤訓任先生に大変お世話になった。二〇一一年以来、私は一貫して須藤先生のもとで研究を続けており、授業や研究指導においてはもちろんのこと、留学や競争的外部資金に関係する手続きなどにおいても、多くのご尽力を賜った。特に博士論文を執筆している過程においては、厳しくも温かく、また丁寧なご指導をいただき、私を最後まで導いてくださった。須藤先生から教えて頂いたことは無数にあるが、そのなかでも特に私にとって大きな影響を与えたのは、「日和《ひよ》るな」、「間違えるときは堂々と間違えろ」というものだ。私はいまでもその声に勇気づけられている。

須藤先生のゼミに所属していた学生の皆さんにも感謝を申し上げたい。特に、谷山弘太氏、井西弘樹氏、西村知紘氏には、ゼミにおいて忌憚のない意見や批判を寄せてくださっただけではなく、読書会や勉強会などでもお世話になった。ゼミが終わったあと、よく大学内の自販機でコーヒーを買い、夜が更けるまでその日の感想戦をしていたことが、懐かしく思い出される。彼らとの対話なしに私の博士論文は成り立ちえなかっただろうし、その時間は私にとっていまでも大切な糧となっている。また、修士課程までゼミでご一緒した棋士の糸谷哲郎氏からも、研究に関して様々なご示唆をいただいた。ゼミでは糸谷氏らしい「早指し」の討議に苦しめられてばかりだったが、それによって私は視野を広げることができた。糸谷氏は修士号を取得され、周知の通り現役棋士としてその名を轟かせている。かつての同級生として彼のますますの活躍を祈念している。

慶應義塾大学出版会の平原友輔氏には本書の企画の立ち上げから大変なご尽力を賜った。平原氏に編集をご担当いただくのは、百木漠氏との共著『漂泊のアーレント 戦場のヨナス——ふたりの二〇世紀 ふたつの旅路』に続いてのことである。博士論文がベースとなっているために、何かと学術的で難解な表現が多くなる拙稿に対して、平原氏は多くの人々に届けることの意義を根気強く説明し、構成や表現に関して具体的なアドバイスをくださった。氏のご尽力なしに本書が不可能であったことは言うまでもない。

父と母にも感謝を伝えなければならない。両親には大学院在学中の金銭的な負担を強いただけではなく、生活面での様々な支援やケアをしてもらい、留学中には日本での手続きを代理してくれた。私の研究についても理解を示し、一貫してその社会的な意義を確信してくれたことは、私にとって常に心の支えであった。また、私が博士論文を執筆している最中に、長く私たちの家族の一員であった嵐丸という名の犬が逝去した。私はできることなら彼にもこの本を捧げたかったが、それがもう叶わないことが、心から悔やまれる。彼の冥福を祈っている。

最後に、妻に感謝を伝えたい。博士論文を執筆している過程で、私は何度も心がくじけかけたが、そのたびに彼女は私を励ましてくれた。執筆によって生活が不規則になるときも私をバックアップしてくれた。何より彼女は私にとって常に最良の対話のパートナーであった。私のまとまりのない話に耳を傾け、率直な質問を寄せ、時にはそれを彼女の言葉で語り直してくれた。そして、私が博士論文の公聴会から帰ってきたときも、博士号を取得したときも、本書の公刊が決まったときも、彼女は心のこもったお祝いをしてくれた。彼女は「縁の下」ではなく、私のすぐ隣で、私と肩を並べて、私を支えてくれたように思う。ありがとう。

もちろん、他にもお礼を申し上げたい方々はたくさんいる。しかし、紙幅の制約もあるため、他の方々には個別に申し上げたいと思う。

なお本書の出版にあたっては以下の助成を受けた。記して感謝する。

科学研究費特別研究員奨励費「世代間倫理をめぐるハンス・ヨナスと討議倫理の思想の研究」
（二〇一四—二〇一五年度）［課題番号 14J01350］

戸谷洋志

二〇二一年六月

ゲル哲学研究』、第 7 号、21-37 頁。

吉本陵、2014、「人類の絶滅は道徳に適うか？——デイヴィッド・ベネターの「誕生害悪論」とハンス・ヨーナスの倫理思想」、『現代生命哲学研究』、第 3 号、50-68 頁。

ウェブサイト

Swisher, Kara, 2019, Zuckerberg: The Recode interview. Everything was on the table — and after Facebook's wildest year yet, that's a really big table. recode, 2019. 10. 8, 〈https://www.vox.com/2018/7/18/17575156/mark-zuckerberg-interview-facebook-recode-kara-swisher：2021 年 2 月 20 日閲覧〉.
BBC, 2020, Facebook bans Holocaust denial content, 2020. 10. 12, 〈https://www.bbc.com/news/technology-54509975：2021 年 2 月 20 日閲覧〉.

———、2017a、「ヨーナスにおける“人間の自由”について——哲学的生命論と未来倫理の連関を中心に」、『待兼山論叢』、第 50 巻、哲学編、大阪大学大学院文学研究科、73-94 頁。

———、2017b、「反ハイデガー的転回の後で——ハンス・ヨナスにおけるヒトクローニングの実存的批判」、『Zuspiel』、第 1 巻、ハイデガー研究会、110-119 頁。

———、2018a、「ヨナスにおける近代的な自然像の分析について——責任原理の予備的考察」、『倫理学年報』、第 67 巻、日本倫理学会、219-232 頁。

———、2018b、「テクノロジーと想像力——アンダースとヨナスにおける技術論の比較」、『人文』、第 17 号、学習院大学、29-44 頁。

———、2018c、「未来の複数性への責任——ハンス・ヨナスにおける「出生」の概念の受容」、『公共研究』、第 14 号、千葉大学公共学会、226-245 頁。

———、2018d、『ハンス・ヨナスを読む』、堀之内出版。

———、2019a、「生命の、あるいは子どもの実存——ハンス・ヨナスの倫理思想における実存主義の影響について」、『立命館大学人文科学研究所紀要』、立命館大学、第 118 号、191-211 頁。

———、2019b、「ハンス・ヨナスと反出生主義」、『現代思想』、青土社、2019 年 10 月号、170-188 頁。

———、2020、『原子力の哲学』、集英社新書。

戸谷洋志・百木漠、2020、『漂泊のアーレント 戦場のヨナス——ふたりの二〇世紀ふたつの旅路』、慶應義塾大学出版会。

ニーチェ、フリードリッヒ、2015、『ツァラトゥストラかく語りき』、佐々木中訳、河出書房新社。

ハクスリー、オルダス、2017、『すばらしい新世界』、大森望訳、ハヤカワ epi 文庫。

ハラリ、ユヴァル・ノア、2018、『ホモ・デウス——テクノロジーとサピエンスの未来』、上下巻、柴田裕之訳、河出書房新書。

ピエール・ブーレッツ、2013、『20 世紀ユダヤ思想家　3——来るべきものの証人たち』、合田正人・渡名喜庸哲・三浦直希訳、みすず書房。

ヒスレム、エティ、1986、『エロスと神と収容所——エティの日記』、大社淑子訳、朝日新聞社。

ヒューム、ディヴィッド、2019、『人間本性論』、第 1 ～ 3 巻、木曾好能他訳、法政大学出版局。

ムーア、ジョージ・エドワード、2010、『倫理学原理』、泉谷周三郎他訳、三和書籍。

森岡正博、2013、「「生まれてくること」は望ましいのか——デイヴィッド・ベネターの『生まれてこなければよかった』について」、『The Review of Life Studies』、第 3 巻、1-9 頁。

———、2020、『生まれてこないほうが良かったのか？——生命の哲学へ!』、筑摩書房。

村上春樹、2010、『1Q84　BOOK3』、新潮社。

盛永審一郎、2001、「存在と不可侵性——ヨナスの Zweckhaftigkeit の概念」、『へー兼松誠、2010、「信仰と責任――ハンス・ヨナスにおける無力な神」、『西日本哲学年報』、第 18 号、西日本哲学会、51-67 頁。

――、2011a、「ハンス・ヨナスにおける責任と奇跡」、『実存思想論集』、XXVI、実存思想協会、153-170 頁。

――、2011b、「ヨナス的神話をめぐるヨナスとブルトマンの論争」、『西日本哲学年報』、第 19 号、西日本哲学会、55-71 頁。

クリストフ、ボヌイユ・フレソズ、ジャン＝バティスト、2018、『人新世とは何か――〈地球と人類の時代〉の思想史』、野坂しおり訳、青土社。

品川哲彦、2007、『正義と境を接するもの――責任という原理とケアの倫理』、ナカニシヤ出版。

――、2009、「ハンス・ヨーナスの生涯」、ハンス・ヨーナス、『アウシュヴィッツ以降の神』、品川哲彦訳、法政大学出版局、166-198 頁。

――、2013、「技術、責任、人間――ヨナスとハイデガーの技術論の対比」、『Heidegger-Forum』、第 7 巻、Heidegger-Forum、110-122 頁。

――、2014、「神に対する責任は成り立ちうるか」、『倫理学論究』、第 1 巻（第 2 号）、関西大学倫理学研究会、2-12 頁。

清水俊、2012、「乳飲み子の倫理と未来世代への責任」、『先端倫理研究　熊本大学倫理学研究室紀要』、第 6 巻、熊本大学、36-48 頁。

千葉雅也、河南瑠莉、セバスチャン・ブロイ、仲山ひふみ、2019、「加速主義の政治的可能性と哲学的射程」、『現代思想』、青土社、6 月号、8-23 頁。

戸谷洋志、2012、「生命は生きる「べき」か？――H・ヨナスにおける生命の価値の基礎付け」、『文学と環境』、第 15 号、文学環境学会、29-38 頁。

――、2013、「新陳代謝の現象学――ハンス・ヨナスにおける自己と他者の境界」、『文学と環境』、第 16 号、文学環境学会、33-43 頁。

――、2014、「『乳飲み子』を『看る目』――ハンス・ヨナスの責任倫理学における認識論について」、『倫理学論究』、第 1 巻（第 2 号）、関西大学倫理学研究会、57-70 頁。

――、2015a、「未来世代への責任と傷つきやすさ――ヨーナスの自然哲学とその討議倫理的な再構成について」、『Contemporary and Applied Philosophy』、第 6 巻、応用哲学会、37-52 頁。

――、2015b、「ヨーナスにおける“人間の自由”について――哲学的生命論と未来倫理の連関を中心に」、『待兼山論叢』、第 50 巻、大阪大学大学院文学研究科、73-94 頁。

――、2015c、「ヨーナスにおける個別的命令と存在論的命令の区別について」、『メタフュシカ』、第 46 巻、大阪大学文学部哲学講座、31-44 頁。

――、2016a、「不確実な未来への責任――ヨーナスの「恐怖に基づく発見術」再考」、『21 世紀倫理創成研究』、第 8 巻、神戸大学大学院人文学研究科、77-90 頁。

――、2016b、「人間像と責任――ハンス・ヨーナスにおける人間学」、『倫理学年報』、第 65 巻、日本倫理学会、179-191 頁。

ner", in: Dietrich Böhler, Horst Gronke & Bernadette Herrmann (Hg.), *Mensch – Gott – Welt: Philosophie des Lebens, Religionsphilosophie und Metaphysik im Werk von Hans Jonas*, Freiburg: Rombach Druck- und Verlagshaus, S. 113–144.

Wiese, Christian, 2003, "'Weltabenteuer Gottes' und 'Heiligkeit des Lebens': Theologische Spekulation und ethische Reflexion in der Philosophie von Hans Jonas", in: Christian Wiese & Eric Jakob (Hg.), *Weiterwohnlichkeit der Welt: Zur Aktualität von Hans Jonas*, Hamburg: Philo Fine Arts, S. 202–222.

———, 2007, *The Life and Thought of Hans Jonas: Jewish Dimensions*, Commonwealth of Massachusetts: Brandeis University Press.

———, 2008a, "Gegen Weltverzweiflung und Weltangst: Interpretation der Gnosis und Kritik des Nihilismus als Grundmotiv der Philosophie von Hans Jonas", in: Dietrich Böhler, Horst Gronke & Bernadette Herrmann (Hg.), *Mensch – Gott – Welt: Philosophie des Lebens, Religionsphilosophie und Metaphysik im Werk von Hans Jonas*, Freiburg: Rombach Druck- und Verlagshaus, S. 243–265.

———, 2008b, "Zionism, the Holocaust, and Judaism in a secular World: New perspectives on Hans Jonas's friendship with Gershom Scholem and Hannah Arendt", in: Hava Tirosh-Samuelson & Christian Wiese (eds.), *The Legacy of Hans Jonas: Judaism and the Phenomenon of Life*, Leiden: Brill, pp. 159–193.

Wolin, Richard, 2001, *Heidegger's Children: Hannah Arendt, Karl Löwith, Hans Jonas, and Herbert Marcuse*, Princeton: Princeton University Press.（＝『ハイデガーの子どもたち——アーレント／レーヴィット／ヨーナス／マルクーゼ』、村岡晋一・小須田健・平田裕之訳、新書館、2004 年。）

Yeats, William Butler, 2019［初版 1914］, *Responsibilities: And Other Poems*, Michigan: Independently published.

邦語文献

石井誠士、1993、「身体と自由——哲学的生命論の出立点」、『医学哲学　医学倫理』、第 11 号、日本医学哲学・倫理学会、14-25 頁。

イシグロ、カズオ、2008、『わたしを離さないで』、土屋正雄訳、早川書房。

岩崎英二郎他編、1997、『独和大辞典』、第二版、小学館。

宇佐美公生・滝口清栄、2000、「訳者あとがき」、『主観性の復権——心身問題から『責任という原理へ』へ』、ハンス・ヨナス、宇佐美公正・滝口清栄訳、東信堂。

岡部恒治編、1999、『数学英和小事典』、講談社。

尾形敬次、1999、「存在から当為へ——ハンス・ヨナスの未来倫理」、『哲学年報』、第 46 号、北海道哲学会、1-13 頁。

小田智敏、2001、「自然と技術——ハンス・ヨナスのブロッホ批判の検討」、『ヘーゲル哲学研究』、第 7 号、38-51 頁

カーツワイル、レイ、2016、『シンギュラリティは近い［エッセンス版］——人類が生命を超越するとき』、NHK 出版。

Lindberg, Susanna, 2005, "Hans Jonas's theory of Life in the face of Responsibility", in: *Phänomenologische Forschungen* (1), Hamburg: Felix Meiner, pp. 175-191.

Morris, Theresa, 2014, *Hans Jonas's Ethic of Responsibility: From Ontology to Ecology*, New York: State University of New York Press.

Müller, Wolfgang Erich, 2008, *Die Entmythologisierung Gottes*, in: Dietrich Böhler, Horst Gronke & Bernadette Herrmann (Hg.), *Mensch – Gott – Welt: Philosophie des Lebens, Religionsphilosophie und Metaphysik im Werk von Hans Jonas*, Freiburg: Rombach Druck- & Verlagshaus, S. 227-242.

Nielsen-Sikora, Jürgen, 2017, *Hans Jonas: Für Freiheit und Verantwortung*, Darmtstadt: WBG Academic.

Pfau, Torben, 2014, *Die Idee des Menschen: Eine kritische Analyse des normativen Menschenbildes in Hans Jonas' Zukunfts- und Bioethik*, Marburg: Tectum Wissenschaftsverlag.

Picht, Georg, 1969, *Wahrheit, Vernunft, Verantwortung: Philosophische Studien*, Stuttgart: Klett-Cotta Verlag.

Popper, Karl Raimund, 1987, "Das Interview mit K. R. Popper", in: *DIE WETL*, 8. Juli, 1987.

Ricoeur, Paul, 1995, "Fragility and responsibility", in: *Philosophy and Social Criticism*, 21, pp. 15-22.

Rorty, Richard, 1989, *Contingency, Irony and Solidarity*, Cambridge: Cambridge University Press.（＝『偶然性・アイロニー・連帯――リベラル・ユートピアの可能性』、斎藤純一・大川正彦・山岡龍一訳、岩波書店、2000 年。）

Schmidt, Jan C. 2013, "Das Argument "Zukunftsverantwortung": Versuch einer analytischen Rekonstruktion der naturphilosophischen Naturund Technikethik von Hans Jonas", in: Gerald Hartung, Kristian Köchy, Jan C. Schmidt & Georg Hofmeister (Hg.), *Naturphilosophie als Grundlage der Naturethik: Zur Aktualität von Hans Jonas*, Freiburg: Verlag Karl Alber, S. 155-186.

Tibaldeo, Roberto Franzini & Becchi, Paolo, 2016, "The Vulnerability of Life in the Philosophy of Hans Jonas", in: A. Masferrer & E. García-Sánchez (eds.), *Human Dignity of the Vulnerable in the Age of Rights*, Berlin: Springer, pp. 81-120.

Unnerstall, Herwig, 2016, "Zukunftsethik", in: Konrad Ott, Jan Dierks & Lieske Voget-Kleschin (Hg.), *Handbuch Umweltethik*, Stuttgart: JBMetzler Verlag, S. 152-157.

Vogel, Lawrence, 1995, "Does Environmental Ethics Need a Metaphysical Grounding?", in: *The Hastings Center Report*, 25 (7), pp. 30-39.

Werner, Micha H., 1994, "Dimenionen der Verantwortung: Eine Werkstattbericht zur Zukunftsethik von Hans Jonas", in: Dietrich Böhler (Hg.), *Ethik für die Zukunft: Im Diskurs mit Hans Jonas*, München: C. H. Beck, S. 303-338.

――― , 2003, "Hans Jonas' Prinzip Verantwortung", in: Marcus Düwell & Klaus Steigleder (Hg.), *Bioethik: Eine Einführung*, Frankfurt am Main: Suhkamp, S. 41-56.

――― , 2008, "Die Unmittelbarkeit der Begegnung und die Gefahren der Dichtonomie Wer-

1990 年。）

Harms, Klaus, 2003, *Hannah Arendt und Hans Jonas: Grundlagen einer philosophischen Theologie der Weltverantwortung*, Duisburg: Wiku-Verlag.

Hegel, Georg Wilhelm Friedrich, 2010［初版 1837］, *Vorlesungen über die Philosophie der Geschichte*, Frankfurt am Main: Suhrkamp.（＝『歴史哲学講義』、上下巻、長谷川宏訳、岩波書店、1994 年。）

Heidegger, Martin, 2006［初版 1927］, *Sein und Zeit*, 19. Auf, Tübingen: Max Niemeyer.（＝『存在と時間』、上下巻、細谷貞雄訳、ちくま学芸文庫、1994 年。）

Hirsch-Hadorn, Gertrude, 2000a, *Umwelt, Natur und Moral: Eine Kritik an Hans Jonas, Vittorio Hösle und Georg Picht*, Freiburg: Verlag Karl Alber.

———, 2000b, "Verantwortungsbegriff und kategorischer Imperativ der Zukunftethik von Hans Jonas", *Zeitschrift für philosophische Forschung*, Bd. 54, H. 2, S. 218–237.

Hösle, Vittorio, 1994, "Ontologie und Ethik bei Hans Jonas", in: Dietrich Böhler (Hg.), *Ethik für die Zukunft: Im Diskurs mit Hans Jonas*, München: C. H. Beck, S. 105–127.

———, 2003, "Hans Jonas' Stellung in der Geschichte der deutschen Philosophie", in: Christian Wiese & Eric Jakob (Hg.), *Weiterwohnlichkeit der Welt: Zur Aktualität von Hans Jonas*, Hamburg: Philo Fine Arts, S. 34–52.

———, 2013, *Eine kurze Geschichte der deutschen Philosophie: Rückblick auf den deutschen Geist*, München: C. H. Beck.

Jakob, Eric, 1996, *Martin Heidegger und Hans Jonas: Die Metaphysik der Subjektivität und die Krise der technologischen Zivilisation*, Tübingen: A. Francke Verlag.

Jansohn, Heinz, 2005, "Hans Jonas", in: Jochem Hennigfeld & Heinz Jansohn (Hg.), *Philosophen der Gegenwart: Eine Einführung*, Darmstadt: WBG Academic, S. 68–86.

Kass, Leon, 1995, "Appreciating The Phenomenon of Life", in: *Hasting Center Report*, 25 (7), pp. 3–12.

Köchy, Kristian, 2013, "Von der Naturphilosophie zur Naturethik: Zum Ansatz von Hans Jonas", in: Gerald Hartung, Kristian Köchy, Jan C. Schmidt & Georg Hofmeister (Hg.), *Naturphilosophie als Grundlage der Naturethik: Zur Aktualität von Hans Jonas*, Freiburg: Verlag Karl Alber, S. 27–54.

Koelbl, Herlinde, 1998, *Judische Portraits: Photographien und Interviews*, Frankfurt am Main: Fischer.

Koschut, Ralf-Peter, 1989, *Strukturen Der Verantwortung: Eine kritische Auseinandersetzung mit Theorien über den Begriff der Verantwortung unter besonderer Berücksichtigung des Spannungsfeldes zwischen der Ethisch-Personalen und der kollektiv-sozialen Dimension menschlichen Handelns*, Pieterlen & Bern: Peter Lang.

Kuhlmann, Wolfgang, 1994, ""Prinzip Verantwortung" versus Diskursethik", in: Dietrich Böhler (Hg.), *Ethik für die Zukunft: Im Diskurs mit Hans Jonas*, München: C. H. Beck, S. 277–302.

Levy, David, 2002, *Hans Jonas: The Integrity of Thinking*, Missouri: University of Missouri Press.

———, 2004, "Ethik der Zukunfts- und Lebensverantwortung: Erster Teil", in: Dietrich Böhler & Jens Peter Brune (Hg.), *Orientierung und Verantwortung: Begegnungen und Auseinandersetzungen mit Hans Jonas*, Würzburg: Königshausen und Neumann, S. 97–159.

———, 2008, "Hans Jonas – Denken zwischen Verstehen und Verantworten", in: Dietrich Böhler, Horst Gronke & Bernadette Herrmann (Hg.), *Mensch – Gott – Welt: Philosophie des Lebens, Religionsphilosophie und Metaphysik im Werk von Hans Jonas*, Freiburg: Rombach Druck- und Verlagshaus, S. 145–170.

———, 2013, "Positionender Diskurspragmatik", in: Jens Ole Beckers, Florian Preußger & Thomas Rusche (Hg.), *Dialog – Reflexion – Verantwortung: Zur Diskussion der Diskurspragmatik*, Würzburg: Königshausen und Neumann, S. 107–134.

Bongardt, Michael, 2008, "Immanente Religion oder idealistische Spekulation?: Zum Verhältnis von Gott und Mensch im "Gottesbegriff nach Auschwitz" von Hans Jonas", in: Dietrich Böhler, Horst Gronke & Bernadette Herrmann (Hg.), *Mensch – Gott – Welt: Philosophie des Lebens, Religionsphilosophie und Metaphysik im Werk von Hans Jonas*, Freiburg: Rombach Druck- und Verlagshaus, S. 173–190.

Brune, Jens Peter, 2008, "Können wir Leben verstehen?: Hans Jonas' Kritik des systemischen Lebensbegriffs", in: Dietrich Böhler, Horst Gronke & Bernadette Herrmann (Hg.), *Mensch – Gott – Welt: Philosophie des Lebens, Religionsphilosophie und Metaphysik im Werk von Hans Jonas,* Freiburg: Rombach Druck- und Verlagshaus, S. 89–111.

Clavier, Paul, 2011, "Hans Jonas' Feeble Theodicy: How on Earth Could God Retire?", *European Journal for Philosophy of Religion*, 3 (2), pp. 305–322.

Döhn, Raphael, 2019, "Der werdende Gott als Antwort auf die Theodizeefrage: Perspektiven bei Hans Jonas und in der christlichen Theologie", in: Axel Hutter & Georg Sans (Hg.), *Zeit – Sprache – Gott*, Stuttgart: Kohlhammer, S. 159–170.

Dupuy, Jean-Pierre, 2002, *Pour un catastrophisme éclairé: Quand l'impossible est certain*, Paris: Seuil.（＝『ありえないことが現実になるとき——賢明な破局論にむけて』、桑田光平・本田貴久訳、筑摩書房、2012年。）

Frogneux, Nathalie, 2007, "Pluralität à la Robinson Crusoe: Ist die Anthropologie von Hans Jonas eingeschränkt durch den Archtype des Einzellers?", in: Ralf Seidel & Meiken Endruweit (Hg.), *Prinzip Zukunft: Im Dialog mit Hans Jonas*, Münster: mentis Verlag.

Gadamer, Hans-Georg, 2004, "Brief von Hnas–Georg Gadamer an Hans Jonas", in: Dietrich Böhler & Jens Peter Brune (Hg.), *Orientierung und Verantwortung: Begegnungen und Auseinandersetzungen mit Hans Jonas*, Würzburg: Königshausen und Neumann, S. 481–482.

Gronke, Horst, 2008, "Phänomenologie und Ontologie – Wie philosophiert Hans Jonas?", in: Dietrich Böhler, Horst Gronke & Bernadette Herrmann (Hg.), *Mensch – Gott – Welt: Philosophie des Lebens, Religionsphilosophie und Metaphysik im Werk von Hans Jonas*, Freiburg: Rombach Druck- und Verlagshaus, S. 269–290.

Habermas, Jürgen, 2013, *Nachmetaphysisches Denken: Philosophische Aufsätze*, Frankfurt am Main: Suhrkamp.（＝『ポスト形而上学の思想』、藤沢賢一郎・忽那敬三訳、未來社、

———, 1997, *Das Prinzip Leben: Ansätze zu einer philosphischen Biologie,* Frankfurt am Main: Suhrkamp.（＝『生命の哲学——有機体と自由』、細見和之・吉本陵訳、法政大学出版局、2008年。）

———, 2003, *Erinnerungen*, Frankfurt am Main: Insel.（＝『ハンス・ヨナス「回想記」』、盛永審一郎・木下喬・馬渕浩二・山本達訳、東信堂、2010年。）

■二次文献

外国語文献

Anders, Günther, 1956, *Die Antiquiertheit des Menschen Band 1: Über die Seele im Zeitalter der zweiten industriellen Revolution*, München: C. H. Beck.（＝『時代おくれの人間——第二次産業革命時代における人間の魂』、上巻、青木隆嘉訳、法政大学出版局、1994年。）

———, 1980, *Die Antiquiertheit des Menschen Band 2: Über die Zerstörung des Lebens im Zeitalter der dritten industriellen Revolution*, München: C. H. Beck.（＝『時代おくれの人間——第三次産業革命時代における生の破壊』、下巻、青木隆嘉訳、法政大学出版局、1994年。）

———, 1981, *Die atomare Drohung*, München: C. H. Beck.（＝『核の脅威——原子力時代についての徹底的考察』、青木隆嘉訳、法政大学出版局、2016年。）

Apel, Karl-Otto, 1999［初版1976］, *Transformation der Philosophie: Band II. Das Apriori der Kommunikationsgemeinschaft*, Frankfurt am Main: Suhrkamp.

———, 1990［初版1988］, *Diskurs und Verantwortung: Das Problem des Übergangs zur postkonventionellen Moral*, Frankfurt am Main: Suhrkamp.

———, 1994, "Die ökologische Krisis als Herausforderung für die Deiskursethik", in: Dietrich Böhler (Hg.), *Ethik für die Zukunft: Im Diskurs mit Hans Jonas*, München: C. H. Beck, S. 369-404.

Arendt, Hannah, 1958, *The Human Condition*, Chicago: The University of Chicago Press.（＝『人間の条件』、志水速雄訳、ちくま学芸文庫、1994年。）

Benatar, David, 2006, *Better Never to Have Been: The Harm of Coming into Existence*, Oxford: Oxford University Press.（＝『生まれてこない方が良かった——存在してしまうことの害悪』、小島和男・田村宜義訳、すずさわ書店、2017年。）

Birnbacher, Dieter, 1983, "Rezension zu Hans Jonas: Das Prinzip Verantwortung", in: *Zeitschrift für philosophische Forschung*, 37, S. 144-147.

Bloch, Ernst, 1985［初版1959］, *Das Prinzip Hoffnung*, Frankfurt am Main: Suhrkamp.（＝『希望の原理』、第1～6巻、山下肇・瀬戸鞏吉・片岡啓治・沼崎雅行・石丸昭二・保坂一夫訳、白水社、2012～2013年。）

Böhler, Dietrich, 1994, "Hans Jonas – Stutionen, Einsichten und Herausforderung", in: Dietrich Böhler (Hg.), *Ethik für die Zukunft: Im Diskurs mit Hans Jonas*, München: C. H. Beck, S. 45-67.

参考文献

■ハンス・ヨナスの著作

Jonas, Hans, 1963, *Zwischen Nichts und Ewigkeit: Zur Lehre vom Menschen*, Kleine Vandenhoek Reihe 165, Göttingen: Vandenhoek & Ruprecht.

———, 2001［初版 1966］, *The Phenomenon of Life: Toward a Philosophical Biology*, Illinois: Northwestern University Press.

———, 1970a, *Wandel und Bestand: vom Grunde der Verstehbarkeit des Geschichtlichen*, Heft 46 in: Wissenschaft und Gegenwart, Geisteswissenschaftliche Reihe, Frankfurt am Main: Verlag Vittorio Klostermann.

———, 1970b, "Wandel und Bestand: vom Grunde der Verstehbarkeit des Geschichtlichen", in: Martin Heigger und Vittorio Klostermann (Hg.), *Durchblicke: Martin Heidegger zum 80. Geburtstag*, Frankfurt am Main: Verlag Vittorio Klostermann, S.1-26.

———, 1974, *Philosophical Essays: From Ancient Creed To Technological Man*, New Jersey: Prentice-Hall.

———, 1976, "Acting, Knowing, Thinking: Gleanings from Hannah Arendt' Philosophical Work", in: *Social Research*, 44, pp. 25-43.

———, 1976, "Hannah Arendt: 1906-1075", in: *Social Research*, 43, pp. 3-5.

———, 2003［初版 1979］, *Das Prinzip Verantwortung: Versuch einer Ethik für die technologische Zivilisation*, Frankfurt am Main: Suhrkamp.（＝『責任という原理——科学技術文明のための倫理学の試み』、加藤尚武監訳、東信堂、2002 年。）

———, 2000［初版 1981］, *Macht oder Ohnmacht der Subjektivität?: Das Leib-Seele-Problem im Vorfeld des Prinzips Verantwortung*, Frankfurt am Main: Suhrkamp.（＝『主観性の復権——心身問題から『責任という原理』へ』、宇佐美公正・滝口清栄訳、東信堂、2000 年。）

———, 1985, *Technik, Medizin und Ethik: Zur Praxis des Prinzips Verantwortung*, Frankfurt am Main: Suhrkamp.

———, 1987, *Wissenschaft als persönliches Erlebnis*, Göttingen: Vandenhoek & Ruprecht.

———, 1991, *Erkenntnis und Verantwortung*, Göttingen: Lamuv.

———, 1991, "De la gnose au Principe responsabilité", in: *Esprit*, 171(5), pp. 5-21.

———, 1992, *Philosophische Untersuchungen und metaphysische Vermutungen*, Frankfurt am Main: Insel.（＝『アウシュヴィッツ以後の神』、品川哲彦訳、法政大学出版局、2009 年。）

———, 1993, *Philosopophie: Rückschau und Vorschau am Ende des Jahrhunderts*, Frankfurt am Main: Suhrkamp.（＝『哲学・世紀末における回顧と展望』、尾形敬次訳、東信堂、1996 年。）

65, 71, 108, 144, 160, 205

ナ行
ナチス　33, 34, 49, 50, 56, 175, 177, 181, 182
二元論　63-65, 76
ニヒリズム　11, 75, 77, 107
人間像（Menschenbild）　25, 26-28, 30-32, 35, 37, 40-43, 47, 55, 161, 162, 169-171, 202, 204

ハ行
墓（Grab）　28-31, 61, 63, 64
破局　55, 88-90, 94, 166, 168, 170, 171
反省（Reflexion）　22-27, 29-32, 35, 36, 47, 76, 202
反ユダヤ主義　34
不吉な予言　166, 168
複数性　9
ホモ・デウス（Homo Deus）　5, 57
ホモ・ピクトル（Homo Pictor）　18
本当に人間らしい生き方　6, 158, 201, 204
本来性　42, 43, 45-48

マ行
未来　3, 12, 13, 33, 34, 42, 43, 45, 47-49, 55, 56, 79, 80, 87, 90, 113, 119, 120, 121, 127, 131, 132, 142, 150, 155-158, 163-165, 167-171, 189, 190, 198-200, 209-211
——世代　1-3, 6, 8, 10, 11, 34, 56, 58, 80, 88, 90-97, 99, 102, 103, 129, 130, 132, 148, 150, 151, 156-160, 162-168, 171, 174, 199, 200, 203, 204, 206-211
——倫理学（Zukunftsethik）　2, 6-11, 34, 55, 102, 103, 107, 126, 150, 168, 171, 180, 201, 202, 203, 206, 211
未了の存在論（Ontologie des Noch-Nicht-Seins）　43
無神論　178
目的保持性（Zweckhäftigkeit）　121, 136

ヤ行
唯物論的一元論　65-68
有機体　17, 66, 101, 106, 108-110, 112, 114-117, 119-122
ユートピア（utopia）　41-43, 45, 166
——主義　41-49, 51
憂慮（Besorgnis）　133
歪み（Verzerrung）　169
ユダヤ人　33, 37, 56, 173-177, 181, 192
善さ　96
呼び声（Anruf）　135-137, 139, 145-147, 151, 205

ラ行
歴史　5, 7, 10, 34-56, 59, 64, 67, 76, 106, 112, 158, 163-165, 175-177, 189, 193-195, 197, 201, 202, 204, 209, 210
——思想　10, 34, 35, 38, 55, 56, 209
——修正主義　193-195, 200
——的責任　163

シンギュラリティ　5, 79
神義論　179
人工知能　4, 58, 70-72
人新世（Anthropocene）　4
進歩史観　41, 44
神話　61, 174, 179-182, 185-189, 191, 198
——思想　9, 11, 180, 182, 193, 196, 210
推測（Vermutung）　31, 180, 185
随伴現象説（Epiphänomenalismus）　68, 69, 72, 74, 100, 108
精神　51, 63, 64, 68-73, 75, 101, 109, 110, 196
生物学　9, 17, 36, 66, 71, 107, 110, 111, 113, 126, 177
生命　16-18, 28, 54, 57-68, 70, 77, 90, 105-107, 109-126, 135-141, 145, 146, 151-154, 156, 173, 186, 187, 191, 203, 205
——論的一元論　60-66
『生命の哲学』　15, 28, 30, 35, 109, 174
『責任という原理』　3, 6, 35, 132, 153, 155, 160, 174, 204
責任能力（Fähigkeit zur Verantwortung）　9, 135, 142-147, 153-160, 162, 171, 202-206
責任の主体　134, 135, 142-146, 151, 153, 156-160, 203, 205, 206, 208, 209, 211
——の対象　134-143, 145, 146, 151-154, 205, 207
全体主義　158, 193, 200, 204
像（Bild）　17-29, 36, 39, 186-191, 196, 197, 199, 205
相互性　68, 95, 96
想像力　9, 10, 14, 15, 19, 22-24, 29-32, 35, 36, 38-41, 47, 53, 108, 109, 160-162, 171, 202-206
像を描く自由（Freiheit der Bildens）　18-20, 22
それ自体としての善（Gut-an-sich）　136, 148
存在　2-6, 14, 16-20, 22-24, 26, 27, 29, 31, 32, 35-39, 42, 45, 47, 48, 53, 55, 59-65, 67, 70, 75-77, 79, 83, 85, 87, 90, 93-101, 103, 107, 108, 111, 115, 116, 118-126, 132-139, 141, 143, 145-148, 150-162, 165-167, 170, 171, 176-179, 182-185, 187, 190, 191, 194, 195, 197-200, 202, 203, 206, 208-211
『存在と時間』　47
存在論的自由　39
存在論的な権能（ontologische Befähigung）　143
存在論的命令（ontologische Gebot）　155, 157

タ行

第一の命令（Erste Gebot）　157, 159-161, 164, 167
代謝（Stowechsel）　112, 114-122, 124
他者性　117, 118, 140-142, 162, 165, 205, 206
誕生性（Gebürtigkeit）　53-55, 165, 166
乳飲み子　138-140, 151, 156
テクノロジー　3-5, 58, 79-94, 96, 101, 158, 164-167, 204, 206
哲学的生命論（philosophische Biologie）　9, 11, 58, 106, 107, 109, 110, 113, 114, 126, 135
——人間学（philosophische Anthropologie）　7, 9-11, 14, 15, 28, 31, 35, 47, 160, 202, 204, 205
『哲学的探究と形而上学的推測』　28, 30, 35, 155, 174, 182
当為　96-101, 103, 138, 145, 148
討議倫理　8
動物　7, 10, 15, 17-19, 22, 23, 35, 39,

事項索引

ア行

アウシュヴィッツ　11, 33, 174–185, 188–193, 196, 199, 211
アルゴリズム　57, 58, 60, 67, 68, 71, 77, 100
宇宙的な責任（kosmische Verantwortung）　152
永遠の記憶　196, 197
エゴイズム　98, 99
応答可能性　147

カ行

科学　13, 73, 81–85, 92, 96, 100, 102, 106, 111, 113
——技術文明　11, 68, 77, 80, 86, 87, 94–96, 158, 161
書き込むこと（Interpolation）　112
仮説（Hypothese）　10, 72, 109, 110, 114, 179, 180, 197
価値　44, 96–100, 118, 126, 137, 146, 178
神　5, 37, 40, 161, 173, 174, 176–193, 196–200
環境破壊　1
記憶　11, 175, 189, 190, 192, 193, 196–200, 211
技術　58, 80–84, 86–92, 164, 167
傷つきやすさ　106, 121–122, 124, 126, 134–137, 139, 211
気遣い（Sorge）　132, 133, 202
義務（Verpflichtung）　37, 95, 96, 133, 152, 154–157, 168, 198, 202, 206, 208
窮乏する自由（bedürftige Freiheit）　114, 116, 120, 121, 136
恐怖に基づく発見術（Heuristik der Furcht）　168, 169
形而上学（Metaphysik）　11, 28, 30–32, 35–41, 47, 55, 59, 60–63, 65–68, 73, 77, 100–103, 155, 157, 159, 161–165, 178, 203, 205
——的演繹（metaphysische Deduktion）　157, 203, 204, 206, 208
形相（Form）　23, 24, 119
契約責任（vertragliche Verantwortung）　129–132, 135
ゲノム編集　1
現在世代　2, 56, 80, 90, 94, 95, 99, 162
原子力発電　1
現存在（Dasein）　47, 125
権利　2, 6, 14, 20, 95, 96, 102, 139, 140, 142, 157, 169, 170, 184
行為の不死性（Unsterblichkeit der Taten）　188, 189, 193, 197
グノーシス主義　9, 62, 63, 64, 105
子ども　1, 3, 8, 13, 14, 54, 127, 128, 131, 132, 135, 138, 140–142, 144, 158, 175, 178, 192, 204, 206–211

サ行

サイバネティクス　121
シオニズム　130, 173
自然責任（natürliche Verantwortung）　130–132, 135
実存（Existenz）　121, 122, 124, 126, 136
死の存在論　59, 64, 66–68, 70, 72, 73, 75–77, 96–98, 100–103, 106, 107, 111, 115, 122, 126, 127, 178
出生性（natality）　53
シミュレーション　4, 70–72, 82
神学　9, 174, 176, 179, 184, 190, 191, 197, 199

フロニュー，ナターリエ　9, 10
ヘーゲル，ゲオルク・ヴィルヘルム・フリードリヒ　50, 51
ベーコン，フランシス　87
ベーラー，ディートリッヒ　8
ベルタランフィ，ルートヴィヒ・フォン　107
ホワイトヘッド，アルフレッド・ノース　41, 107
ホッブズ，トマス　168

マ行

村上春樹　127
ムーア，ゴードン　79
ムーア，ジョージ・エドワード　96
百木漠　9

ヤ行

ヤーコブ，エーリッヒ　8
ユークリッド　46, 163
吉野弘　105

ラ行

ラ・メトリ，ジュリアン・オフレ・ド　67
リクール，ポール　134
レヴィナス，エマニュエル　174
ローティ，リチャード　101

人名索引

ア行
アーペル，カール＝オットー　8
アーレント，ハンナ　3, 8, 53, 54, 175, 193
アッシジのフランシス　46, 163
アリストテレス　94, 137
アンダース，ギュンター　92
イェーツ，ウィリアム・バトラー　149
イザヤ　46, 163
イシグロ，カズオ　13
ヴィーゼ，クリスチャン　9
ウェーバー，マクス　129
ウォーリン，リチャード　8

カ行
カーツワイル，レイ　4, 5, 79
キリスト　37, 56
クルッツェン，パウル　3
カント，イマヌエル　94, 102, 133, 158, 179
ゲーレン，アルノルト　15

サ行
ザッカーバーグ，マーク　192
シェーラー，マクス　15
シェイクスピア　46, 163
ショーレム，ゲルショム　128
品川哲彦　8
スターリン，ヨシフ　193
ソクラテス　46, 71, 163, 164
ソポクレス　46, 163

タ行
ダ・ヴィンチ，レオナルド　46, 163
チャーチル，ウィンストン　33
テイヤール・ド・シャルダン，ピエール　41
デカルト，ルネ　64, 71
デュピュイ，ジャン＝ピエール　166
トロツキー，レフ　193

ナ行
ニーチェ，フリードリッヒ　7, 33, 77
ニールセン＝シコラ，ユルゲン　9, 10
ニュートン，アイザック　46, 163, 164
ノイマン，ジョン・フォン　82

ハ行
ハーバーマス，ユルゲン　7, 101
ハイデガー，マルティン　3, 8, 47, 77
ハクスリー，オルダス　158, 171
パスカル，ブレーズ　77
ハルムス，クラウス　9
ハラリ，ユヴァル・ノア　5, 57, 58
ヒスレム，エティ　173, 181, 182, 191
ヒトラー，アドルフ　56
ヒューム，ディビッド　96
ファン・レイン，レンブラント　46, 165
ブーレッツ，ピエール　35
フッサール，エトムント　3
仏陀　46, 163
プラトン　137
フランク，アンネ　181
フランクル，ヴィクトール　181
ブルトマン，ルドルフ・カール　3, 198
プレスナー，ヘルムート　15
ブロッホ，エルンスト　41, 42, 47

戸谷洋志（とや・ひろし）

1988年生まれ。哲学専攻。関西外国語大学・准教授。大阪大学大学院文学研究科博士後期課程修了。博士（文学）。単著に『Jポップで考える哲学——自分を問い直すための15曲』（講談社、2016年）、『ハンス・ヨナスを読む』（堀之内出版、2018年）、『原子力の哲学』（集英社、2020年）、共著に『棋士と哲学者——僕らの哲学的対話』（イースト・プレス、2018年）、『漂泊のアーレント　戦場のヨナス——ふたりの二〇世紀　二つの旅路』（慶應義塾大学出版会、2020年）がある。第31回暁烏敏賞（2015年）、第41回エネルギーフォーラム賞優秀賞（2021年）受賞。

ハンス・ヨナス　未来への責任
——やがて来たる子どもたちのための倫理学

2021年7月20日　初版第1刷発行

著　者————戸谷洋志
発行者————依田俊之
発行所————慶應義塾大学出版会株式会社
〒108-8346　東京都港区三田2-19-30
TEL〔編集部〕03-3451-0931
〔営業部〕03-3451-3584〈ご注文〉
〔　〃　〕03-3451-6926
FAX〔営業部〕03-3451-3122
振替　00190-8-155497
https://www.keio-up.co.jp/
装　丁————大崎善治（SakiSaki）
装　画————中尾　悠
組　版————株式会社キャップス
印刷・製本——中央精版印刷株式会社
カバー印刷——株式会社太平印刷社

Printed in Japan ISBN 978-4-7664-2755-4